A. DE PANIAGUA

L'AGE DU RENNE

PARIS

PAUL CATIN, ÉDITEUR

3, RUE DU SABOT, 3

1920

L'AGE DU RENNE

A. DE PANIAGUA

L'AGE DU RENNE

PARIS

PAUL CATIN, ÉDITEUR

3, RUE DU SABOT, 3

1926

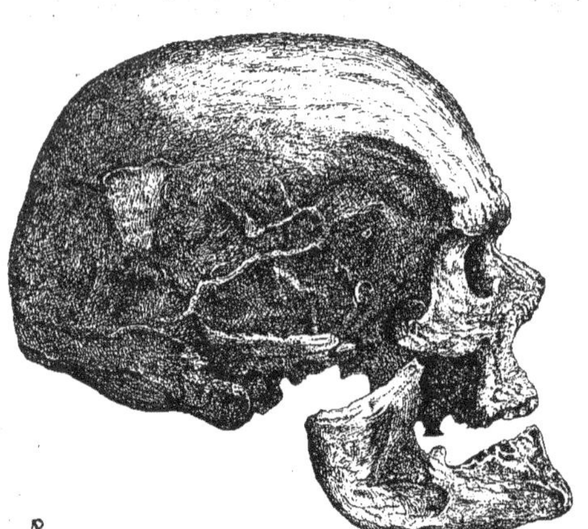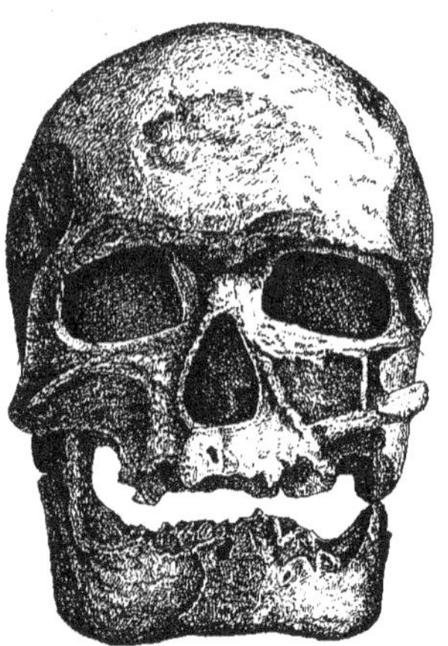

Crâne du vieillard de Cro-Magnon.

L'AGE DU RENNE

CHAPITRE PREMIER

LES RACES HUMAINES PALÉOLITHIQUES
DANS L'OCCIDENT DE L'EUROPE

Les vestiges d'une industrie tout à fait primitive que l'on a pu rencontrer dans le Cantal, à Puy-Courny et au Puy-de-Boudieu, sur les plateaux du comté de Kent, en Angleterre et, plus récemment, à Ipswich (Angleterre), à la base du « red crag, » niveau pliocène dénommé par les géologues anglais « detritus bed, » indiquent, semble-t-il bien, la présence de l'homme dès les temps tertiaires, à l'étage tortonien du miocène et au pliocène supérieur. Sans doute, dans notre occident, on n'a pas encore découvert des ossements humains remontant à ces périodes géologiques, mais il n'en est pas moins évident que les silex trouvés dans ces gisements et qui présentent les caractéristiques d'un travail intentionnel, ne se sont pas taillés tout seuls, car il est difficile de faire intervenir ici des causes naturelles agissantes. Dès lors on est forcément conduit à admettre, d'après la plus élémentaire logique, qu'un ancêtre hominien les a façonnés.

Pour expliquer l'homme tertiaire probable ou même le primitif certain de l'aurore des temps quaternaires dans les régions du couchant européen, on a supposé l'existence hypothétique d'un vague précurseur, anthropopithèque ou pithécanthrope, duquel serait issu un *homo primigenius* qui, lui-même, se serait peu à peu transformé et serait devenu l'*homo sapiens*. A la vérité, en ce qui a trait aux formes purement physiques, on est en droit d'entrevoir cet intermédiaire ; mais, pour ce qui regarde l'intellect, la question change du tout au tout. Quelque embryonnaire qu'elle soit, l'intelligence produisant l'acte réfléchi et défini est le propre de l'homme.

Qu'il soit, alors, plus ou moins, *sapiens*, il est homme. En 1891, à Java, dans un talus des rives du fleuve Bengawan, dans une strate du pliocène supérieur, ou du quaternaire tout à fait inférieur, ce qui est sensiblement la même chose, à proximité de la ferme Trinil, le médecin militaire hollandais Dubois, a découvert quelques ossements, dont une calotte cranienne, d'un individu présentant des caractères ostéologiques tels que nombre de savants l'ont, sans hésiter, considéré comme un hominien avant la lettre, soit comme un précurseur. Dubois lui a donné le nom de *pithecanthropus erectus*. Mais, par contre, quelques autres savants n'ont voulu reconnaître dans ces ossements que les débris d'un anthropomorphe, tout d'abord très évolué et ensuite arrêté dans son développement, avec une rétrogression vers le principe animal. En général, cependant, le monde savant admet l'authenticité hominienne de ces vénérables restes. Ceci admis, ce n'est pas une raison pour en conclure que le développement de l'espèce ait suivi, dans l'occident de l'Europe, la même voie que dans les îles de la Malaisie, les conditions de milieu étant en tout différentes, pour ces deux contrées, si éloignées l'une de l'autre. En définitive, le *pithecanthropus erectus* ou un être similaire est encore à trouver dans nos pays.

On affirme qu'un primaire ne possédant qu'un cerveau très rudimentaire a dû exister et là se borne la démonstration. Véritablement ce n'est qu'une hypothèse mais une hypothèse qui possède tous les éléments d'une vraisemblance absolue. Le simple raisonnement appuyé sur la logique doit rigoureusement faire admettre l'existence d'un individu zoogonique assurant, quant aux organes seulement, la transition entre la bête et l'homme et aussi, comme conséquence, celle d'un être humain excessivement inférieur. Mais les preuves matérielles et tangibles que pourraient fournir des restes fossiles font défaut.

Ce qui a le plus contribué à égarer l'étude de l'enfance de l'homme a été la propension à ne vouloir, pour ainsi dire, considérer que les traits physiques que *devait* avoir le primitif hominien et à ne s'occuper que comparativement très peu de l'étiage de sa mentalité. Or, quelle est donc la véritable et définitive caractéristique de l'homme ? Est-ce sa forme matérielle ou est-ce son intelligence ? La réponse ne peut être douteuse : c'est l'intelligence. S'il en était autrement, on devrait considérer comme des hommes les grands singes anthropoïdes. Le précurseur, être intermédiaire, assurant, au physique, une transition entre l'animal et l'humanité n'étant pas encore un homme, c'est-à-dire un être n'ayant pas encore la faculté de réfléchir et de perfectionner ses œuvres, pourrait être intéressant du point de vue purement anthropologique, mais ne pourrait nous rien apprendre au sujet de la mentalité de nos premiers ancêtres. Ce précurseur hypothétique, sinon imaginaire, certainement, s'il a existé, n'était plus un simple animal, mais tout aussi certainement il n'était pas encore un homme.

Certains sauvages bestiaux qui vaguent dans les forêts vierges des îles de la Sonde, n'ayant ni lois, ni règles sociales, préoccupés seulement de manger, de dormir et de procréer sans responsabilité, peuvent être, par à peu près, comparés aux premiers hominiens. Ils sont aussi éloignés de l'Européen civilisé que pouvaient l'être les premiers pères de nos races. A-t-on jamais songé à en faire des anthropopithèques ou des précurseurs ?

Certes, on peut, avec raison, supposer que le premier être humain, lors de son apparition sur la scène du monde, était une véritable brute, s'élevant à peine au-dessus des animaux supérieurs. « L'homme primitif ne fut point un être supérieur, éclairé d'en haut, mais un sauvage grossier, nu, misérable, lent dans sa croissance, tardif dans son progrès, le plus dépourvu et le plus nécessiteux de tous les animaux, à cause de cela sociable, né comme l'abeille et le castor avec l'instinct de vivre en troupe, outre cela imitateur comme le singe, mais plus intelligent, capable de passer par degrés du langage des gestes au langage articulé, ayant commencé par un idiome de monosyllabes, qui peu à peu s'est enrichi, précise et nuancé. [1] » C'est à peine s'il se pouvait dégager de la gangue ancestrale qui le reliait encore à une animalité qu'il pouvait méconnaître mais que sa bassesse physique lui interdisait de renier. Son cerveau n'avait pas encore eu le temps de se développer par enregistrement, bien qu'il possédât déjà les

---

1. H. Taine. *Les origines de la France contemporaine ; L'ancien régime*, pp. 231-232.

germes féconds et latents des facultés futures. Et c'est là justement ce qui, en cet instant décisif de la libération de l'espèce, faisait que l'animal était devenu un homme.

Mais, tout d'abord, nos premiers pères vivaient de la vie brutale et simpliste des bêtes, n'ayant pour vêtement que leur fourrure naturelle :

> *Terra cibum pueris, vestem vapor, herba cubile*
> *Præbebat multa et molli lanugine abundans.*

Le langage de ces êtres était composé de sons rauques et gutturaux, peut être semblables aux cris articulés du gibbon. Comme le gorille, ils n'avaient pour armes qu'une pierre ou une massue informe faite avec un jeune arbre pris dans la forêt qui couvrait la terre ; et aussi, pour la défense ou l'attaque ils mordaient, ayant une mâchoire formidablement solide, ou ils se servaient de leurs mains puissantes pour saisir et étrangler une proie ou un ennemi :

> *Arma antiqua manus, ungues, dentesque fuerunt*
> *Et lapides et item silvarum fragmina rami.*

Un jour, ils trouvèrent un fragment de silex tranchant provenant de l'éclatement d'un rognon siliceux brisé par hasard. Par un éclair de compréhension, ces primitifs comprirent tout le parti qu'ils pouvaient tirer de cette trouvaille pour piquer, couper et râcler et, à leur tour, copiant l'œuvre fortuite de la nature, ils fabriquèrent des outils ou des armes à arêtes tranchantes en choquant des rognons de silex. D'où réflexion, donc acte mental *humain*. L'acte simple de faire éclater un silex pour en faire une arme ou un outil implique par force une volonté précise, un raisonnement adéquat et une prévoyance lucide, toutes opérations intellectuelles qui marquent les étapes préparatoires et nécessaires pour le but que se proposait d'atteindre un ouvrier qui, par le seul fait de son travail conscient, affirmait sa qualité d'homme pensant, par conséquent *sapiens*. A partir de cet instant, l'intelligence déjà formée et réellement présente dans les circonvolutions cérébrales du primitif, fut tirée de sa torpeur initiale : elle prit son essor, entra en action et commença un travail qui ne devait plus jamais cesser, travail prodigieux, allant, dans ses manifestations de plus en plus grandioses, de l'informe éolithe grossier des âges tout primitifs aux merveilles de l'industrie moderne.

Qu'ils aient arraché une branche d'arbre pour en faire une massue, qu'ils aient ramassé une pierre pour la lancer contre un adversaire, qu'ils aient fait éclater un silex dans le but d'utiliser une arête tranchante, les premiers hommes ont calculé et prévu les conséquences des divers actes qu'ils accomplissaient. Du jour où, chez les êtres qui furent les ancêtres des races, l'observation raisonnante, quelque minime qu'elle ait pu être, observation qui mène directement à l'invention appropriatrice et à l'amélioration progressive, fut mise en branle, en déclenchant du coup les rouages de la perfectibilité, ces êtres furent vraiment des hommes et non de vagues précurseurs. Le fait même d'avoir la faculté de déduction prévoyante bien que simpliste place ces premières créatures, d'une façon radicale et définitive, en dehors de la foule animale et bien loin du précurseur et les classe dans l'espèce humaine. Tous les liens sont rompus entre la bête et l'homme ; l'intelligence a remplacé l'instinct. Dans un tel ordre d'idées, la conformation physique de l'individu primitif, quel qu'ait pu être, d'ailleurs, l'état rudimentaire, bestial et imparfait de ses organes, ne doit pas être prise en considération et, seul, peut entrer en ligne de compte, quelque peu élevé qu'on le veuille concevoir, le niveau de sa pensée agissante. Celle-ci se dévoile précisément, comme par autant de révélations, avec l'attribut essentiel de la perfectibilité, par les plus grandes comme par les plus infimes manifestations de son industrie toujours en progression. Prévoir les conséquences d'un geste nouveau en dehors du cours normal des actes habituels et simples de la nature est le fait d'un être pourvu d'un raisonnement suivi. Donc aussitôt qu'un être fut en possession de la faculté de perfectibilité modificatrice et de la faculté de la prévision ayant pour buts divers des adaptations variées de la matière pour des usages nouveaux, précis et multiples inconnus de l'animalité, lorsqu'il fut armé pour les luttes de la vie par l'invention créatrice, il devint, par cela même, une créature humaine. En affûtant les arêtes d'un silex qu'il avait brisé dans un but déterminé, le primitif de la première aurore n'était plus ni un anthropoïde en évolution, ni même un précurseur, mais il était vraiment un homme. Il marquait ainsi. par un mouvement très simple mais voulu, le point de départ réel de l'activité humaine jamais lassée. De la sorte, l'humanité surgissait victorieuse en face de la matière inerte et de l'animalité irrémédiablement figée dans les moules de l'instinct naturel, sinon immuables, du moins très étroits et bornés. Au point de vue physique, il était l'aboutissement des séries ancestrales, mais en conquérant la perfectibilité il montait au sommet et devenait le triomphateur ultime [1].

Le germe d'une idée est vivace et persistant, il se modifie, se transforme, il grandit et s'élance, mais, en son essence, reste le même. L'homme a toujours voulu ménager ses forces et, pour cela, imaginer des moyens de transport et de locomotion. D'abord, il a trouvé le bât pour les bêtes de somme, puis il a inventé le lourd chariot des hordes barbares aux roues pleines en bois. Après de longues. multiples et laborieuses tentatives, il a construit la locomotive moderne faisant 100 kilomètres à l'heure. Les moyens ont changé mais l'idée mère dominante est restée identique. L'homme a voulu une arme pour se défendre et attaquer, il a inventé le coup de point chelléen et aussi le fusil à répétition. L'engin de combat s'est transformé du tout au tout, l'idée première est demeurée immuable. Nous avons mis au point des pensées aussi vieilles que la réflexion humaine. voilà tout, simplement en les adaptant à nos besoins de plus en plus grandissants, en profitant des observations, des efforts et des rêves de nos devanciers. Notre science n'est que le résultat forcé des recherches, des travaux, des découvertes, des espoirs et des désespérances des ancêtres.

C'est en tâtonnant que le premier hominien a posé son pied hésitant sur la barre la plus basse de l'échelle du progrès. C'était un être puéril et naïf, féroce sans méchanceté, n'ayant pas encore des sentiments affirmés, ignorant le bien et le mal, ne connaissant que la force, legs des parents animaux, concept brutal qu'il a lui-même transmis à sa descendance. Le sauvage le plus arriéré est encore au-dessus de ce premier père et cependant cet être était bien un homme puisqu'il savait prévoir. Une bête simiesque peut prendre une pierre et s'en faire une

---

1. Franklin donnait cette définition de l'homme : « Un animal qui fabrique des outils. »

arme mais jamais elle n'a su choisir un silex, encore moins le briser pour utiliser les arêtes tranchantes ou les pointes des éclats. Le primitif qui a brisé un rognon de silex dans une intention préconçue pour une fin prévue était nécessairement un homme.

Il ne faut pas chercher à amoindrir les ancêtres de la race humaine. Malgré leur infériorité mentale il n'en est pas moins constant, qu'ils avaient fait un bond intellectuel formidable en franchissant la distance qui sépare l'animal dont l'instinct est stagnant de l'être humain pensant et prévoyant, à mentalité évolutionnaire. Les ancêtres portaient en leur cervelle fruste toutes les grandeurs des races futures. C'est pour le primitif un grand honneur que d'avoir su observer et prévoir qu'une pierre éclatée lui donnerait la possibilité de couper, de percer, de racler. Cela semble être peu de chose et pourtant cela était très grand parce que la simple action de briser un silex pour faire de ses éclats des armes ou des outils déclenchait le moteur de toutes les civilisations industrielles. Ce ne sont pas ici des mots ce sont des vérités. Lorsque, abandonnant la gangue animale, l'être évolué est entré dans la peau d'un homme, ce n'est pas parce que sa conformation physique s'est modifiée plus ou moins profondément, mais parce qu'il a commencé, alors, à penser, à prévoir, et à perfectionner ses œuvres et ses idées.

Et c'est à ce moment de sa jeune existence qu'on voudrait faire de cet homme un individu mal défini, un intermédiaire entre l'animalité et l'humanité ! Mais on perd une telle cause en la plaidant, puisque tout aussitôt on doit reconnaître que ce soi-disant anthropopithèque avait la faculté de penser et d'agir en conséquence. Or penser c'est être homme. En étant très simple et très borné, le primitif était véritablement ce qu'il devait être avant tous les progrès dont successivement il devait trouver les principes dans son esprit raisonnant. Il marque le stade infantile de l'humanité et il faut se le représenter comme très peu développé, très bestial même, mais, dès lors, étant en droit de revendiquer hautement la qualité d'être humain pour la seule et bonne raison qu'il possédait une âme pouvant penser et prévoir. Que si on ne peut concevoir l'homme très bestial aux premiers jours de l'enfance de la race, il n'y a qu'un seul parti à prendre : c'est d'adopter

la thèse biblique qui fait naître Adam pourvu de tous les
attributs humains de par la volonté d'un créateur divin. Imaginer un *homo primigenius* moitié homme et moitié bête et
ensuite un *homo sapiens*, c'est presque vouloir faire de la création après coup à la manière du titan Prométhée. Le *primigenius* était en même temps *sapiens* puisqu'il pensait.

Et d'ailleurs, le système des deux échelons de l'humanité
primitive se contredit. Si, à un moment donné, l'homme *primigenius* est devenu *sapiens*, où donc a-t-il pu puiser sa nouvelle sapience ? Elle ne lui est pas venue spontanément, et
alors il faut admettre, car il n'y a pas d'autre alternative,
qu'il en a pris le germe fécond dans son ascendance immédiate. S'il a pu le faire grandir et se manifester peu à peu par
des œuvres matérielles et morales de plus en plus perfec-
tionnées, c'est qu'il en avait trouvé la possibilité en usant largement des réserves latentes de perfectibilité que possédait
le *primigenius*. Pour préparer une telle floraison, ce dernier
devait avoir été un étalon princeps réfléchi et penseur, bref
avoir eu toutes les caractéristiques principales de l'intelligence qui constituent le signalement de l'homme.

Pas de *primigenius* à la base de l'humanité, mais l'homme
pensant et agissant qui aurait pu dire avec orgueil et vérité,
en complétant la grande définition de Descartes : *Cogito ergo
sum... homo.*

*
* *

Sans doute il ne faut pas exagérer l'importance de l'anthropologie, mais il ne faut pas non plus, par un excès contraire,
négliger les renseignements souvent précieux qu'elle peut
fournir. C'est, en définitive, une science faite de surprises,
les unes excellentes, d'autres médiocres. Il importe de savoir
faire un choix judicieux. Trop de causes nombreuses dues
aux métissages, aux invasions, aux migrations aussi bien
qu'aux influences des milieux terrestres et sociaux, même des
causes accidentelles, ont pu et dû agir tant au point de vue de
la différenciation qu'au point de vue de la fusion, pour que
l'on puisse la considérer comme une science de précision.
Cela est pertinemment vrai pour les temps dont nous pouvons

connaître l'histoire et aussi pour ceux dont nous pouvons

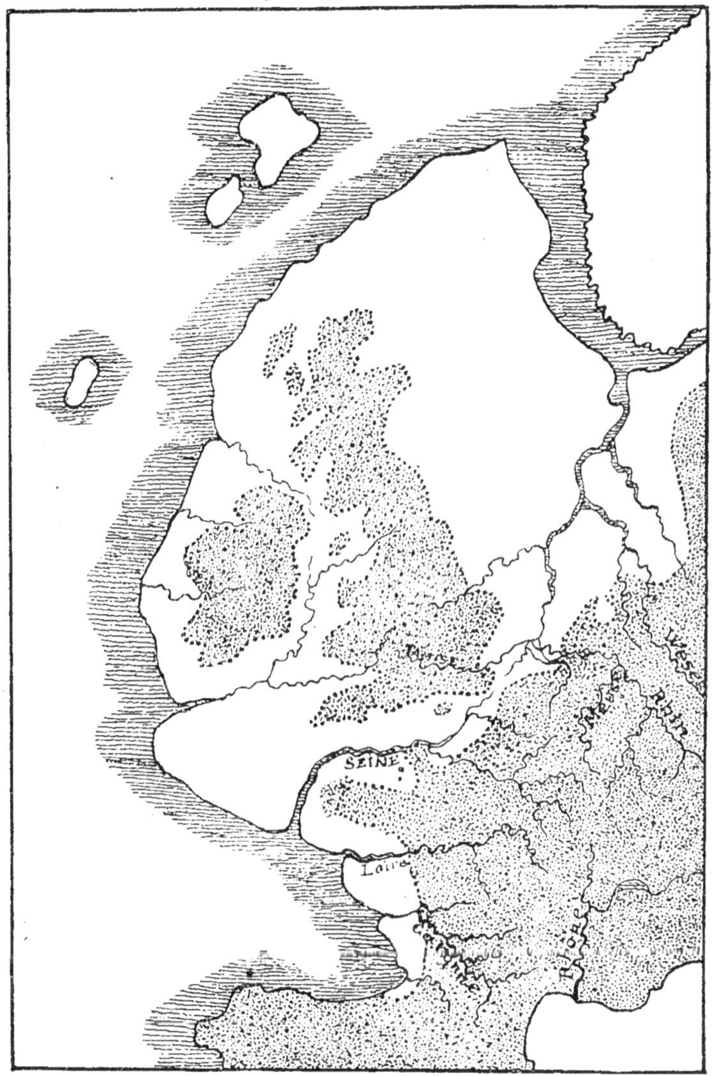

Carte de l'Europe occidentale à l'époque paléolithique inférieure.

entrevoir les commotions ethniques. Mais pour les temps
tout primitifs pendant lesquels aucun remous de peuples ne

se laisse soupçonner, il est évident que ces causes de confusion disparaissent ou, tout au moins, si quelques-unes peuvent entrer en ligne de compte, qu'elles doivent avoir eu une action bien amoindrie, sinon nulle. On peut, par conséquent, dès lors considérer comme purs les vestiges osseux des primitifs de ces époques qui s'écoulèrent avant les mélanges des races. Cette opinion est encore corroborée lorsque l'on découvre, dans une région définie, que tous les débris humains, datant d'une même série d'âges, relèvent tous d'un type identique, ne laissant voir que des améliorations normales produites au cours d'une évolution strictement cantonnée dans la sélection régulière des organes primitifs.

Le plus ancien débris de l'homme que l'on ait découvert jusqu'à ce jour dans l'Europe continentale [1] de l'Occident, est

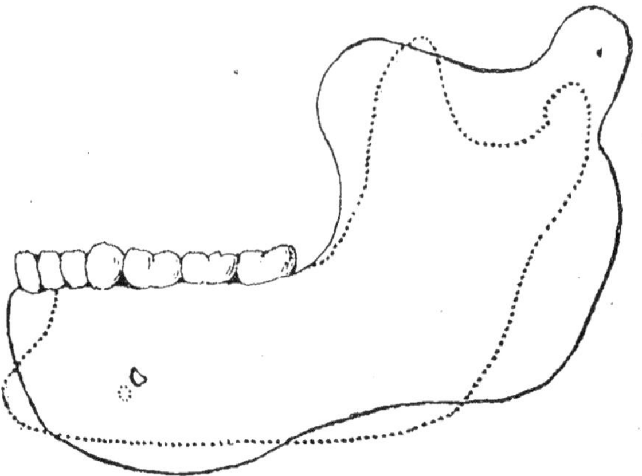

Mâchoire de Mauer.
Le pointillé indique le tracé d'une mâchoire moderne.

la mâchoire de Mauer trouvée à 24^m,10 de profondeur, dans les alluvions anciennes de la rivière Elsenz, affluent du Neckar, dans les environs d'Heidelberg, en octobre 1907 [2]. La couche de sable fluviatile où gisait cette mâchoire contenait

1. Nous employons cette expression *continentale* au sens de la géographie actuelle. A l'époque où vivait l'homme de Mauer, la Grande-Bretagne était rattachée au continent européen, le détroit du Pas-de-Calais n'existait pas, non-plus que les parties centrale et orientale de la Manche.

2. Dr Otto Schoetensack, *Der Urlerkiefer des Homo Heidelbergensis, aus den Sandeu von Mauer, bei Heidelberg.*

des ossements d'animaux appartenant, pour la plupart, à la faune du quaternaire inférieur: entre autres, l'*elephas antiquus* qui se montre aussi à Chelles et dans les bas niveaux de Saint-Acheul, et le *rhinoceros etruscus* qui, lui, remonte au pliocène tout à fait supérieur. Le docteur Otto Schoetensack pense que l'individu auquel a appartenu cette mâchoire vivait à la fin des temps tertiaires. Rutot en fait un contemporain du second âge éolithique, soit du mafflien, étage correspondant, d'après ce savant, à la deuxième subdivision des temps quaternaires inférieurs qui ont précédé l'avènement du chelléen [1]. Cette divergence de vues n'a pas d'importance, l'essentiel est que cette mâchoire soit bien « le plus ancien reste humain que l'on connaisse [2] » dans nos régions.

La mâchoire de Mauer prouve son haut archaïsme par les indices morphologiques qu'elle porte : pas de menton, l'os est arrondi et fuyant en arrière, la puissance du maxillaire est considérable, et les branches montantes sont épaisses et extraordinairement larges. D'après ces caractéristiques, on aurait pu être tenté de croire que cette mâchoire avait appartenu à un anthropoïde, mais elle a toutes ses dents et ces dents sont incontestablement humaines. L'homme de Mauer est donc un ancêtre et le plus vieux que nous connaissions.

La race de Néanderthal est-elle descendue de lui ? En 1856, des ouvriers carriers découvrirent, dans le fond d'une petite grotte, un squelette empâté dans un limon très dur. Cette grotte, du nom de Feldhofen, s'ouvre sur une terrasse de rochers, dans la vallée du Néander, entre Dusseldorf et Elberfeld [3] (Allemagne). Les ouvriers qui mirent au jour le squelette dispersèrent les ossements et, finalement, le savant Fuhlrott d'Elberfeld, averti un peu trop tard, réussit cependant à sauver une calotte cranienne et quelques os longs.

La calotte de Néanderthal est développée mais le front manque, pour ainsi dire, totalement. Au-dessus des arcades sourcilières la voûte fuit tout à coup en arrière sans accuser le moindre relèvement. Les arcades sourcilières extraordi-

---

1. A. Rutot, *Note sur l'âge de la mâchoire humaine de Mauer*.
2. Abbé H. Breuil, *Les plus anciennes races humaines connues*.
3. Fuhlrott, *Der fossile Mensch aus dem Neanderthal und Sein Verhältniss zum Alter Menschengeschls*. Duisburg, 1865. — Dr Hanny, *Paléont. hum.*, p. 236 et suiv. — G. de Mortillet, *La préhist.*, p. 232.

nairement fortes forment un bourrelet épais au dessus des
orbites énormes; ce bourrelet est comme la visière d'un casque,
et les arcades sourcilières en se confondant, par jonction, au-
dessus du nez, déterminent une sorte de gouttière volumineuse. Les parois craniennes sont excessivement épaisses.

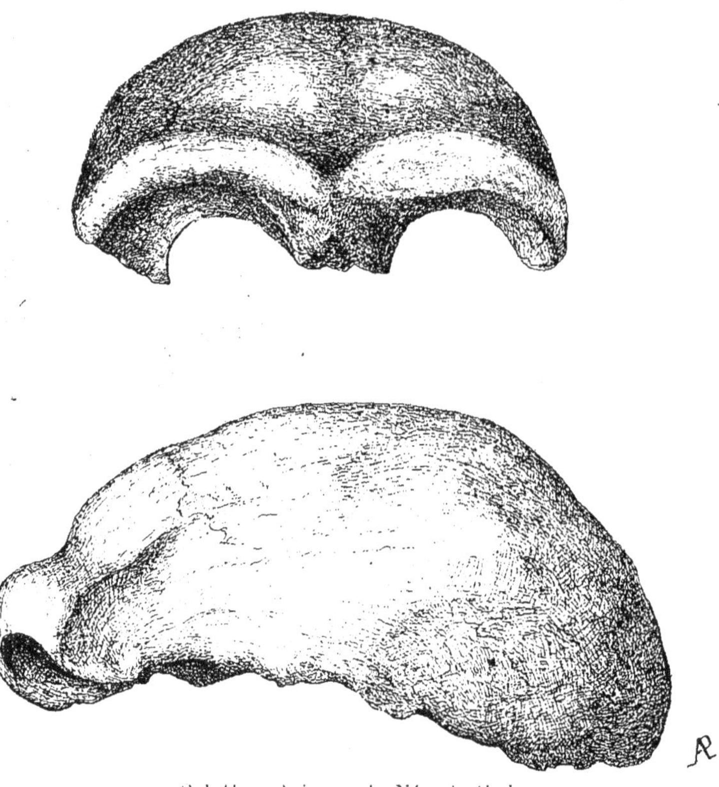

Calotte crânienne de Néanderthal.

Relativement au développement très prononcé du crâne dans
sa partie postérieure, la partie antérieure est étroite. Dolichocéphalie complète.

Naturellement, la calotte cranienne de Néanderthal fut
âprement discutée. Le célèbre Rodolphe Virchow prétendit
qu'elle constituait un cas pathologique et que, dès lors, il n'y
avait pas lieu de lui attribuer une antiquité aussi haute que
l'on le voulait faire, ni, par conséquent, de la considérer

comme un débris d'un ancêtre de la race occidentale. Carl Vogt,
adoptant les conclusions de l'anthropologue allemand, af-
firma que l'on se trouvait en présence d'un crâne d'idiot. Il
s'ensuivit que la question fut enterrée pendant longtemps.
Mais une nouvelle découverte vint rouvrir les débats et prouver que l'homme de Néanderthal avait eu des frères de race.
Dès lors, la thèse du cas pathologique s'effondra. En 1887, le
professeur J. Fraipont, de Liége, exhuma, à l'entrée de la
grotte de Spy d'Orneau, près de Namur (Belgique), deux squelettes dont les crânes reproduisaient très exactement les traits
particuliers de celui de Néanderthal : mêmes arcades sourcilières énormes, même front sans la moindre élévation et fuyant
en arrière, orbites oculaires démesurées [1]. La boîte cranienne
étroite en avant se développe en allant vers la partie postérieure et se termine à l'extrémité par un renflement prononcé
de l'occiput. Ces deux crânes, à n'en pas douter, avaient
appartenu à des hommes de la même race que l'homme de
Néanderthal puisqu'ils présentaient les caractéristiques évidentes qui se montrent sur le fragment du crâne de ce dernier. Le doute n'était plus permis sur la réalité de l'humanité
néanderthaloïde. Grâce aux travaux des docteurs Schaaffhausen et Fuhlrott, l'opinion de R. Virchow et de Carl Vogt fut
enfin abandonnée et il fut définitivement admis que la calotte
de Néanderthal avait bien fait partie du crâne d'un homme
normal. Toutefois il est permis d'ajouter que le doute qui
avait suggéré les manières de voir de R. Virchow et de
Carl Vogt n'avait rien d'excessif et d'extraordinaire, alors que
jamais encore on n'avait pu voir ou même soupçonner une
conformation cranienne humaine de cette sorte aussi inattendue.

Il n'est pas facile de dater les ossements de Néanderthal
avec précision. Sauf une dent d'ours mal déterminée, aucun
vestige de faune n'a été trouvé à côté. Cependant, dans une
grotte voisine et dans une strate dont la composition géologique est absolument identique à celle de la couche où ont

---

1. La découverte des restes de ces Néanderthaloïdes dans des grottes de
l'âge du renne, doit donner lieu à quelques observations qui seront expo-
sées au cours de cet ouvrage. Ces observations relatives aux causes de la
présence de ces Néanderthaliens dans les cavernes de la Belgique n'infir-
ment en rien l'origine ethnique de ces hommes.

été découverts les débris humains, on a pu constater la présence d'ossements de l'*ursus spelæus*, et de *hyena spelæa* et d'un *rhinoceros Merkii*. Cela nous reporte au moustérien.

On retrouve les caractéristiques de l'homme de Néanderthal chez tous les individus fossiles que l'on a exhumés de divers côtés, et que l'on peut placer dans le temps à l'époque du quaternaire moyen jusqu'à l'avènement de l'âge du renne. C'est là, évidemment, une preuve de l'unité de la race pendant toute cette période, dans l'occident de l'Europe continentale.

Cette race néanderthalienne se relie à la race de l'homme de Mauer par la mâchoire féminine découverte, en 1866, par

Mâchoire de la Naulette.

E. Dupont, au Trou de la Naulette, dans la vallée de la Lesse, en Belgique [1]. Cette mâchoire, assez détériorée, est forte et épaisse ; elle accuse un prognathisme accentué ; la branche gauche du maxillaire, bien qu'incomplète, laisse voir une robustesse excessive ; la saillie du menton est à peine esquissée, la courbe mentonnière s'incline franchement en arrière, les alvéoles des dents absentes indiquent une dentition solide avec des organes de forte dimension. Bref, elle reproduit l'aspect et les caractères de la mâchoire de Mauer. Cependant ces caractères sont atténués. A cela il y a deux raisons : d'abord, c'est une mâchoire féminine alors que la mâchoire de Mauer est masculine et, chez la femme, les os sont moins

1. Éd. Dupont. *Etude sur les fouilles scientifiques exécutées pendant l'hiver* 1865-66, *dans les cavernes de la Lesse* (Bull. de l'Acad. roy. de Belgique ; t. XXII, n° 7, 1866, p. 20).

forts que chez l'homme, les symptomatiques en sont moins
rigoureusement accusées. En second lieu, la mâchoire de la
Naulette est bien moins vieille que celle de Mauer. Il faut
bien admettre que l'évolution avait fait son œuvre au cours
des siècles accumulés, modifiant et améliorant peu à peu les
organes. On peut donc considérer la mâchoire de la Naulette
comme une réplique de celle de Mauer, réplique évoluée, retouchée et amendée par l'action évolutionnaire. Comme ce
fossile peut être colloqué, d'après les restes des animaux trouvés dans la strate où il gisait, dans la période du quaternaire
moyen, période où se confinent les trouvailles des vestiges
osseux des néanderthaloïdes purs, on est en droit de le rattacher à la famille humaine de Néanderthal et, du même
coup, de donner pour ancêtre, à cette famille, l'homme de
Mauer puisque la mâchoire de ce dernier est comme la
maquette originale de la mâchoire de la femme de la Naulette.

Peu à peu, les découvertes se firent plus nombreuses. Le
crâne de Marcilly (Eure) [1],
remontant à une époque de
transition entre l'acheuléen
et le moustérien, offre des
sinus frontaux très proéminents. Le front très bas
fuit en arrière, l'épaisseur
pariétale est remarquable.
La mâchoire de la grotte

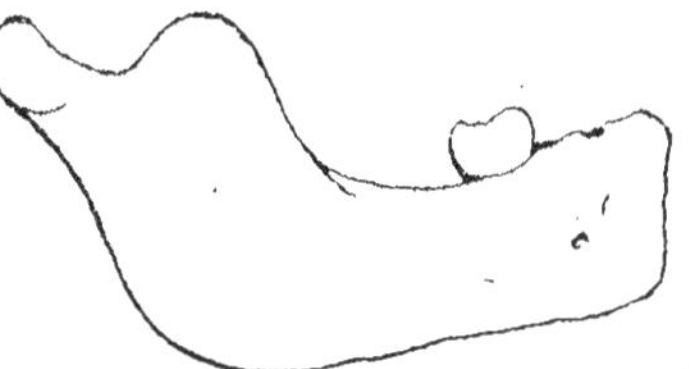

Mâchoire de Malarnaud.

de Malarnaud (Ariège) [2] se rapproche davantage de celle de
Mauer que la mâchoire de la Naulette. Cela s'explique et
tient évidemment à ce qu'elle appartenait à un homme, et
devait donc encore avoir des caractères d'origine plus fortement accusés, tandis que la mâchoire de la Naulette ayant
appartenu à une femme avait des traits moins prononcés.

Un crâne trouvé aux environs de Gibraltar par M. Busk et
présenté par lui au congrès de Norwich en 1868, bien que difficile à dater, reproduit le signalement de la race de Néan-

1. Dr Manouvrier, *Bull. de la Soc. d'Anthropologie de Paris*, 1897, p. 564.
2. Félix Regnault, La grotte de Malarnaud (*Rev. des Pyrénées et de la
France méridionale*).

derthal. Cette pièce osseuse est surtout intéressante en ce qu'elle montre la face du sujet sauf la mandibule qui manque. Il est dolichocéphale avec une tête peu volumineuse mais à parois très épaisses. La face est fort large, largeur accentuée par le développement excessif de l'apophyse orbitaire. La mâchoire puissante est fortement prognathe; les fosses nasales sont énormes. Quant aux orbites, elles sont rondes irré-

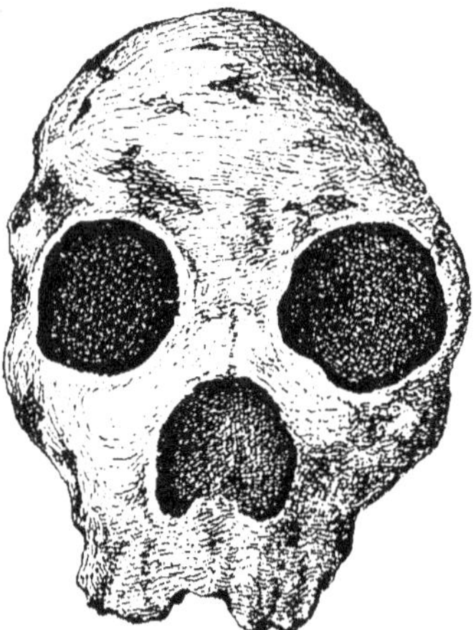

gulières et si extraordinairement grandes que Broca a pu dire qu'il n'en avait jamais rencontré de telles sur aucun crâne[1]. Le front très étroit et bas fuit vers l'arrière, Les profondes orbites des yeux s'abritent sous des arcades sourcilières formidables. De plus, comme chez les singes, la fosse canine n'existe pas et est remplacée par une surface osseuse convexe, avec une fosse nasale considérable, d'où il résulte que le nez était extraordinaire large et épaté beaucoup plus que sur

Crâne de Gibraltar.

la race humaine la plus camuse connue. Cet ensemble devait donner à l'homme de Gibraltar un aspect particulièrement brutal et sauvage.

Récemment, dans l'Afrique du Sud, dans le nord de la Rhodésia, au cours de travaux exécutés dans la mine de Broken-Hill, on a mis au jour un crâne humain qui par son aspect bestial rapproche l'individu auquel il a appartenu bien plus encore des grands singes anthropomorphes que tous les autres crânes fossiles exhumés jusqu'à ce jour. Il a été découvert au fond d'un long boyau, au milieu de nombreux ossements d'animaux divers accumulés par les eaux dans ce cul-de-sac de la galerie souterraine. Les conditions spéciales dans lesquelles a été formé ce dépôt ne permettent aucune constatation stratigraphique utile et, par conséquent, interdisent absolument de

---

1. Broca, *Bull. de la Soc. d'Anthropologie de Paris.* 1869, p. 154 et suiv.

dater ce fossile. Cependant les caractéristiques singulièrement démonstratives qu'il offre ne peuvent laisser aucun
doute sur sa très haute antiquité. Il présente tous les traités
symptomatiques de la race de Néanderthal et même en exa-
gère quelques-uns. Il semble constituer une reproduction de
la boîte cranienne particulière d'un sujet de cette race alors
que les millénaires n'avaient pas encore accompli la lente
évolution sélective allant de la mâchoire de Mauer au fossile
moustérien de la Chapelle-aux-Saints.

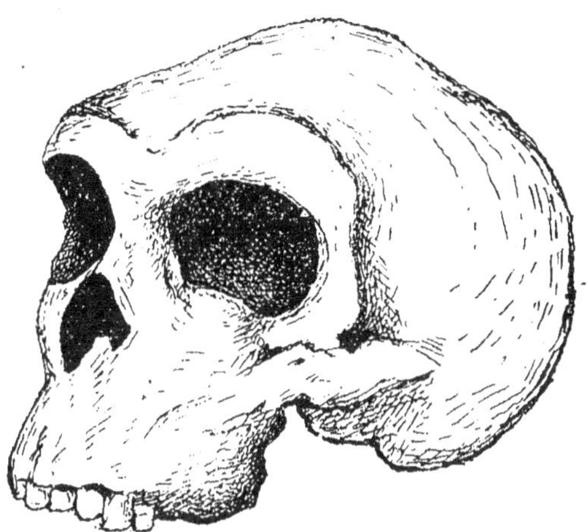

Crâne de Broken-Hill.

Le crâne de Broken-Hill est dolichocéphale avec, pour
ainsi dire, pas de front, la calotte fuyant tout à coup en arrière et présentant le renflement occipital particulièrement
prononcé chez les néanderthaloïdes. Les arcades sourcilières
sont excessivement puissantes formant un bourrelet très proéminent au-dessus des cavités orbitaires. Les orbites elles-
mêmes sont énormes affectant une forme sensiblement carrée
avec des coins arrondis. La fosse nasale est aussi considérable
et indique un nez écrasé s'étalant fortement en largeur; la
distance entre cette fosse nasale tout à fait anormale et le
rebord du maxillaire supérieur, le seul qui reste, est extraordinairement grande, bien plus grande que chez aucune autre
race humaine. Le prognathisme est très prononcé. Enfin et

surtout, par la disposition des dents, l'homme de Broken-Hill s'apparente de manière évidente avec les anthropoïdes. En définitive la plupart de ces traits se retrouvent sur le crâne de Gibraltar et on doit avoir les meilleures raisons pour considérer l'individu de Broken-Hill comme un congénère, et hypothétiquement, un contemporain de l'homme de Gibraltar en considérant qu'aux temps paléolithiques inférieurs, à la place du détroit qui sépare aujourd'hui l'Espagne et le Maroc existait peut-être encore un isthme largement étendu qui reliait l'Europe sud-occidentale au continent africain.

De Lapparent, Haug et d'autres géologues placent la formation du détroit de Gibraltar au pliocène. Toutefois Negris, dans ses études sur la Grèce, établit que c'est au cours du pléistocène que se produisit l'effondrement des terres égéennes qui reliaient l'Asie-Mineure à la Grèce et dont il ne reste plus qu'un archipel avec des iles nombreuses qui constituaient les plus hautes régions du pays avant l'engloutissement sous les eaux. Ces phénomènes auraient coïncidé ou suivi de près la grande débâcle rissienne des massifs glaciaires et certainement se sont poursuivis pendant longtemps encore, toujours persistants et plus ou moins agissants suivant les diverses contrées où leur action se faisait sentir. Leurs effets ayant pour conséquences des affaissements du sol en plusieurs régions ainsi que des plissements lents de l'écorce terrestre, se répercutèrent pendant une très longue période du quaternaire toujours en fonction mais de plus en plus affaiblis. Il devient dès lors très possible que la rupture entre la Maurétanie et l'Ibérie ait pu se produire à la suite de la grande déglaciation, vers le même temps ou peu après que la disparition de l'Egéis, c'est-à-dire vers le milieu du paléolithique. D'après W. Boyd Dawkins, la liaison entre l'Afrique et l'Europe par l'extrême sud de l'Espagne aurait subsisté encore au déclin du paléolithique inférieur.

En 1908, les abbés A. et J. Bouyssonie et L. Bardon exhumèrent un squelette entier dans le gisement moustérien de « la Bouffia », à la Chapelle-aux-Saints (Corrèze)[1]. L'homme

---

1. A. et J. Bouyssonie et L. Bardon, *Découverte d'un squelette humain à*

dont on retrouvait ainsi les restes, était vieux, soixante ans
environ, petit, d'une taille de 1ᵐ,60, mais vigoureux et possédant à un haut degré les indices signalétiques de la race
néanderthalienne. Il était, semble-t-il, aussi bestial d'aspect
que l'homme de Gibraltar. Très prognathe en raison de l'avancement du maxillaire supérieur, il s'apparentait avec les anthropoïdes par la disposition sensiblement parallèle de l'ar-

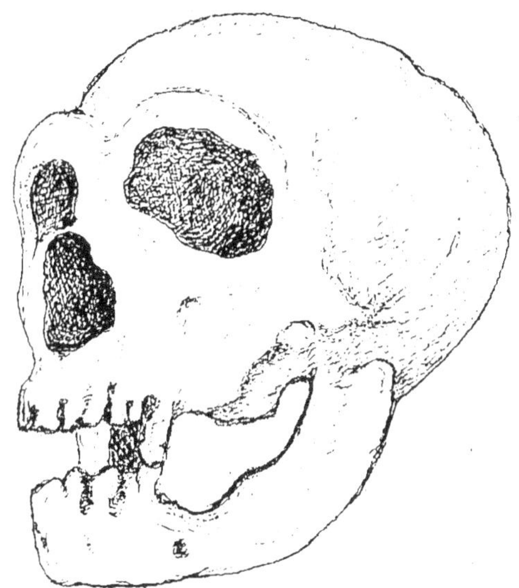

Crâne de la Chapelle-aux-Saints.

cade dentaire dont les molaires et les incisives étaient
fortement plantées et larges tandis que les canines, relativement faibles, étaient normales. Il était fort, ayant une charpente osseuse extrêmement solide et une musculature puissante ; ses mains épaisses s'étalaient en largeur mais étaient
courtes. La conformation des os des jambes l'obligeait à
marcher les genoux pliés, comme l'homme de Spy, et il adve-
nait qu'il était à peu près inapte à soutenir la station complètement droite.

la Bouffia de la Chapelle-aux-Saints. Anthropologie, 1908, p. 513. —
Boule, L'homme fossile de la Chapelle-aux-Saints. — Anthropologie, 1908,
p. 519, 1909, p. 257.

Au Moustier (Dordogne), un trafiquant en archéologie, le balois O. Hauser, d'ailleurs, aussi avisé fouilleur que commerçant adroit, met au jour, en 1908, un autre squelette soi-disant néanderthaloïde. C'est un jeune sujet d'environ seize ans [1]. La reconstitution du crâne de ce fossile humain, exécutée par le Dr Klaatsch, est plutôt une reconstitution fantaisiste qui paraît exagérer à dessein tous les caractères néanderthaloïdes, et parfois, semble aussi en inventer quelques-uns inexistants sur le sujet. Une autre reconstitution, qui a été faite par un groupe d'anthropologues allemands et qui, elle,

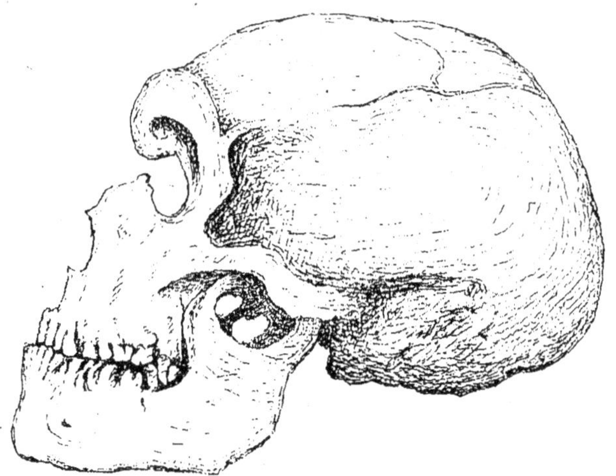

Crâne de la Ferrassie.

a toutes les allures de la sincérité scientifique, s'éloigne considérablement de l'œuvre du Dr Klaatsch. La plupart des traits, nettement accusés, sur la reconstitution de ce savant, s'atténuent ou même disparaissent : les arcs sourciliers diminuent de volume, les orbites sont beaucoup moins grandes, le front s'élève davantage, le prognathisme est moins accentué. Finalement, on est amené à se demander si on se trouve bien réellement en présence d'un sujet néanderthaloïde. Dans une telle occurrence, le plus sage est de réserver

1, O. Hauser, *Découverte d'un squelette du type de Néanderthal sous l'abri inférieur du Moustier*. — Dr Klaatsch et O. Hauser, *Homo mousteriensis Hauseri*. Arch. fur Anthrop. 1909, VII, p. 287.

son opinion et surtout de ne point faire état d'un document
osseux qui présente tant de différences frappantes et contra-
dictoires suivant qu'il a été étudié et reconstitué par tels ou
tels savants.

Le consciencieux fouilleur, le savant palethnologue des
Eyzies, Peyrony, aidé par notre ami M. Raveau, qui est aussi
un fervent de la préhistoire, a découvert à la Ferrassie (Dordogne), dans une assise datant nettement du moustérien, un
squelette néanderthaloïde. Il a été mis au jour en 1909. Il ne
dément pas ses origines et se réclame de ses devanciers par
tous les signes ostéologiques qu'il possède : front fuyant,
sinus frontaux très développés, absence presque complète
d'un menton en saillie, mâchoire massive et puissante, charpente osseuse solide indiquant, par la disposition contournée
des os longs où se trouvaient les points d'attache des muscles,
une grande vigueur au point de vue myologique ; dolichocéphalie absolue.

Enfin, en 1911, le Dʳ Henri Martin a extrait des alluvions
vaseuses de l'ancien lit du Voultron, constituant l'assise inférieure du gisement moustérien de la Quina (Charente), un
squelette, très probablement de sexe féminin. Ce squelette
vient confirmer les trouvailles antérieures se rapportant à la
race néanderthalienne et reproduit tous les traits particuliers
à cette race.

Nous ne nous étendrons pas sur les divergences d'ordre
secondaire que peuvent présenter les crânes que nous venons
d'énumérer. Ce sont plutôt des différences relativement
minimes propres à chaque individu mais n'intéressant en rien
les traits généraux de la race. Il n'en est pas moins vrai
qu'elles ont donné lieu à des études ardues qu'ont poursuivies
nombre de savants, avec la patience, la ténacité et l'applica-
tion d'un chercheur d'aiguille dans une botte de foin.

Jusqu'à quelle distance dans l'est s'étendait l'aire d'habitat
des Néanderthaliens ? Les découvertes de Mauer et de la
vallée du Néander nous reportent, au delà du Rhin, dans
l'Allemagne occidentale, entre, du côté de l'ouest, le 24° de
longitude et du côté de l'est, le 27ᵉ de longitude. Est-ce là une
zone extrême vers l'orient occupée par les Néanderthaliens ?
L'avenir apportera, sans doute, des lumières sur ce point mais,
jusqu'ici, aucune trouvaille absolument probante et indiscu-

table n'a pu fournir une preuve décisive d'une plus grande
extension vers l'est de la race primitive de Néanderthal. Nous
avons bien les crânes de Podbaba (Bohême), de Brüx (Bohême),
de Nagy-Sap (Hongrie), de l'Olmo (Italie), de Krapina (Croatie),
mais ils ont donné lieu à trop de discussions et à trop de

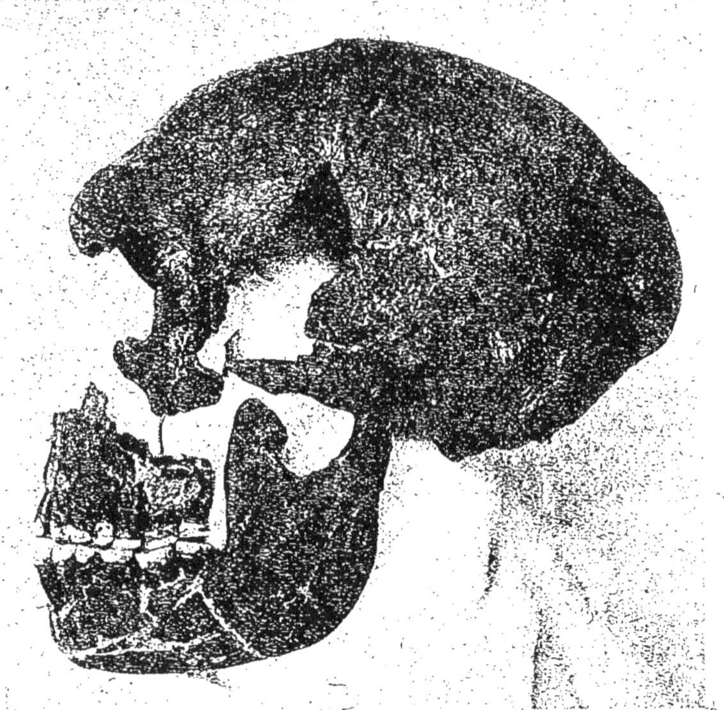

Crâne de la Quina, d'après une photographie du docteur Henri Martin.

critiques pour qu'il soit possible de les admettre comme marquant des points de repère scientifiques indiscutables, bien
que tous peuvent, à plus d'un titre, se réclamer, peut-il
paraître, de la souche néanderthalienne.

Donc, en s'en tenant strictement aux découvertes énoncées
plus haut et jusqu'à ce que de nouvelles positivement contrô-
lées viennent agrandir le patrimoine de la race, on peut définir, à peu près ainsi, son aire d'habitat. Du nord au sud, il

comprenait la Belgique méridionale, la France et l'Espagne, s'étendant ainsi de la Meuse belge jusqu'à Gibraltar. De l'ouest à l'est, ce patrimoine paraît s'être développé dans les provinces rhénanes et, en franchissant le Rhin, dans l'Allemagne occidentale et, probablement, plus loin dans la direction de l'Orient. Mais, comme nous l'avons dit, les preuves *certaines* paraissent faire défaut pour établir la réalité de cette plus grande emprise vers les régions de l'est.

On a beaucoup parlé depuis quelque temps de l'homme de Piltdown-Common dont les restes très frustes et très réduits ont été découverts en Angleterre, dans une gravière de Fletching (Sussex). Le crâne est tout à fait différent de ceux trouvés jusqu'à ce jour et remontant aux époques paléolithiques. Le front est presque celui d'un homme moderne, et les sinus frontaux sont peu saillants; l'épaisseur des parois de la boîte cranienne est considérable. Ce primitif est franchement dolichocéphale. Quant à la capacité encéphalique, elle varie avec les observateurs : le Dr Woodward indique 1.000 centimètres cubes, ce qui est peu ; le Dr Keith dit 1.500 centimètres cubes, ce qui est beaucoup. Le premier de ces savants fait un chelléen de l'homme de Piltdown, ce qui le place chronologiquement à l'époque du quaternaire inférieur. Le second reconnaît plutôt en lui un homme de l'âge pliocène supérieur, opinion que partage Rutot. Il est peut-être sage d'adopter la conclusion du Dr Woodward et, avec le savant allemand Buttel-Reepen, d'opter pour le chelléen primitif ou protochelléen comme époque où vivait l'être humain auquel on s'est plu à donner le nom d'*écanthropus Dawsoni*, car il apparaît bien qu'il existait en même temps que l'*elephas meridionalis* et en un moment où l'industrie tentait les premiers essais des instruments à forme recherchée et voulue du premier type chelléen. Il faudrait donc admettre, dans ces vues, que, à peu près contemporain de l'homme de Mauer ou de son successeur immédiat, l'homme de Néanderthal, vivait, dans le sud de l'Angleterre, l'homme de Piltdown.

Quoi qu'il en soit, d'après les observations limitées qu'on a pu faire sur des pièces très détériorées, l'individu de Piltdown se différenciait absolument du néanderthalien par son front élevé et aussi par l'atténuation de la proéminence des arcades sourcilières. A-t-il eu une descendance et faut-il en trouver un représentant dans l'homme de Galley-Hill exhumé, en 1888, par M. Elliot, dans les graviers du comté de Kent [1]? Tout d'abord, on ne peut qu'être frappé par le voisinage des deux sites de trouvaille : le Kent et le Sussex sont limitrophes,

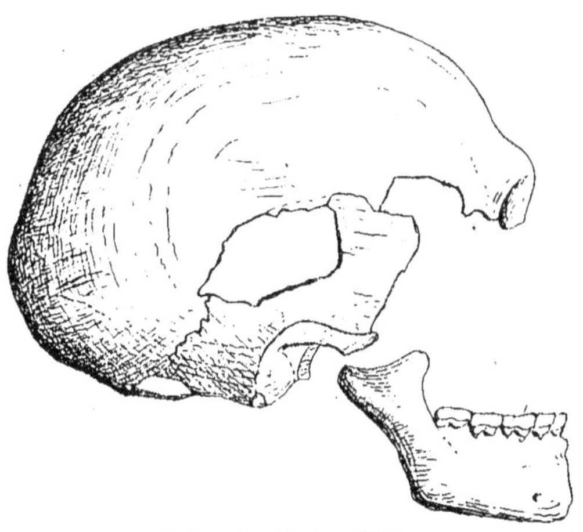

Crâne de Galley-Hill.

dans le sud-est de l'Angleterre. Donc l'homme de Piltdown et celui de Galley-Hill ont vécu dans la même région. C'est là, peut-il paraître, une raison en faveur de la filiation, sans cependant vouloir exagérer la valeur de cet argument par corrélation. La place de ce fossile dans le temps a donné lieu à de nombreuses controverses. Le Galley-Hill est plus jeune que le Piltdown et si vraiment il appartient au paléolithique et n'est pas considérablement plus récent, il ne remonterait, semble-t-il, qu'à l'époque médiane de l'âge chelléen.

Sous le rapport morphologique, comme pour l'homme de Piltdown, on ne peut le confondre avec le néanderthalien,

1 E. T. Newton, *On a human skull and Limb-bones found in palæolithic terrace-gravel at Galley-Hill, Kent.* — *The quarterly Journal of the geo logical Society of London*, vol. 51, 1895, p. 505, pl. XVI.

malgré sa dolichocéphalie et sa stature plutôt moyenne. Le crâne est haut, le front marqué et convexe ne fuit pas en arrière, les orbites sont presque normales et ne sont point surmontées d'un bourrelet osseux très puissant [1]. Donc, si on s'en tient aux indices que fournit l'étude des crânes, l'homme de Piltdown, d'abord, et l'homme de Galley-Hill, ensuite, possédaient une conformation cranienne bien plus élevée que celle de l'homme de Néanderthal.

Est-ce à dire qu'ils étaient, l'un ou l'autre, en possession d'une mentalité plus sélectionnée, donc plus avancée dans la voie du progrès ? C'est une question à laquelle il est bien difficile de répondre. La race de Piltdown et surtout celle de Galley-Hill peuvent effectivement paraître supérieures à la race néanderthaloïde, sous le rapport mental, si on ne tient compte que des caractéristiques des crânes, documents qui ne peuvent, toutefois, fournir, sous cet angle particulier, une démonstration précise et absolue. Et vraiment cette supériorité de conformation physique a-t-elle entraîné une supériorité intellectuelle corrélative ? Il est permis d'en douter, car rien n'est moins prouvé. Les industries lithiques du nord, ou mieux, des régions britanniques où vivaient, à deux époques différentes, les hommes de Piltdown et ceux de Galley-Hill, ne sont, en aucune façon, plus raffinées que les industries synchroniquement correspondantes pratiquées par les hommes de Néanderthal ; elles sont, tout uniment, semblables. En admettant la continuité de la race anglaise à travers les temps quaternaires, on ne peut qu'être frappé par ce fait que l'industrie septentrionale à faciès moustérien est bien inférieure à celle dont les Moustériens néanderthaloïdes du sud-ouest de la France nous ont laissé les très beaux spécimens au Moustier, chez Pourret, à la Quina et dans tant d'autres stations.

---

1. Le Dr Houzé qui a étudié le crâne de Galley-Hill a émis l'opinion que ce crâne n'est pas normal et présente un cas pathologique consistant dans la soudure prématurée de la suture longitudinale, cas spécial connu sous le nom de *scaphocéphalie*.

C'est vraiment une véritable manie, chez certains anthropologues, de découvrir des cas pathologiques sur tous les crânes primitifs dont la conformation les intrigue. R. Virchow a déclaré que le crâne de Néanderthal était pathologique. On en a dit autant du crâne du vieillard de Cro-Magnon. C'est une manière aisée et élégante d'échapper à une conclusion et de résoudre un problème embarrassant, et *sequitur vulgum pecus*.

D'une manière générale, les Chelléens, les Acheuléens et les Moustériens du continent et, principalement, ceux du Midi de la France, ont eu un outillage d'attaque et de travail bien mieux façonné que l'outillage similaire des septentrionaux des Iles Britanniques. Alors, dans de telles conditions, il faudrait donc voir dans l'élévation matérielle de la conformation cranienne des sujets de la race du Nord, non une preuve de la supériorité de leur mentalité, mais simplement une forme ostéologique spéciale à leur groupe, forme particulière n'intéressant que le physique et n'ayant nullement pour conséquence un plus grand développement des facultés mentales. Si vraiment les primitifs du Kent et du Sussex avaient été supérieurs par l'intelligence aux habitants du continent, c'est naturellement par un effort apparent de cette intelligence plus déliée que cette supériorité se serait affirmée et la plus immédiate des manifestations aurait été une poussée dans le sens du progrès industriel. Or, il n'en a pas été ainsi.

D'ailleurs, vouloir évaluer la mesure de l'intelligence d'un individu d'après la plus ou moins grande élévation de son front ou d'après les améliorations plus ou moins complètes de ses organes, est certainement excessif. Il faut se défier des conclusions rigoureusement déduites des formes et tendant à définir un niveau intellectuel, et cela surtout lorsque l'on se trouve dans le domaine de la paléontologie humaine. On pourrait, aujourd'hui, fournir de nombreuses preuves établissant que ce n'est pas toujours le crâne le mieux fait qui renferme l'esprit le plus radieux. Tant de causes diverses concourent au grandissement des âmes, causes d'ambiance sociale et de climat. D'après R. Virchow, le crâne albanais est le mieux équilibré, le plus beau, le plus parfait. Soutiendra-t-on que les brigands du Pinde marchent à la tête de la civilisation et sont en possession du summum des facultés intellectuelles ? Pourquoi ce qui est vrai, de nos jours, ne l'aurait-il pas été dans les temps préhistoriques primitifs ? L'humanité ne change pas dans son substratum profond ; elle a été et est toujours semblable à elle-même dans les manifestations successives de son génie à quelque époque que ce soit de son existence millénaire. Le déroulement de sa vie est comme un tableau dont les personnages du premier plan changeraient progressivement, mais dont les fonds resteraient immuables.

Le néanderthalien était petit, sa taille oscillant entre 1ᵐ,60 et 1ᵐ,65. Il était vigoureux et trapu ; sur une charpente osseuse très forte s'inséraient des muscles puissants. L'excès du développement musculaire donnait à ce primitif, ramassé sur lui-même, un aspect solide et redoutable. La brute se perpétuait en lui ; son ascendance l'opprimait impérieusement et ses organes laissaient encore voir, par atavisme, les fortes empreintes stigmatiques de ses pères inconnus perdus dans l'obscurité de l'animalité. Mais toutefois sa mentalité libérée de l'instinct stagnant avait brisé les entraves primitives et déjà s'essayait aux premiers efforts de la lutte âpre et continue vers le mieux. Mais s'il avait pu inventer et perfectionner les œuvres de son génie naissant, rejeter l'informe outil éolithique pour façonner les belles amandes de Saint-Acheul et les beaux racloirs du Moustier, il avait été impuissant à effacer toutes les marques de sa lignée ancestrale que portait son organisme matériel. La station complètement droite lui était interdite ; à cause de ses fémurs tordus, il devait marcher les genoux pliés [1] et devait, par conséquent, tenir le buste incliné en avant pour assurer l'équilibre du corps. Sa tête, paraissant relativement petite, surmontait un cou énorme qui était, en arrière, pour ainsi dire, la continuation de la ligne de l'épine dorsale ; il avait donc un cou de taureau tel que celui de l'Hercule Farnèse.

L'aspect de son facies était bestial : une grande bouche, une mâchoire formidable où s'enchâssaient des dents fortes et blanches et cette mâchoire se projetait en avant par suite d'un prognathisme accentué. Même, par exemple, comme chez l'homme de Gibraltar, ce prognathisme exagéré se mutait parfois en un véritable museau en raison de l'absence des fosses canines. Pas de saillie mentonnière. Le nez était large ;

---

1. Julien Fraipont, *Le tibia dans la race de Néanderthal.* Rev. d'Anthrop., 3ᵉ série, t. III, 1888. — Dʳ Charles Fraipont. *Note préliminaire sur l'étude radiographique du pied chez les primates vivants et fossiles.*

les yeux presque ronds, profondément enfoncés, brillaient sous des arcades sourcilières énormes qui formaient deux bourrelets arqués et épais et se réunissaient en se confondant au-dessus de la racine du nez. Puis, en arrière, au-dessus de ce renflement osseux en forme de joug, à peine une indication de front ou, pour mieux dire, pas de front, simplement une étroite zone frontale très restreinte dans le sens longitudinal et tout de suite la voûte crânienne, très basse, fuyant en arrière et finissant, en s'évasant progressivement, par former une arrière-tête volumineuse.

Peut-être, mais c'est une hypothèse, l'homme de Néanderthal avait-il des cheveux semblables à ceux des Australiens, cheveux non laineux, mais bouclés, en broussailles. Sa barbe était sans doute fournie et rude. Quant aux poils du corps, formant plus ou moins toison, ils devaient être plantés dans les mêmes sens que ceux des grands anthropoïdes et, par conséquent, dans les mêmes directions que le duvet *lanugo* qui recouvre le corps du fœtus humain vers la fin du septième mois de la gestation. Ici, l'embryologie peut donc donner une indication qui a sa valeur.

En somme, le Néanderthalien était, au physique, un être se rapprochant plus de son cousin l'anthropomorphe que de l'homme tel que nous le concevons aujourd'hui. Sans le feu de son intelligence perfectible et de son âme raisonnante qui couvait en lui, il aurait été, à ne considérer que son aspect extérieur, non un primitif humain, mais le plus achevé des animaux.

⁎

Jusqu'à la fin du moustérien, seule, la race de Néanderthal a vécu dans l'Europe continentale de l'occident, depuis Spy en Belgique, au nord, jusqu'à Gibraltar, en Espagne, au sud, tandis qu'une autre race, celle de Piltdown ou de Galley-Hill, habitait plus au nord, dans les contrées qui forment aujourd'hui l'Angleterre méridionale, si, bien réellement on peut faire remonter l'existence de l'homme de Piltdown aux premiers temps du pléistocène et celle de l'homme de Galley-Hill, vers le milieu de cet âge géologique. Jusqu'ici les découvertes effectuées indiquent nettement la prédominance des Néanderthaliens et précisent pour eux une aire d'habitat bien plus considérable que celle que l'on peut attribuer aux hommes de Galley-Hill, dans l'état actuel de la science.

Vers la fin du moustérien, sans transition, d'une manière inopinée, deux phénomènes également inattendus se produisent : d'une part, la race de Néanderthal s'éteint et disparait et, d'autre part, avec l'avènement d'une industrie entièrement inconnue jusque-là, surgit tout à coup, sur les terres de l'Occident, une humanité nouvelle composée de divers éléments ethniques.

Prise dans son ensemble, cette humanité complexe paraît avoir été infiniment supérieure à celle dont elle prenait la place. Il est difficile d'imaginer un changement ethnique plus brusque, d'une amplitude plus complète et possédant une action plus radicale en ses effets. Comme par l'enchantement magique d'un thaumaturge d'une incomparable puissance, une race indigène inférieure s'évanouit et une tout autre race supérieure que l'on doit croire allogène se présente et occupe la scène du monde occidental. L'homme de Néanderthal était bestial et avait un crâne rudimentairement évolué laissant entrevoir encore l'origine première par certaines formes typiques, alors que l'homme qui le remplace avait un crâne « qui ne le cède en rien pour l'ampleur de l'intérieur et la beauté des contours aux crânes modernes [1] ».

Les savants, de façon globale, ont donné le nom de race de Cro-Magnon à l'humanité nouvelle qui se montre à l'aurore de l'âge du renne. Cette dénomination vient de l'appellation de l'abri rocheux des Eyzies où ont été découverts les premiers restes fossiles de cette race, parmi lesquels les ossements d'un vieillard de haute stature.

Ce vieillard de Cro-Magnon était en effet de grande taille, mesurant $1^m,80$ de haut. Tous ses organes étaient puissants et bien ordonnés, les traits de sa face étaient fortement accusés. Broca a cru voir en lui un individu exceptionnel et s'est demandé si, par hasard, le premier fossile humain de l'âge du renne découvert ne présentait pas des caractères anato-

---

1. *L'Univers et l'humanité*, t. II, p. 22. — Trad. de Schalek de la Faverie. — *L'évolution du genre humain*, par le Dr Klaatséh.

miques tout à fait exagérés et, par conséquent, si ce grand
vieillard n'avait pas été, pour ainsi parler, un phénomène
parmi ses contemporains de même souche. Pas n'est besoin
d'aller ainsi chercher midi à quatorze heures. Certainement
le vieillard de Cro-Magnon, solidement charpenté et puissamment musclé, était grand de taille parmi ceux de sa race,
mais ne voyons-nous pas, dans toutes les familles humaines,
certains individus surpasser, quelquefois de beaucoup, leurs
congénères par la stature, par la vigueur et par l'accentuation
de leurs traits ? D'ailleurs, la taille de ce vieillard était-elle si
exagérée ? Oui, si on veut la comparer à celle des hommes
de Néanderthal, mais il faut bien se garder de faire ici une
comparaison, car les hommes de Cro-Magnon n'avaient rien
de commun, au point de vue de la race, avec les Néanderthaliens. Peut-on supposer, qu'aux temps quaternaires moyens,
la nature avait une mesure invariable pour tous les sujets d'une
même race et qu'elle les nivelait tous sous la même toise ?

Le crâne du vieillard de Cro-Magnon est dolichocéphale,
(73, 76), bien développé, volumineux dans sa partie postérieure,
avec une capacité encéphalique de 1.590 centimètres cubes [1].
Une voussure prononcée au milieu de l'écaille frontale détermine une arête saillante le long de la suture sagittale, ce
qui fait que le crâne présente, vu de face, une forme ogivale.
Mais où ce crâne devient tout à fait original, c'est que, sous
cette belle calotte qui donne à croire que va se montrer un
visage ovale et régulier, se montre, au contraire, un facies
relativement court mais excessivement large par suite du développement très fort des orbites dans le sens transversal,
disposition faciale qui devrait faire supposer une boîte cranienne brachycéphale, comme chez les Kalmouks et les Lapons [2]. C'est un indice à peu près certain que la race à laquelle
a appartenu l'homme de Cro-Magnon n'était pas pure mais
était le produit d'un croisement. La mâchoire supérieure du
fossile de l'abri de la Vézère présente un prognathisme pas

1. Dr Hamy, *Paléontologie humaine*, p. 273.
2. Le crâne du vieillard de Cro-Magnon reproduit la conformation de celui des Esquimaux. « On peut dire que la tête osseuse de l'Esquimau est
paradoxale. Le crâne des Groenlandais est franchement dolichocéphale, la
face offre des caractères altaïques, par exemple le grand diamètre jugal.
La crête sagittale est fortement marquée. » (A. Hovelacque, *Précis
d'anthrop.*, p. 536.)

trop accentué. La largeur de l'orifice nasal est normale; le menton est très nettement accusé. Les orbites sont peu hautes et très longues avec infléchissement vers le bas, ce qui, invinciblement, fait songer à des yeux allongés et peut-être bridés. Au-dessus des pommettes le visage très large se rétrécit brusquement.

Dans l'abri de Cro-Magnon, à gauche du vieillard, gisaient

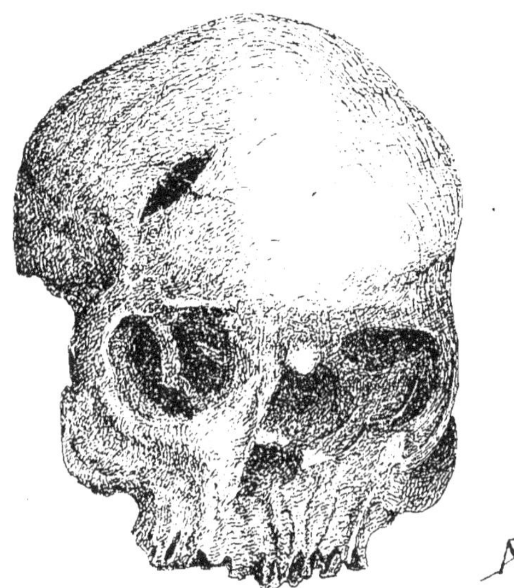

Crâne féminin de Cro-Magnon.

les restes d'une femme ayant auprès d'elle les fragments osseux d'un fœtus non arrivé à terme [1]. Le crâne de cette femme, qui, à première vue, semble différer beaucoup de celui du vieillard, présente au contraire, lorsqu'on l'étudie de près, toutes les mêmes caractéristiques, simplement plus atténuées. En effet, la femme a toujours des traits moins accentués que ceux de l'homme et, dans le cas présent, les différences ostéologiques doivent réellement être d'autant plus marquées que le vieillard lui-même semble bien avoir été un individu un peu exceptionnel, poussant à l'extrème, en les

____

1. Dr Hamy, *Paléontologie humaine*, p. 271.

exagérant, les symptomatiques anatomiques de sa race. Sur
la partie droite de l'os frontal de cette femme existe une
blessure oblique, longue de 83 millimètres et large de 12 millimètres, terminée en pointe aux deux extrémités, blessure
pénétrante qui, de toute évidence, est d'origine traumatique
intentionnelle et a été produite par un coup violent porté
avec une arme acérée, sans doute une large pointe de silex[1].
D'où le docteur Hamy tire la conclusion que la race de Cro-
Magnon devait avoir des mœurs violentes et combatives.
Cette supposition ne paraît pas très soutenable, attendu que
tout l'outillage aurignacien est destiné aux œuvres de la paix.
La blessure que porte le crâne de cette femme et les ossements du fœtus qui se trouvaient à ses côtés éveillent plutôt
l'idée d'une tragédie cruelle : le vieillard farouche, un chef
sans doute[2], s'érigeant en justicier et punissant férocement
une faute commise, peut-être contre la coutume de l'endo-
gamie qui était une loi rigoureuse pour beaucoup de clans
primitifs. Cette hypothèse, certes, est romanesque, mais elle
est plus vraisemblable vraiment que celle qui suppose des
luttes et des batailles chez des hommes qui n'ont laissé que
des preuves de leur amour de la paix affirmé par leurs arts et
par leur industrie.

*
* *

Mais un fait nouveau se produit, un coup de théâtre, peut-
on dire. Dans les grottes de Furfooz, en Belgique, on met au
jour trois crânes, deux au Trou du Frontal, un au trou Rosette[3]. Les deux premiers ne présentent pas une unité de
forme; l'un est platycéphale et brachycéphale (81, 14); l'autre
est acrocéphale et également brachycéphale (81, 39)[4]. Quant

1. P. Broca, *Bull. de la Soc. d'Anthrop.*, 2ᵉ série, t. III, p. 440.
2. Autour des squelettes se trouvaient, en grande quantité, des coquilles
marines percées d'un trou de suspension. Ces objets d'ornement indiquent,
par leur profusion, que ceux qui les portaient devaient occuper un rang
élevé dans la société dont ils faisaient partie.
3. *Mémoires de l'Acad. roy. de Belgique*, t. XIX, 1867.
4. De Quatrefages, *Hist. gén. des races hum.*, p. 73.

à la calotte cranienne que Ed. Dupont a recueillie au trou
Rosette, elle indique la brachycéphalie. Prüner-Bey dit de ce
crâne : « il est volumineux et assez massif... Il est *arrondi*
dans tous les sens, même au sommet [1] ». Ces trouvailles
constituent un fait capital [2]. Elles démontrent qu'une race

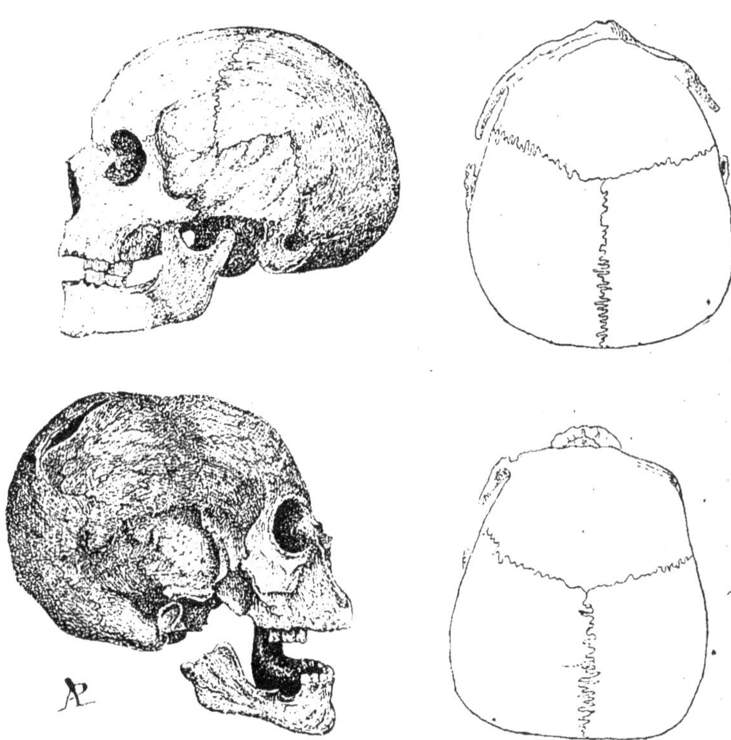

Crânes du Trou du Frontal.

nouvelle à crâne globuleux avait dû faire son apparition dans
l'Occident du monde archaïque, alors que jusqu'à ce moment,
seule avait existé une race indigène, essentiellement à crâne
allongé. Il faut donc concevoir la présence, ou, pour mieux

1. Hamy, *Précis de paléont. hum.*, p. 354. — Sans doute la brachycéphalie de ces deux sujets est faible. mais elle est bien réelle puisqu'elle
dépasse l'étiage de cette forme cranienne qui est 80, d'après Deniker.
2. Il faut encore mentionner le crâne féminin sous-brachycéphale de la
grotte, du Placard, qui évidemment indique un parent à crâne globuleux.

dire, l'arrivée dans les régions occidentales d'individus allophyles appartenant à un groupe ethnique brachycéphale. Il est impossible d'admettre qu'il ait été autochthone puisqu'il ne peut, en aucune façon, se relier à la race néanderthalienne qui, depuis ses origines jusqu'à sa disparition, au commencement de la période aurignacienne, est restée irréductiblement dolichocéphale.

Comment les hommes de Furfooz auraient-ils pu posséder un crâne bracycéphale si des sujets à crâne arrondi ne les eussent précédés sur place ou ailleurs et ne les eussent produits tels que nous les retrouvons? Car il est certainement interdit de penser qu'un dolichocéphale puisse enfanter un brachycéphale ou même un mésaticéphale à moins d'un cas tératologique. Or, l'homme vraiment indigène de Néanderthal était très franchement dolichocéphale, et parmi ses vestiges osseux que nous avons pu découvrir, aucun n'indique une tendance même légère à la brachycéphalie. Il ne pouvait donc engendrer un être humain brachycéphale. Il faut en conséquence et, par force, envisager comme non seulement probables mais certaines l'arrivée et l'intervention d'une race étrangère qui a procréé des enfants à crâne globuleux comme le sien ou des mésaticéphales par suite de croisements avec les Néanderthaloïdes ou avec les Cro-Magnon. Est-il possible d'expliquer autrement que par un apport exotique la présence des hommes de Furfooz en Occident?

On a trouvé des crânes globuleux dans la vallée de la Seine, à Grenelle et à Clichy, mais les conditions de gisement de ces débris étaient telles qu'il n'est pas permis de les faire remonter d'une manière positive à une époque paléolithique. Le mieux est de n'en point faire état.

Pour en revenir aux antiques habitants de la vallée de la Lesse, comment des brachycéphales ont-ils pu apparaître tout à coup à la fin du Moustérien alors que les hommes de Cro-Magnon que le chronomètre des temps préhistoriques signale comme ayant vécu à peu près à la même époque étaient dolichocéphales et encore que tous les devanciers occidentaux l'étaient également? Une fois de plus c'est une contribution en faveur de l'intervention d'un élément ethnique allogène. On a confondu cet élément avec la race de l'homme de la Truchère qui possédait le crâne le plus brachycéphale qu'il soit possible d'avoir. Toutefois comme il est difficile de dater avec exactitude ce fossile, d'ailleurs fort discuté, il semble bien qu'il soit préférable de le laisser de côté.

Les crânes des cavernes de la Lesse présentent de singulières analogies avec ceux de certains peuples qui résident dans l'Europe orientale et dans les régions altaïques ou qui y ont résidé. La tête des hommes de Furfooz se rapproche évidemment du crâne lapon, et surtout, par un trait spécial bien démonstratif. Les orbites oculaires sont carrées, légèrement inclinées vers le bas et l'apophyse orbitaire extrême faitsaillie en dehors en se courbant vers le bas. Il s'ensuit que l'œil devait être oblique, mais oblique de haut en bas, c'est-à-dire en sens inverse de celui des Mongoloïdes. Cette observation a une valeur particulière car, en effet, cette obliquité de haut

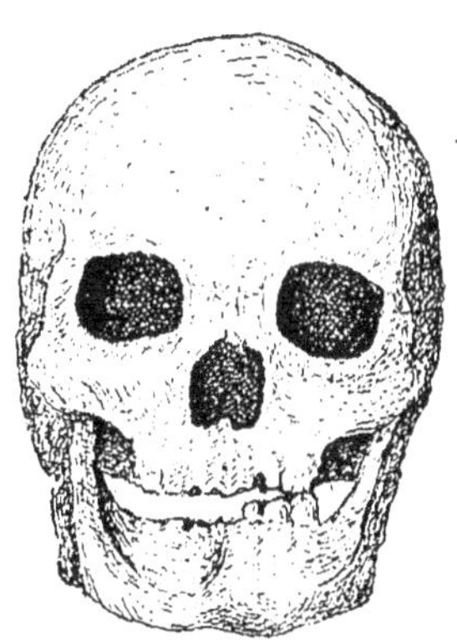
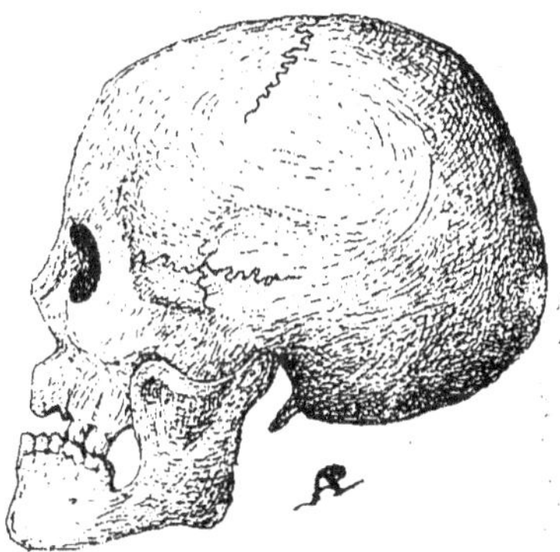

Crâne finnois.

en bas ne se retrouve actuellement que chez les Lapons[1], et cette disposition symptomatique est apparente surtout sur les crânes des anciens Lapons provenant du vieux cimetière de Jokkmokk fouillé par Von Düben. Autre point de rapprochement : la taille moyenne des Lapons oscille entre 1^m,53 et 1^m,56 ; la taille des hommes de Furfooz était la même[2]. Il y a des remarques utiles à faire entre le crâne des troglodytes belges et celui des Ougro-Finnois, comme il y en a d'aussi

1. A. Hovelacques, *Précis d'anthrop.*, p. 530.
2. De Quatrefages, *Hist. gén. des races hum.*, p. 73.

intéressantes, au sujet de la forme ogivale, à faire entre le crâne des Yakoutes et celui des Cro-Magnon.

· Pour clore nous citons le Dr Hamy : « Des troglodytes de la Lesse comme de ceux du Midi de la France, Prüner a fait des Touraniens. Dans les séries qui ont passé sous ses yeux, ce savant a cru reconnaître des Lapons, des Finnois, des Esthoniens, des Kalmouks, etc. ; il a créé, pour caractériser ces divers fossiles humains, les mots *Mongoloïde*, *Esquimoïde*, etc. Dans ce qu'elles ont de général, les théories de Prüner-Bey ont un assez grand degré de vraisemblance. Il nous paraît, comme à MM. de Quatrefages, Carter-Blake, Le Hon, etc., que les caractères anatomiques des races de Furfooz et de Cro-Magnon doivent leur faire prendre place dans le groupe hyperboréen [1] ».

Enfin, un autre type humain entre en scène à l'âge du renne, celui de Chancelade, le plus parfait, le plus pur et le plus beau. Il est représenté par un squelette découvert, en octobre 1888, par Michel Hardy et Féaux. Sur la route de Périgueux à Brantôme, se creuse une série d'abris magdaléniens au pied des escarpements de Raymonden. C'est tout au fond de l'un d'eux, dans la partie la plus profondément reculée, contre la paroi intérieure, que gisaient les ossements, dans la couche la plus basse des dépôts, soit à 1^m,64 de profondeur, sur le sol naturel rocheux [2]. Ces ossements avaient été saupoudrés avec du fer oligiste, comme ceux de l'homme de Menton, comme ceux de la *Red Lady of Paviland* du pays de Galles, aussi bien encore comme ceux mis au jour aux Hoteaux (Ain) et à Obercassel, près de Bonn (Allemagne). Cela fait songer à une pratique de décarnisation *post mortem*, pratique de l'Europe orientale où elle est encore de nos jours en usage chez certains groupes finnois, par exemple chez les Mordves de la Volga.

La tête de l'homme de Chancelade affectant une forme ogivale est volumineuse, les contours en sont réguliers, sa capacité encéphalique est grande. Cette tête accuse une doli-

---

1. Dr Hamy, *Précis de paléont. hum.*, p. 355.
2. Michel Hardy, *La station quaternaire de Raymonden à Chancelade (Dordogne)*, 1891. — L. Testut, *Recherches anthropologiques sur le squelette quaternaire de Chancelade*, 1889. — G. et A. de Mortillet, *La Préhistoire*, p. 320.

chocéphalie prononcée, et sa hauteur est remarquable. Le
facies large, mais sans exagération et sans saillie outrée
des apophyses, est très long, présentant un galbe bien pro-
portionné. Le front est haut et droit, les arcades sourcilières
sont accentuées, les pommettes sont saillantes, les orbites
sont hautes et grandes, la fosse nasale normalement ouverte
fait supposer un nez étroit et proéminent, la mâchoire inférieure est puissante avec des molaires croissant d'avant en

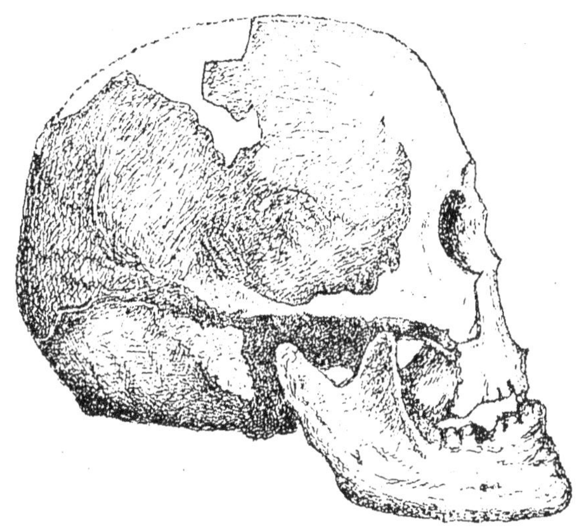

Crâne de Chancelade.

arrière ; le menton est bien marqué. Tout cela constitue un
ensemble harmonieux et, dans de telles conditions de conformation cranienne, le type de l'homme de Chancelade devait être
fort élevé. A l'encontre du crâne du vieillard aurignacien de
Cro-Magnon qui est disharmonique par suite du peu de hauteur de la face et de son excessive largeur, le crâne du
Magdalénien de Chancelade est parfaitement harmonique. Au
point de vue physique, par son visage correct, il surpassait de
beaucoup les autres hommes des races contemporaines. Il n'y
a pas de différence sensible entre son crâne et celui des dolichocéphales modernes le mieux évolués. En face de l'homme
de Néanderthal auquel il succède, l'homme de Chancelade

est une énigme et pose un problème insoluble, si on ne veut
pas admettre la venue en Occident d'une humanité étrangère.
Malgré qu'il soit un Magdalénien, ayant vécu vers le milieu
de l'âge du renne, il n'est pas possible d'admettre que la durée
de temps écoulée depuis la fin du moustérien qui marque
la disparition du sauvage néanderthaloïde, ait permis une
transformation aussi profonde et aussi radicale dans la
conformation cranienne. Cette transformation fixant sa base
de départ dans un être à peu près bestial pour, par des
améliorations successives dont nous ne pouvons suivre les
traces, arriver enfin à l'homme complet de Chancelade,
prend les allures d'une métamorphose magique. L'homme
magdalénien de Chancelade est-il un descendant évolué
des Aurignaciens de Cro-Magnon ou est-il le représentant
d'une autre race allogène arrivée en occident en même
temps que la première immigration, immigration dont le
grand vieillard de la Vézère est le protagoniste exagéré? Les
deux hypothèses sont admissibles, mais la première paraît
être la plus raisonnable. En effet, l'homme de Chancelade
n'est pas l'étalon d'une raçe à part. Les principaux caractères de son crâne le rattachent évidemment à la famille des
dolichocéphales de Cro-Magnon. C'est un magdalénien plus
sélectionné qu'un aurignacien. Le temps avait fait son œuvre.
Il importe donc de tenir, ici, compte de l'évolution épura-
trice et aussi, dans une certaine mesure, des différences en
mieux que peuvent, dans une même race, présenter des individus plus avantageusement doués. L'homme de Chancelade
fut un de ceux-là, mais les indices ostéologiques fondamen-
taux qu'il possède le relie de façon précise, à la race des
hommes de Cro-Magnon. En somme le crâne de Chancelade n'est qu'une variante perfectionnée du crâne de Cro-
Magnon.

En définitive, à l'époque où la civilisation si absolument
particulière de l'âge du renne se montre, se développe et
s'affirme dans l'Europe occidentale, une humanité nouvelle,
double au point de vue ethnique, apparaît et occupe toutes
les terres qui, jusqu'alors, avaient formé le patrimoine de la
race néanderthalienne, désormais presque complètement
anéantie en tant que race peuplant l'occident européen.

Cette nouvelle couche humaine était composée de deux

groupes bien distincts : les dolichocéphales de Cro-Magnon et les brachycéphales de Furfooz.

Les éléments disparates de cette humanité ont-ils apparu ensemble en Occident ou bien séparément et à des moments échelonnés dans le temps ? C'est un problème qui paraît assez difficile à résoudre et qui, d'ailleurs, est ici d'importance secondaire. Ce qui est intéressant à retenir pour l'instant, c'est que ces races sont bien celles qui se sont substituées à celle

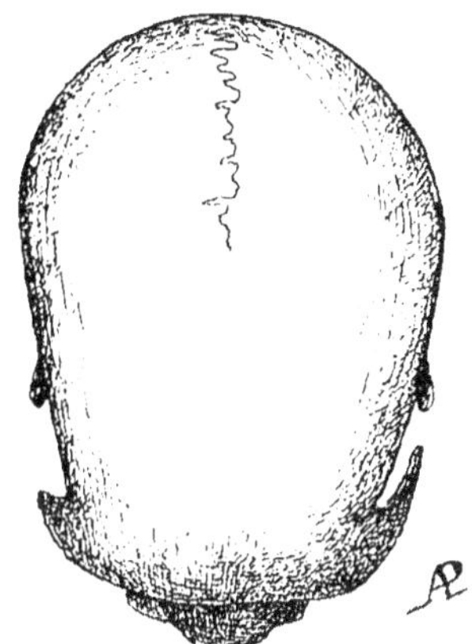

Dolichocéphalie

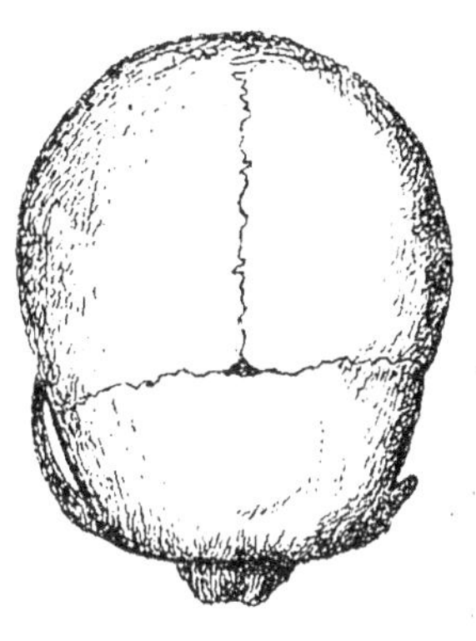

Brachycéphalie.

de Néanderthal et qu'elles l'ont supplantée partout et complètement.

Cependant on peut tirer un argument sérieux et de poids en faveur d'une apparition simultanée de ce que, toutes deux, depuis les débuts de l'âge tarandien, avaient une industrie semblable sur tous les points occupés par elles, indiquant par là une source civilisatrice commune et ne présentant quelquefois que d'insignifiantes différences de forme, qui, évidemment, tenaient plutôt au tour de main des ouvriers qu'à la diversité des origines. Dans ces conditions, aucun argument ne peut interdire d'admettre, pour les deux groupes ethniques de l'humanité de l'âge du renne, une venue simultanée et, au contraire, ce qui vient d'être dit au sujet de l'industrie paraît bien devoir être une contribution déterminante en faveur de cette probabilité.

CHAPITRE II

LE BERCEAU ORIENTAL

Entre la race autochthone de Néanderthal et l'humanité
de l'âge du renne se creuse un fossé profond et infranchis-
sable. Un abîme est béant entre les vieux hommes de l'Occident enlisés dans la sauvagerie et les hommes sélectionnés
qui surgissent tout à coup. Vers la fin de l'âge moustérien,
une aurore brillante se lève pour illuminer l'horizon tarandien. D'un côté de l'abîme, gisent les derniers débris d'une
race presque anéantie, de l'autre, se montre toute une théorie humaine d'êtres évolués, accomplis, en possession d'organes perfectionnés. Leur apparition inattendue et soudaine
est certainement un des problèmes les plus ardus qu'il ait
été donné de résoudre pour expliquer la succession et l'évolution des races préhistoriques dans l'occident de l'Europe.
A ce moment, qui clôt l'ère des temps quaternaires moyens,
la race de Néanderthal cesse d'être seule maîtresse des régions de l'ouest. Elle disparaît à peu près et si, sur un seul
point, sa présence persistante se manifeste, il faut, semble-t-il,
entendre que cette survivance a été due à un hasard heureux.
Partout ailleurs cette race ne se continue partiellement que
par des métis reproduisant quelques traits de ceux des ancêtres qui avaient réussi à échapper aux causes dirimantes
qui avaient fait disparaître leurs semblables.

Certes, c'est un sujet d'étonnement que la différence profonde qui existe entre les crânes connus des Moustériens
néanderthaliens (La Chapelle-aux-Saints, La Ferrassie, La
Quina) présentant des indices tout primitifs et le crâne du
vieillard de Cro-Magnon qui laisse voir les caractères d'une
race ayant acquis déjà les traits anatomiques élevés de l'espèce. Le temps qui a pu s'écouler depuis la dernière pé-

riode moustérienne jusqu'au début de l'aurignacien et même
pendant le premier stade de cet âge, ne peut, certainement,
être envisagé comme ayant été d'une durée suffisamment
longue pour avoir permis une transformation aussi radicale.
Et cette déduction s'impose à l'esprit en considérant que le
type indigène de Néanderthal est resté immuable, à très peu
de chose près, toujours semblable à lui-même pendant tous
les millénaires des époques précédentes, jusqu'à la fin du
moustérien, c'est-à-dire jusqu'à sa disparition à l'état pur. On
peut même se demander si une période temporaire, même de
très courte durée, est intervenue, lorsque l'on voit dans des
gisements aurignaciens du début, certains instruments de
forme moustérienne se perpétuer et voisiner avec les outils
nouveaux de forme aurignacienne. Cela n'indique-t-il pas que
l'âge d'Aurignac a dû succéder directement, sans hiatus, de
façon immédiate et subite à l'âge du Moustier? Bien plus,
cette promiscuité industrielle paraît bien fournir non une
preuve de transition mais plutôt une preuve de juxtaposition :
l'industrie indigène persistant, pendant un certain temps, au
demeurant assez court, à côté de l'industrie adventice. D'où
cette conclusion, autorisée ainsi, que le laps de temps entre
les deux âges a été d'une extrême brièveté ou, bien mieux
encore, qu'il n'y a pas eu une lacune de durée entre le moustérien et l'aurignacien. On ne peut vraiment trouver place
dans le temps pour une évolution sur place qui aurait permis
la métamorphose d'un néanderthaloïde bestial en un aurignacien perfectionné. Mais encore, comment résoudre le problème déconcertant d'indigènes dolichocéphales se mutant
tout à coup en des brachycéphales tels que ceux de la vallée
de la Lesse? Il y a ici une impossibilité évidente; la nature
ne permet pas une telle transformation. Des individus à crâne
allongé peuvent s'allier entre eux à l'infini, ils n'auront jamais
des produits à crâne globuleux. Il n'y aurait qu'un moyen de
trancher la question, ce serait de supposer que les hommes
brachycéphales paléolithiques présentent tous des cas pathologiques pour ne pas dire tératologiques, mais ce moyen
serait simplement une absurdité.

« De la différence du type humain de nos pays dans l'âge
du renne, auquel nous arrivons, au type de l'homme des deux
premiers âges quaternaires, et aussi des progrès notables

constatés dans les produits du travail, on croit devoir conclure que des années par milliers se sont écoulées pendant lesquelles nos contrées avaient cessé d'être habitées par l'homme. Il est, en effet, établi que la mer avait fait irruption sur nos continents et en avait chassé ou noyé les cohabitants du mammouth et du grand ours. Plus tard, le retrait des eaux, laissant les terres émergées, les hommes ont pu revenir habiter nos provinces méridionales. Mais d'où est venue cette autre population? Est-ce une nouvelle race dont un rameau s'est étendu jusque chez nous? Sont-ce les descendants de la race ancienne, modifiée pendant leur émigration? La dernière hypothèse, *qui est la moins probable*, donnerait à croire, vu la valeur très grande de la modification du type, que la durée de l'immersion s'est prolongée pendant un espace de temps extrêmement grand [1]. »

Des fossiles pouvant assurer et, par suite, prouver la liaison sériaire, entre la race de Néanderthal et les races de l'âge du renne, ou, pour mieux s'expliquer, affirmant la transition évolutionnaire entre les deux groupes, existent-ils? Tout d'abord, une première question se pose. Comment une race, une comme celle de Néanderthal, se serait-elle diversifiée, dans sa descendance, à ce point qu'elle aurait donné naissance à plusieurs familles humaines qui non seulement lui sont physiquement étrangères, mais mieux encore, diffèrent entre elles et paraissent avoir des sources ethniques non identiques?

— Les crânes de Combe-Capelle, d'Eguishem, d'Engihoul, enfin le crâne II de Cro-Magnon, n'ont certainement pas appartenu à des sujets assurant une évolution transitoire entre la vieille humanité paléolithique du quaternaire inférieur et moyen et les races du quaternaire supérieur. Ce sont des crânes de métis. Ils procèdent des néanderthaloïdes pour une part souvent atténuée et, pour l'autre part, des races nouvelles qui apparaissent en Occident au début de l'âge tarandien avec, pour cette dernière part, en général, une prépondérance qui est rationnelle, étant donnée l'action plus énergique des races plus sélectionnées dans l'œuvre de croisement.

---

1. J. Bourlot, *Hist. de l'homme préhist.*, p. 34.

Le crâne de Combe-Capelle a les orbites hautes des néanderthaloïdes, mais elles s'allongent aussi comme celles des Cro-Magnons ; moins cependant. Les arcades sourcilières sont encore proéminentes, mais toutefois avec une tendance marquée vers l'atténuation. Le menton tombe droit au lieu d'être accusé nettement en avant ; la boîte cranienne offre, à sa base postérieure, un renflement occipital arrondi accen

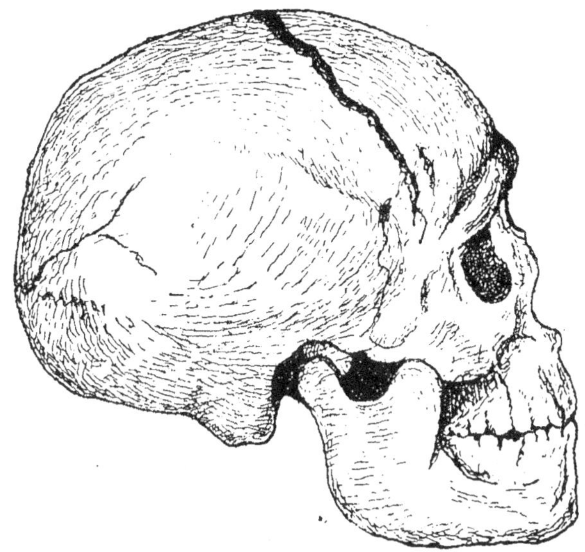

Crâne de Combe-Capelle.

tué ; l'écaille frontale ne porte pas la crête sagittale. Ce son là des traits néanderthaloïdes, mais des traits atténués, moins prononcés que sur les sujets de race pure. Par contre, la face est large, ce qui est un indice de l'influence des Cro-Magnon.

La calotte cranienne d'Eguishem (Alsace) [1] a des arcades sourcilières très fortes ; les orbites sont grandes mais elles ne sont plus rondes et affectent, au contraire, une forme ovale,

1. Faudel, *Note sur la découverte d'ossements fossiles humains dans le lehm de la vallée du Rhin, à Eguishem, près Colmar*. Extrait du Bull. de la Soc. hist. nat. de Colmar, 1867, p. 8.

ce qui établit un rapport direct avec les Tarandiens dolichocéphales. Le front est étroit et aplati. Ce fossile se réclame
évidemment davantage de la race indigène que de celle de
l'âge du renne, mais cependant il laisse clairement découvrir
sa parenté avec celle-ci par certains de ses organes évolués et
il n'a pas pu prendre le principe de ces améliorations dans

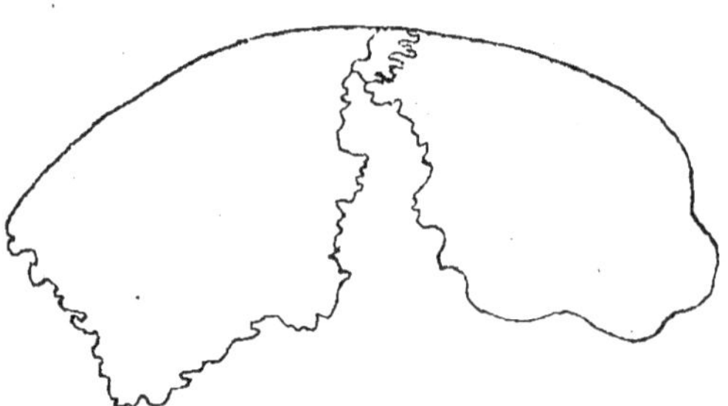

Calotte crânienne d'Eguishem.

son ascendance néanderthaloïde puisque elle-même n'en
possédait pas les éléments. Ce crâne ou plutôt ce fragment
ne permet pas de se rendre compte de la conformation de la
face, région qui manque. Peut-être y découvrirait-on d'autres
témoignages de la parenté tarandienne, mais en somme cela
importe relativement peu, car il suffit que sur un seul organe
se montre une seule amélioration due à cette parenté, pour
que le métissage soit démontré.

Le second crâne masculin, découvert dans l'abri de Cro-
Magnon, est aussi un crâne de
métis. Il se rapproche beaucoup
de celui du grand vieillard près
duquel il gisait. Pour la plupart,
ses traits indiquent l'action dominante de la race de Cro-Magnon.
Toutefois l'apport néanderthaloïde
se dévoile par un front légèrement
fuyant, des arcades sourcilières
assez proéminentes et surtout par
la forte saillie que forme en arrière

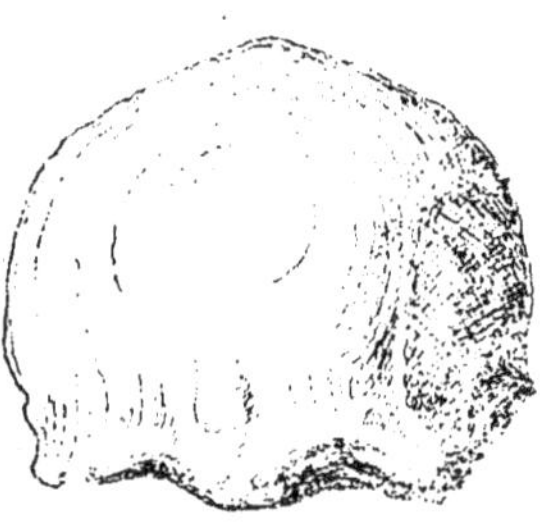

Crâne masculin II
de Cro-Magnon.

l'occipital, ce qui est l'empreinte originelle de ses ancêtres
autochthones de l'Occident.

Ce qui pourrait paraître en contradiction avec la disparition des Néanderthaliens, à la fin de la période du Moustier,
c'est la présence, en Belgique, sur la rive gauche de l'Orneau,
à Spy, de restes fossiles authentiques d'hommes de cette race,
dans la couche inférieure de la terrasse de la caverne dénom-
mée en dialecte local « Betche aux rotches ». Cette présence
d'individus, véritables autochthones occidentaux, dans un
gisement qui, par son industrie, se rattache à la première
époque de l'âge du renne, alors que des instruments de forme
moustérienne se mêlaient encore aux instruments aurignaciens primitifs, semble indiquer que la race de Néanderthal
n'avait pas complètement disparu et qu'elle se perpétuait, dans
sa pureté native, tout au moins pendant les premiers moments
de l'ère tarandienne. Évidemment cela est vrai en ce qui concerne le gisement de Spy, mais c'est un fait particulier et qui
reste unique jusqu'à ce jour. D'ailleurs, bien des grottes de
l'âge du renne ont été fouillées et celle de Spy est la seule où
on ait rencontré des débris osseux de la race de Neanderthal
absolument pure. Les hommes néanderthaloïdes dont on a
exhumé les crânes dans la « Betche aux rotches » étaient des
« rescapés ».

Alors que les peuplades qui résidaient dans les régions qui
sont aujourd'hui le nord de la France et la Belgique en
étaient encore au stade acheuléen, les populations plus méridionales, et surtout celles du sud-ouest de la France, étaient
parvenues au stade moustérien. Le moustérien proprement
dit existe très peu, en effet, en Belgique, on n'y trouve presque
exclusivement qu'un moustérien bâtard mêlé à l'aurignacien
des basses assises, notamment à Hastières et il en est de
même à Spy. C'est que, à un moment donné, qui doit être
synchrone de la dernière période où cette industrie moustérienne fleurissait dans le Midi, un phénomène physique d'une
incomparable puissance se produisit. Ce fut une inondation
formidable, conséquence de la déglaciation qui marqua la fin
du deuxième glaciaire quaternaire. Le géologue et préhisto-

rien belge Rutot estime qu'alors les eaux de la crue *hes-bayenne* couvrirent les terres les plus élevées de la Belgique et du nord de la France [1]. Naturellement, les habitants qui réussirent à échapper au désastre durent fuir vers le Midi où l'inondation n'avait pas eu la même ampleur que dans le nord et où, par conséquent, des terres exondées pouvaient leur offrir un refuge. Cependant ceux qui purent parvenir aussi loin au milieu des dangers que multipliait sur leur route la

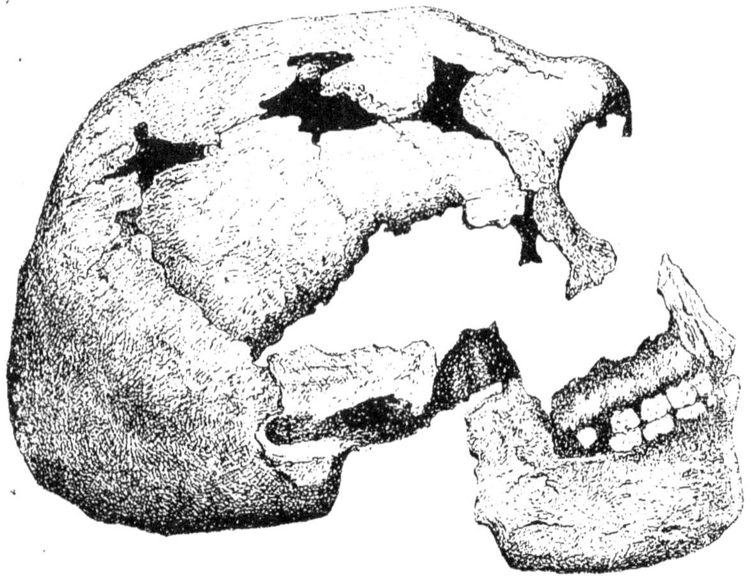

Crâne de Spy.

débâcle des eaux glaciaires, ne furent pas nombreux. La plupart de ceux de leur race durent, d'abord, périr sur place et aussi au cours du pénible exode.

Les rares Néanderthaliens septentrionaux qui parvinrent dans le sud-ouest y trouvèrent un certain nombre de congénères moustériens qui avaient survécu à l'inondation générale dont Peyrony a retrouvé les traces évidentes dans la caverne même du Moustier. Ils entrèrent aussi en contact avec les

1. Rutot, *Glaciation et humanité.* — 16. *Les deux grandes provinces quaternaires de la France*, p. 7.

premiers Aurignaciens dont la venue en extrême occident
pourrait bien avoir eu la même cause que celle qui avait pré-
cipité la fuite vers le midi de quelques tribus survivantes du
nord. Dans le sud-ouest, les hommes de Spy connurent l'industrie des derniers Moustériens et celle des premiers Aurignaciens et firent usage des instruments de l'une et de l'autre.
Puis, peu à peu, les eaux se retirèrent et les Néanderthaliens
venus du nord, désormais seuls représentants de leur groupe
septentrional, purent enfin regagner les terres de leur patrie
d'origine débarrassées des eaux. C'est ainsi que peut et doit
s'expliquer, en même temps, la survivance d'un clan néanderthalien échappé au désastre et sa présence dans un gisement
qui renferme, en connexité, des instruments de leurs frères
de race moustériens et d'autres relevant de l'industrie spéciale
de leurs éducateurs tarandiens.

Quant à l'objection que l'on voudrait tirer du fait que des
hommes du nord avaient pu se sauver en se réfugiant sur les
terrasses élevées du midi que la crue n'avait pu atteindre et
d'où on concluerait que les habitants néanderthaloïdes de ce
midi avaient pu tout aussi bien se soustraire aux effets de
l'inondation en gagnant les hautes terres, elle a sans doute
une valeur mais une valeur relative. Les vallées étaient transformées en lacs immenses traversés par des courants impétueux ; les flots ravageant les rives, entraînant les terres, les
arbres, les roches, brisant tout sur leur chemin, et cela avec
une rapidité qui s'accélérait au fur et à mesure que la fonte
des glaces devenait plus active, ne laissèrent aux indigènes
que bien peu de temps pour atteindre les sommets[1]. Ceux
d'entre eux qui habitaient sur les terres basses, loin des très
hautes collines, furent surpris par le cataclysme et anéantis.
Cependant les Néanderthaliens méridionaux ne périrent pas
tous. Quelques-uns certainement survécurent et ce sont justement ceux-là qui furent les étalons de leur race pour la
production des métis tarando-néanderthaliens. Mais leur
nombre ne put être bien grand et peu à peu, sinon assez rapi-

---

1. « En effet, dans la vallée de la Vézère, l'eau se serait élevée à 14 mètres
au moins au-dessus du niveau des plus grandes crues actuelles et à
18 mètres, au minimum, au-dessus du niveau ordinaire de la Vézère, qui
devait être le même à l'époque du Moustier. » (Peyrony, *Après une grande
crue préhistorique de la Vézère*, p. 5.)

dement, ils furent noyés dans la masse tarandienne et ils ne
tardèrent pas à disparaître par fusion. Les hommes du renne
prirent le dessus, marquant de plus en plus les métis de leur
forte empreinte, en vertu de cette loi, dont l'histoire nous
donne tant d'exemples et qui veut que les races supérieures
absorbent les inférieures. De sorte que le sang néanderthalien progressivement appauvri ne se manifesta plus que par
des atavismes de plus en plus rares et atténués.

*
* *

Donc, vers la fin des temps moustériens, deux types humains nouveaux apparaissent subitement dans l'Europe occidentale : un brachycéphale, celui de Furfooz; un autre dolichocéphale, celui de Cro-Magnon.

C'est dans cette Asie antérieure, qui a été, dans les temps
antiques, un foyer puissant de production de races et un
centre actif de civilisations diverses qu'il faut aller chercher
les pères des émigrants qui poussèrent vers le couchant du
monde et y importèrent une culture nouvelle que la science
a désignée sous un grand nombre de noms en la subdivisant
à plaisir. Comme cependant elle est une en son essence, ne
se différenciant au cours des âges que d'une façon superficielle
en suivant une évolution rationnelle, pour simplifier et, plus
sagement, pensons-nous, nous la désignerons sous l'appellation globale de *tarandienne*.

Étant envisagée la donnée de l'origine orientale des types
humains occidentaux de l'âge du renne, en raison de la cause
qui a rendu nécessaire l'expulsion hors des contrées où
s'était faite une concentration de peuples divers, concentration temporaire et forcée, il apparaît bien que ce soit, particulièrement, dans la Transcaucasie et dans les régions immédiatement limitrophes, que l'on doive aller rechercher les
étalons de ces types. Il fut, en effet, un instant, dans les
temps préhistoriques reculés où les pays caucasiques de
haute altitude devinrent un lieu de rassemblement et de
refuge pour des masses humaines de provenances diverses,
lesquelles, abandonnant les plaines et les vallées basses,

durent gagner hâtivement les plateaux montagneux les plus élevés. Malgré toutes les vicissitudes, malgré tous les accidents qui purent se produire sous l'action désordonnée d'un cataclysme brutal, la masse humaine resta très dense et de nombreux contingents d'hommes de races différentes accidentellement réunis, durent s'en détacher, le moment propice étant arrivé, et se disperser pour aller chercher des patries un peu partout. Mais le mouvement de dislocation et de départ ne put être à ce point tellement général que les groupes humains rassemblés en un point donné, ou, tout au moins, les plus importants de ces groupes, n'aient pas laissé sur place des représentants de leur race. C'est sans doute pourquoi, encore aujourd'hui, aussi bien qu'au temps de Strabon[1], le Caucase est un véritable damier ethnographique où les races se mêlent et s'enchevêtrent de la façon la plus confuse. C'est donc dans un pareil milieu, contenant une telle collection de races, que nous concevons qu'il faille découvrir les similaires, ou plutôt les frères des hommes occidentaux de l'âge du renne.

Dans les hautes régions du Caucase, de l'Arménie et du Taurus, les peuplades finnoises des steppes méridionaux à l'ouest de la mer Caspienne, les Altaïques et les Mongoliques des plaines araliennes, les populations du Gilan, du Mazendéran, de l'Aderbeidchan, de l'Iran, de la Mésopotamie, de la Syrie et de l'Asie Mineure orientale aussi bien que celles des vallées du Rion et de l'Araxe se trouvèrent forcées de s'agglomérer.

Les contingents finnois altaïques venus des bords de la mer d'Aral et des plaines se déroulant au pied des montagnes d'Or durent être nombreux et, parmi eux, se trouvaient sûrement les pères des Ostiaks, peuple qui, encore au siècle dernier, avait une industrie semblable à celle que nous découvrons dans les stations tarandiennes de l'Europe occidentale[2]. Les Ostiaks ou Mansi « hommes », d'après le nom qu'ils se donnent, n'ont pas toujours habité les froides ré-

---

1. Strabon dit que l'*emporium* de Dioscurias, marché où se réunissaient les populations de l'intérieur et celles des pays circonvoisins, renfermait dans ses murs au moins soixante-dix peuples parlant chacun une langue différente. (Liv. XI, ch. II, par. 16.)

2. Elisée Reclus. *Géo. univ.*, t. VI, p. 680.

A. DE PANIAGUA : Age du Renne. 4

gions de la Sibérie du nord. Leur nom même d'Ostiaks qu'Erman rapproche du tartare *ouchtiac* et traduit par « étranger » indique qu'ils ne sont pas des aborigènes dans les solitudes glacées qu'ils occupent aujourd'hui. Tout concourt à prouver qu'ils résidaient primitivement dans des pays bien plus méridionaux, qui ne peuvent avoir été que les plaines situées entre l'Altaï et la mer Caspienne, contrée qui semble bien avoir été le berceau de la race finnoise. Ils ont été progressivement repoussés vers le nord par tous les conquérants. Doux et pacifiques par nature, ils ont su, cependant, résister vaillamment et autant qu'ils ont pu. Encore en 1501, ils formaient une nation assez nombreuse pour opposer de véritables armées aux Cosaques. Mais, mal armés pour la lutte, ils furent vaincus et, maintenant, décimés par la petite verole, par l'alcool et la faim, au nombre d'environ 30.000, ils ne forment plus que des groupes isolés demi-nomades, demi-sédentaires qui vaguent dans le nord-ouest sibérien depuis l'estuaire de l'Ob jusqu'au cours moyen de l'Irtisch et des monts Oural à la Nijnaya Toungouska [1].

L'ostiak est de petite stature, 1^m,56 en moyenne. Le visage est rond, le front est bombé, les pommettes sont saillantes, le menton est court, les yeux sont très légèrement obliques par suite du bridement des paupières, le crâne est mésaticéphale avec un indice céphalique moyen de 79,4.

La race de Furfooz, si faiblement brachycéphale qu'elle se rapproche de la mésaticéphalie, était de taille peu élevée, 1^m,60 environ, par conséquent un peu au-dessus de la taille des Ostiaks *actuels*, mais pour ceux-ci il faut tenir grand compte de la dégénérescence engendrée par une misère séculaire. De plus, pour établir la taille moyenne des brachycéphales paléolithiques occidentaux, la multiplicité des sujets fait défaut et il peut très bien se faire que ceux qu'on a pu étudier aient été au-dessus de cette moyenne. Le menton de l'homme de la Lesse est arrondi et saillant, le front est bas et assez fuyant; les pommettes sont saillantes par suite du développement de l'apophyse externe orbitaire. Les orbites sont carrées, très ouvertes et tournées vers l'extérieur. Les indices céphaliques des deux crânes du Trou du Frontal sont

____

1. Elisée Reclus, *Ib.*, t. VI, p. 678.

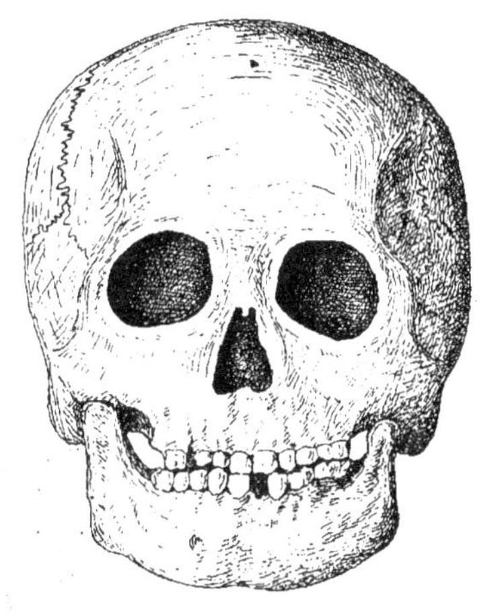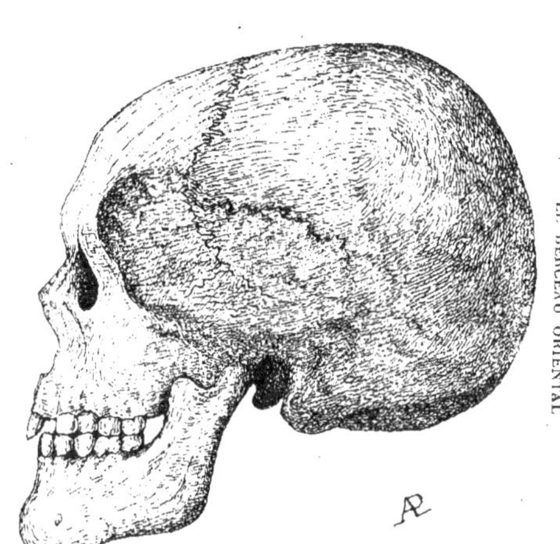

Crâne ostiak.

de **81,14** et **81,39**, donc très supérieurs à l'indice moyen ostiak qui est de 79,4. Mais ici il convient de faire encore
remarquer que nous n'avons que la mensuration de deux
sujets ; il serait excessif d'en tirer une conclusion générale
absolue ; l'établissement d'une moyenne aurait certainement
fourni d'autres chiffres.

Les traits principaux qui caractérisent les fossiles de Furfooz sont sensiblement les mêmes que ceux que l'on peut
remarquer sur les crânes ostiaks avec cependant pour
quelques-uns une certaine tendance vers une atténuation
due certainement et uniquement à une évolution qui doit se
compter par millénaires.

On a rangé les brachycéphales de l'Occident dans un
groupe dit des laponoïdes. Cette opinion est tout à fait juste.
Toutefois ce n'est pas une raison pour en induire que la race
tarandienne brachycéphale soit venue du Nord. Lorsqu'elle
est arrivée dans l'occident de l'Europe, les contrées septentrionales de ce continent étaient encore ensevelies sous les
masses gelées des grands glaciers quaternaires. Certes, les
Lapons sont d'origine asiatique hyperboréenne ; c'est certain
et c'est l'opinion autorisée de Schaaffhausen, de Montegazza,
de Desmoulins et de Vogt. Ils n'ont pas le teint jaune des
Asiatiques mongoloïdes parce qu'ils sont de souche altaïque
finnoise. Ils sont, sans aucun doute, en même temps, les
congénères des Ostiaks et des brachycéphales archéolithiques de nos contrées [1]. Mais c'est bien longtemps après la
migration de ces derniers vers l'ouest qu'ils sont venus dans
les pays du nord de l'Europe. Dans ces régions on ne trouve
pas de vestiges d'une industrie antérieure au néolithique.
C'est donc que les Lapons n'ont pu y parvenir qu'au moment
où cette dernière industrie florissait, c'est-à-dire bien des
milliers d'années après que les brachycéphales dont on a
retrouvé les restes dans les cavernes de la Belgique eussent
importé dans le monde du couchant l'industrie tarandienne.
L'idiome des Lapons est proche parent du finnois, c'est une
preuve que ces deux langues ont puisé dans un fonds linguis-
tique commun, qui ne peut être que le dialecte parlé primi-

---

1. « Les Lapons sont brachycéphales. » Virchow, *Berliner Gesellschaft für Anthropologie.*

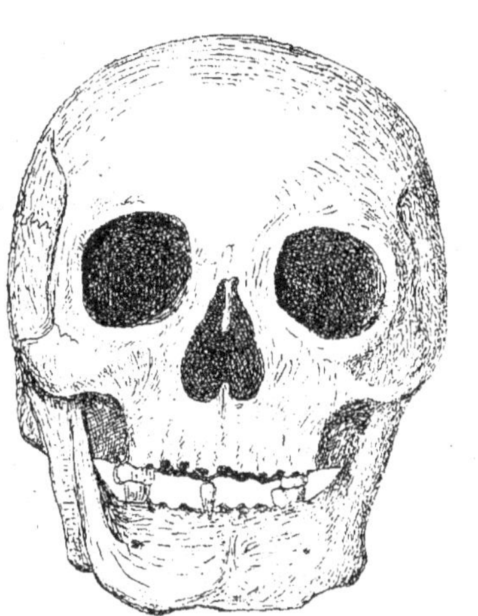
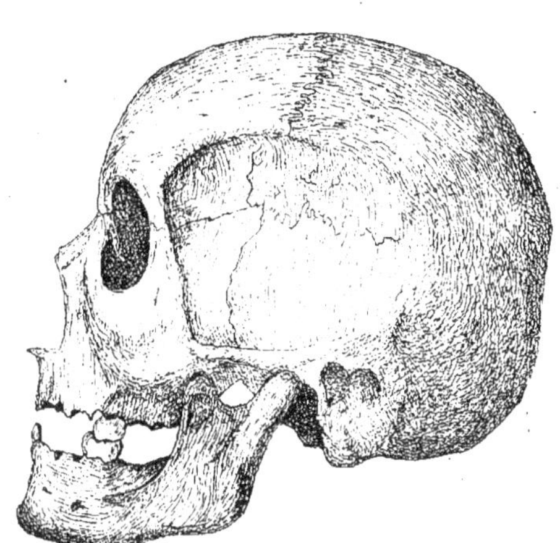

Crâne lapon.

tivement dans la patrie originelle des Finnois qui fut l'Altaï [1]. Sans doute, lors de la migration qui entraîna, à l'époque néolithique, des populations du sud-est de l'Europe et des steppes araliens de l'Asie, vers les terres de la Scan-

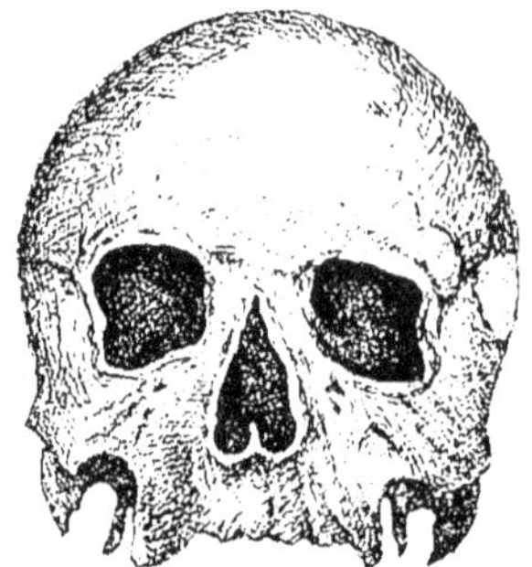

Crâne des sépultures à galerie de la Vestrogothie, d'après Sven Nilsson.

dinavie, beaucoup de dolichocéphales se mêlèrent aux ancêtres des Lapons. Si les crânes des anciens Lapons, prove-

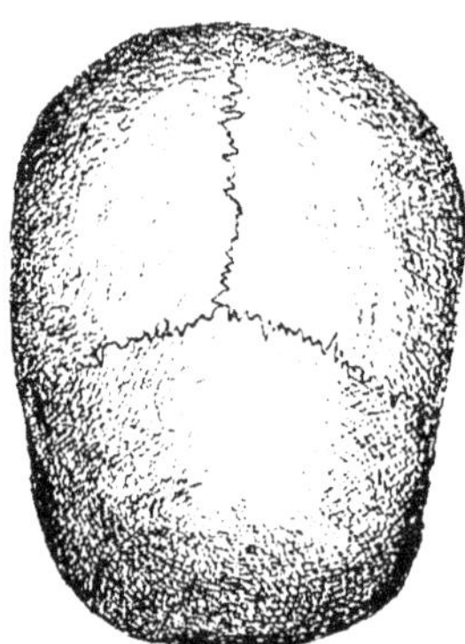

Crâne des sépultures à galerie de la Vestrogothie, d'après Sven Nilsson.

nant de l'antique cimetière de Jokkmokk, indiquent la brachycéphalie, d'autres crânes extraits du banc de coquillages de Stångenås (Bohusland) et des dolmens à galerie de la Vestrogothie ne sont pas globuleux mais allongés.

A deux époques différentes, séparées par bien des millénaires, les brachycéphales de Furfooz et les Lapons, par l'effet de causes dissemblables, quittèrent leur pays altaïque d'origine pour aller, les uns vers l'ouest, les autres vers le nord. Ils sont frères, de la même famille humaine, mais ils ne se sont jamais rencontrés depuis que les uns et les autres ont quitté le berceau natal de l'Orient.

---

1. Castren conclut, après avoir étudié et comparé la langue des Lapons, à une origine altaïque pour ce peuple.

Nous estimons donc que l'on doit placer le berceau des ancêtres des brachycéphales de l'occident dans l'orient altao-caucasique où résidaient et résident encore des peuples ayant un crâne globuleux. D'après la similitude des industries qu'il est facile de constater, d'après la ressemblance des mœurs, des goûts et des habitudes que l'on peut entrevoir, la parenté de ces brachycéphales s'affirme plus évidente et plus particulière avec le groupe des Ostiaks. La comparaison entre le crâne des Tarandiens brachycéphales et celui des Ostiaks prouve une affinité d'origine par la ressemblance qu'ils offrent, malgré quelques divergences, qui seulement affectent quelques traits variables et qui sont explicables, tout simplement, par les différences habituelles dans les traits des divers individus d'une même race, différences qui, d'ailleurs, peuvent sembler d'autant plus marquées que la confrontation est faite entre des crânes vieux de milliers d'années et des crânes modernes. En pareil cas, il faut faire entrer en ligne de compte l'influence des milieux terrestres changés, les conditions de vie plus ou moins difficiles, les vices des civilisations, les sexes des sujets étudiés et surtout l'évolution naturelle si complexe et si variable qui, en particulier, pour les Ostiaks, se complique de toutes les causes dues aux misères et aux refoulements qu'a dû subir, au cours de sa longue existence, ce peuple proscrit.

Le grand vieillard de Cro-Magnon est un individu tout à fait exceptionnel, chez lequel toutes les caractéristiques congénitales sont exagérées à outrance. Il devait être une exception parmi les siens par sa stature, sa musculature et ses traits singulièrement accusés. Et par cela même qu'il est un être à part dans sa race, il devient anormal comme type de comparaison. Ce n'est donc pas ce sujet s'éloignant de la conformation ordinaire de la famille humaine à laquelle il a appartenu qu'il faudrait prendre pour étalon, mais bien un autre sujet normalement constitué présentant les caractères communs et les symptomatiques habituelles. Il serait donc préférable de prendre comme sujet de comparaison et base de rapprochement, non le vieillard de Cro-Magnon mais un dolichocéphale de complexion ordinaire, comme est l'homme de Chancelade qui est un type très pur.

Il est très difficile de se reconnaître au milieu du fouillis de races qui se voit au Caucase. A proprement parler, il n'y a pas de race caucasique, il y a une agglomération de races diverses venues de tous les pays limitrophes et, sans doute, de beaucoup plus loin encore. Aujourd'hui, après que des métissages sans nombre ont accompli, à l'infini, leur œuvre d'amalgame, après tous les remous des peuples, toutes les migrations et les bouleversements des conquêtes, le problème consistant à dégager la race originelle réellement indigène paraît presque impossible à résoudre.

E. Chantre, dans les nécropoles de l'âge du bronze de la

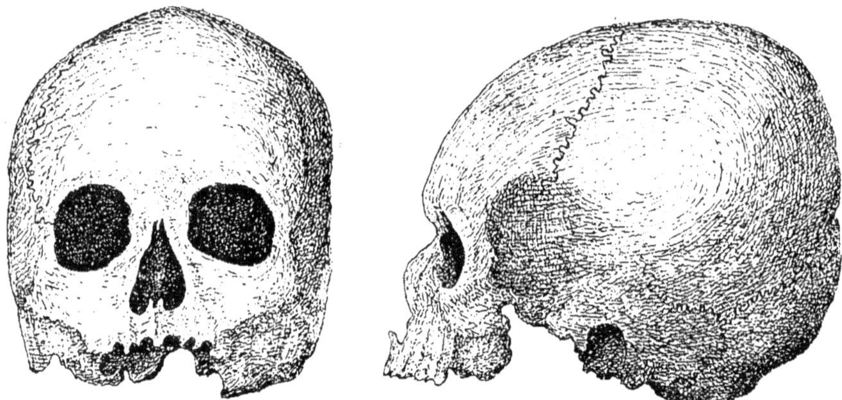

Crâne du cimetière de Samthavro, près de Mtskheth (Géorgie).

Transcaucasie et, notamment, à Samthavro, a mis au jour des sépultures qui peuvent donner des indications utiles. Un crâne féminin normal, car beaucoup de crânes sont déformés artificiellement, donne un indice céphalique, d'après Scepura, de 75,29. Et, détail qui a une grande importance, par l'exagération de l'arète frontale, présente une conformation *en ogive* pareille à celle des crânes de Cro-Magnon et de Chancelade. D'autres crânes des mêmes nécropoles donnent, d'après Smirnow, une moyenne de 71,84 ; certains autres une moyenne de 72,67. Donc une population dolichocéphale, à l'âge du bronze, a habité les régions de la Transcaucasie centrale, et ces régions ont formé, dans les temps historiques, le domaine des Ibères dont les descendants les plus directs semblent être les Géorgiens. D'après les crânes géorgiens donnés à la Société d'Anthropologie par M. de Török, l'indice céphalique est de 74,43 ; deux crânes féminins mesurés par Spengel accusent 76,83.

Dans les premiers temps hors histoire, il y aurait donc eu, au Caucase, une race dolichocéphale au crâne ogival, et tout porte à admettre, surtout d'après la situation géographique des nécropoles où en on trouve les restes, qu'elle était la race des Ibères, peuple situé justement par Strabon dans ces parages[1]. Certains indices peuvent même faire supposer qu'à l'origine, avant les pénétrations des Altaïques et des Mongoliques, une seule race dolichocéphale autochthone peuplait l'Asie antérieure. Dans cette vue, les Ibères n'auraient formé qu'un rameau d'une grande famille comprenant aussi les habitants primitifs de l'Arménie, les ancêtres des Syro-Arabes et des Juifs, peuples que l'on a classés parmi les sémitiques.

Quoi qu'il en soit, certains crânes des cimetières de la Transcaucasie datant de l'âge du bronze sont semblables à ceux des hommes dolichocéphales de l'âge du renne quant à la forme *en ogive* de la voûte cranienne. Et sans aucun doute on en trouverait un bien plus grand nombre portant cette caractéristique démonstrative si beaucoup n'avaient pas été déformés par compression pour leur faire prendre une conformation macrocéphalique contre nature. Cette constatation de l'existence de l'arète ogivale chez les anciens caucasiens des nécropoles de la Géorgie est particulièrement suggestive et tend à établir la parenté ancestrale du groupe tarandien de l'ouest avec les hommes de l'âge du bronze de l'est. Mais la ressemblance s'arrête là. Au lieu d'un visage ovale, allongé et relativement étroit, les dolichocéphales tarandiens avaient un facies très large et court en hauteur. C'est la face altaïque des Kirghizes Kaisak et Karakalpac de la petite horde, de la horde du milieu et de la grande horde qui vaguaient respectivement, sur les anciens territoires des Sarmates nomades comme eux, au nord de la mer Caspienne, au nord et à l'est de la mer d'Aral, à l'ouest du massif de l'Altaï. C'est aussi la face des Kalmouks Soongares vivants dans les steppes, au sud de l'Irtisch. Les Kirghizes ont le visage aplati, court et large ; chez les Kalmouks le visage se développe également

---

1. Strabon, liv. XI, ch. III.

en largeur. C'est le visage des Cro-Magnon et c'est aussi, vraisemblablement, le même œil bridé avec une légère inclinaison vers l'extérieur. Les orbites du vieillard de Cro-Magnon comme celles de son congénère de Chancelade, très sensiblement plus longues que hautes, présentent cette disposition oblique, s'infléchissant vers le bas dans la direction de l'extérieur.

Les hommes dolichocéphales occidentaux avaient une voûte cranienne qui aurait dû surmonter un facies allongé, et par contre ils avaient un facies court et large qui aurait dû appeler une conformation globuleuse du crâne. Le crâne des Cro-Magnon est paradoxal. On ne peut trouver la cause de cette anomalie que dans le mélange des deux races différentes. La race des Tarandiens à crâne allongé ne serait donc que le résultat d'un métissage entre les Altao-Mongolique et les primitifs Caucasiques. Aux premiers elle devait d'avoir une face large et courte, aux seconds de posséder une boîte cranienne olichocéphale en forme d'ogive. Ce métissage s'est certainement accompli dans les contrées orientales d'origine, avant la migration vers les terres du couchant. La race tarandienne issue par fusion de deux groupes ethniques dissemblables est arrivée complètement formée dans son nouvel habitat d'occident et elle a pris aux yeux de la plupart de ceux qui l'ont étudiée, les allures d'une race pure indépendante par suite de l'absence absolue, dans cet occident tout primitif du paléolithique, des facteurs originaux d'un croisement que n'a point voulu admettre ou plutôt que ne pouvait admettre la thèse des partisans de l'évolution sur place, tout à fait contraire à l'intervention d'une immigration.

*
* *

A côté des renseignements que peuvent fournir l'étude des ossements du paléolithique et leur comparaison avec l'ossature des races similaires, il en est d'autres qui sont susceptibles d'apporter aussi un contingent d'éclaircissements propres à corroborer la thèse ici soutenue.

Les figurations humaines que nous ont laissées les graveurs

et les sculpteurs de l'âge du renne sont peu nombreuses et, pour
la plupart, en dehors de certaines statuettes féminines particulièrement mieux traitées, sont assez informes. Quelques-
unes cependant sont moins frustes, plus achevées et, partant,
peuvent, bien que encore très imparfaites, donner une idée
de l'aspect que présentaient certains des lointains ancêtres de
l'âge tarandien. Ici, il ne faut retenir qu'une caractéristique
du crâne singulièrement bizarre et inattendue qu'offrent
certaines figurations, parce qu'elle est nettement accusée et
en contradiction absolue avec la conformation ordinaire de la
boîte osseuse des hommes normaux de cette époque, tels que
nous les montrent les restes fossiles que nous découvrons
dans les sites où ces hommes ont résidé. Ce trait, hors nature, semble bien indiquer que les Tarandiens pratiquaient
quelquefois une déformation artificielle du crâne identique à
celle qui se retrouve dans les usages de peuples qui, justement, ont habité les régions où nous plaçons le berceau
ethnique des migrateurs qui pénétrèrent dans l'occident de
l'Europe vers la fin de la période moustérienne. Cette déformation toute particulière, qui est apparente dans quelques figures humaines du paléolithique supérieur, est la résultante
de la pratique de la compression de la tête produisant la macrocéphalie.

La répétition sur plusieurs effigies de la même exagération
en hauteur de la voûte du crâne indique que les artistes qui
l'ont marquée de façon si frappante et si franche, devaient
en avoir le modèle sous les yeux. Sans doute ces figurations
sont naïves et on éprouve même une surprise en constatant
que des artistes qui reproduisaient les animaux avec tant de
vérité et de souplesse, fussent si maladroits lorsqu'ils es-
sayaient de représenter une figure humaine. Mais ils ont,
d'autre part, donné la preuve indéniable de leur sincérité
artistique dans toutes les gravures et peintures d'animaux
dont ils ont orné les parois des grottes. Il serait bien extraordinaire que cette sincérité les eût tout à coup abandonné
lorsqu'ils entreprenaient de figurer un être humain. Le dessin
est incorrect, c'est entendu, mais les détails sont vrais.
Quelque défectueux que puisse être le croquis, on doit tenir
pour exactement rendus les traits principaux de la figuration.
Or, par son exagération même, l'élévation très prononcée du

crâne est un caractère sortant de la règle commune et symptomatique au premier chef. On peut même se demander si ce n'est pas là une forme voulue pour intensifier la beauté physique telle que pouvaient la concevoir les Tarandiens. Il ne peut venir à la pensée que ce soit un caprice de l'artiste; celui-ci reproduisait ce qu'il voyait et pas autre chose. Il était trop primitif pour songer à l'invention artistique, et s'il a gravé ou sculpté des figures humaines macrocéphales c'est, sans aucun doute, parce qu'il avait, autour de lui, dans la vie réelle, comme modèles des individus macrocéphales, en plus ou moins grand nombre, macrocéphales en « pain de sucre » ou en « œuf d'autruche ».

Le chasseur d'aurochs gravé sur bois de renne, découvert à Laugerie-Basse, a une tête qui, manifestement, se termine en pointe. C'est un véritable acrocéphale qui montre une déformation outrée de la boîte osseuse en « pain de sucre » absolument analogue à celle connue sous le nom de déformation toulousaine.

Une gravure très mauvaise de la grotte des Combarelles, qui a la prétention de représenter une figure humaine, place au-dessus d'un faciès grossièrement traité une voûte cranienne extraordinairement élevée. Cette voûte n'est pas en pointe comme chez le chasseur d'aurochs, elle est ronde, en forme de dôme avec une tendance à la platycéphalie sur la partie arrière supérieure. La hauteur démesurée du crâne montre bien que cette forme n'est pas naturelle[1]. Probablement cette gravure représente une tête masquée. Mais ce masque ne fait qu'ac-

Silhouette du chasseur d'aurochs de Laugerie-Basse.

Tête d'homme de la grotte des Combarelles.

---

1. Cette conformation, invinciblement, reporte la pensée sur la déformation annulaire que l'on a constatée sur de nombreux crânes néolithiques de l'ossuaire de Vendrest.

centuer, en la reproduisant avec outrance, une déformation artificielle dont la pratique devait être courante. Le graveur aurait-il fait œuvre d'imagination? C'est bien improbable. Il n'a pu puiser l'idée d'un tel masque que dans ce que la vision d'une déformation analogue sur le crâne de ses congénères pouvait lui suggérer, et il a poussé cette déformation très loin justement parce qu'il dessinait un masque dont le propre est d'exagérer les traits.

Il existe une autre figuration humaine sur une plaque osseuse découverte à Poncin (Ain), dans l'abri de la Colombière. Cette effigie est assez soignée et bien supérieure aux précédentes par le dessin et la justesse du trait. L'homme représenté a une figure régulière; le nez est fort et charnu, le menton est orné d'une barbiche en pointe. Cette gravure donne l'impression d'un portrait. Mais, encore, le sommet de la tête s'élève d'une façon parfaitement marquée, en forme de voûte exubérante et volumineuse, résultat probable de la pratique de la déformation annulaire

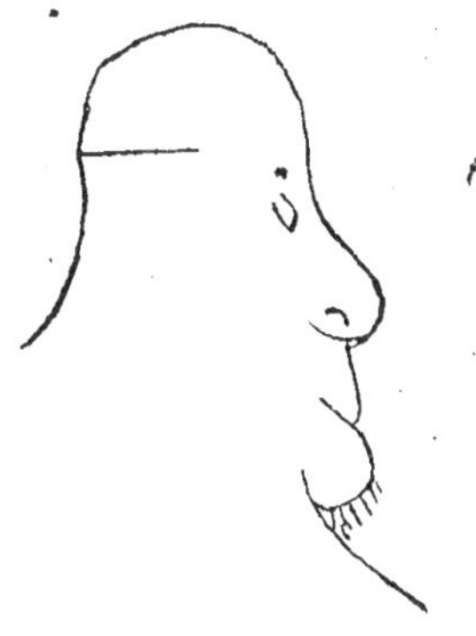

Tête d'homme de l'abri de la Colombière (Ain).

comme pour la tête figurée sur la paroi de la grotte des Combarelles.

Dans l'abri de Laussel (Dordogne), le Dr Lalanne a découvert un bas-relief représentant une femme. Le haut du crâne, vu de profil, est fortement rejeté en arrière et se termine en dôme. C'est également là un exemple très manifeste de déformation macrocéphalique. Comme il est probable que le bas-relief de Laussel figure une divinité et comme l'homme a toujours voulu donner aux dieux les attributs de la beauté, il est vraisemblable de croire qu'une tête à voûte très élevée était, pour les Tarandiens, un signe de beauté, comme elle l'a été, d'ailleurs, jusqu'à nos jours, pour les Toulousains.

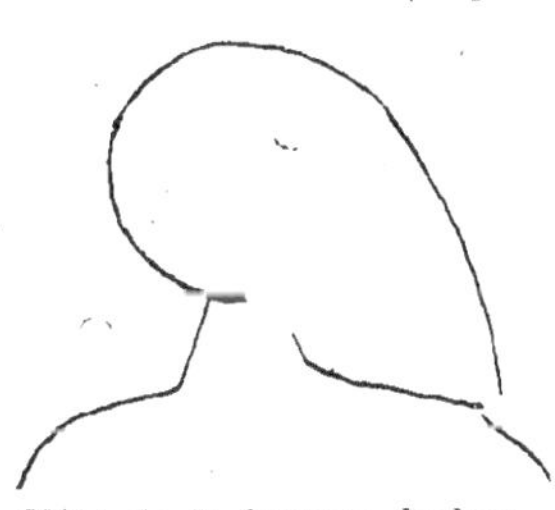

Tête de la femme du bas-relief de Laussel.

Ainsi donc, sur des figurations laissant voir une structure macrocéphalique, nous trouvons deux déformations d'allures différentes : le chasseur d'aurochs et une statuette de femme stéatopyge de Menton ont le crâne allongé en pointe s'infléchissant en arrière. L'homme ou le masque des Combarelles ainsi que l'homme de Poncin et la femme de Laussel l'ont rond saillant vers le haut, tout droit, comme un œuf d'autruche. Ne doit-on pas voir, dans ces différences tranchées, une preuve de la sincérité scrupuleuse de l'artiste qui dessinait les têtes telles qu'elles étaient vraiment et telles donc qu'il les voyait diversement sous leur aspect réel et varié? On ne peut tirer aucun argument de cette diversité des formes pour prétendre que ces dissemblances étaient dues au hasard ou à la fantaisie ou encore à l'inexpérience, car ces formes étaient véritablement trop en dehors de la réalité habituelle. Il fallait qu'elles fussent bien véritablement existantes chez certains sujets vivants pour qu'elles aient frappé l'artiste avec une force décisive que démontre la vigueur excessive d'une reproduction exagérant l'organe. Un primitif n'invente pas, il copie. Sur les crânes macrocéphales connus, il est certain que l'opération pour la transformation cherchée n'a pas dû être toujours la même ou, tout au moins, qu'elle n'a pas invariablement amené des effets identiques, puisque l'on peut constater que ces crânes offrent aussi des exemples de déformations variables. Les procédés de compression, suivant les modes d'opération employés, devaient avoir des effets dissemblables et naturellement ne pas toujours agir d'une manière régulière et constante.

Or, au Caucase et dans d'autres parties de l'Asie antérieure, la pratique de la déformation cranienne artificielle était particulièrement en honneur dès la plus haute antiquité. Hippocrate, dans son traité *des airs, des eaux et des lieux*[1], parle des populations macrocéphales qui « habitaient les pays asiatiques depuis le levant d'été jusqu'au Palus Mœotis ». Strabon, invoquant l'autorité d'Hésiode, mentionne la macrocéphalie de peuples résidant sur les côtes orientales de la mer Noire, Suidas, dans son traité *de Macrocephalo*, parle aussi de ces macrocéphales. La coutume de la déformation

---

1. Trad. Littré, t. II, p 59.

du crâne est encore suivie par les Arméniens, les Osses et les Kurdes [1].

Les fouilles exécutées par Bayern, Antonovitch et E. Chantre en Transcaucasie démontrent avec évidence que de nombreux macrocéphales ont existé dans cette contrée. Dans le cimetière de Samthavro, près de Mtskheth, ancienne capitale de la Géorgie, dans celui de Kôban dans le pays des Osses [2], la proportion des crânes déformés s'élève à vingt pour cent. Ils sont, aussi, très abondants dans les sépultures scytho-byzantines d'Ozcokovo et d'Otlouk-Kala [3]. Les crânes de Sam-

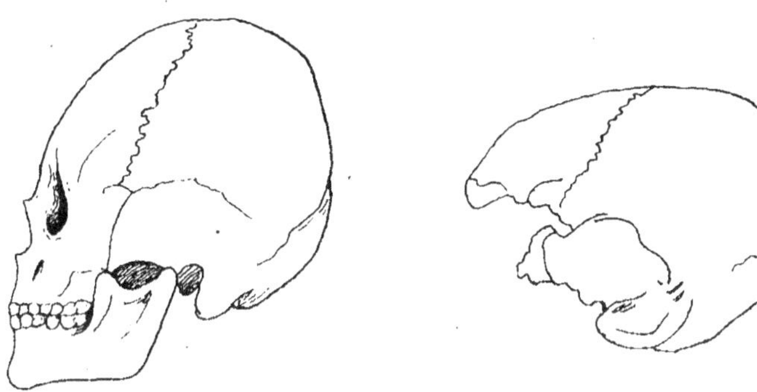

Crânes déformés artificiellement du cimetière de Samthavro.

thavro ne reproduisent-ils pas exactement le gabarit de la tête du chasseur d'aurochs et celui de la femme sculptée en bas-relief de Laussel ?

Certainement la nécropole de Samthavro date de l'époque des métaux, de l'âge du bronze, mais la fréquence des cas de macrocéphalie, évidemment artificielle, est trop caractérisée pour ne pas donner à penser que cette déformation était déjà une vieille coutume ancestrale invétérée chez les antiques populations du Caucase. Dès lors, ne peut-on pas penser qu'elle était pratiquée en Occident, dès les temps paléolithiques, en considérant la parenté que tend à établir la comparaison

1. E. Chantre, *Rech. anthrop. dans le Caucase, période protohistorique*, t. II, p. 110.

2. D'après Pfaff, les Osses seraient d'origine sémitique (*Sbornik svedeniy o Karkaze*, t. II, 1872).

3. E. Chantre, *loc. cit.*

ostéologique et qui paraît unir les Altao-Caucasiques aux Tarandiens? Ceux-ci, en effet, nous ont laissé, comme autant de
confirmations, des figurations qui reproduisent de manière
frappante les spécimens de macrocéphalie retrouvés dans les
nécropoles du Caucase. Cette rencontre justifie l'hypothèse de
la consanguinité de deux groupes, ayant le même goût pour
une modification des contours du crâne, qui selon eux, devait,
très probablement, être une marque de beauté.

*
* *

Les Tziganes-Bohémiens, affirment, d'après une de leurs
plus vieilles traditions légendaires, que la Colchide fut la patrie primitive de leurs tribus. Ils ajoutent, qu'en ce pays,
tomba du ciel un bouclier d'or palladium de leur race. Ces
Bohémiens s'appellent entre eux, les *Romané-Tchavé*, et surtout, les *Romi*. En France, on leur donne le nom de *Romani-
chels ;* en Suède, celui de *Romanisals*. En *Romania* et en Hongrie où ils sont fort nombreux, une de leurs désignations le
plus souvent employée est celle de *Roms*. Dans tous ces noms
le radical *rom* se détache d'une façon très suggestive. Or, en
védique, *rôma* veut dire « poil » et *rômaça* signifie « velu,
poilu ».

Il se trouve en effet que certaines populations de la Ciscaucasie et de l'isthme ponte-caspien ont un système pileux très
développé : la barbe est fournie, les cheveux sont abondants,
les poils du corps le sont également. Ils le seraient bien davantage si des vêtements serrés autour des membres et du
torse n'étaient pas un obstacle à leur développement naturel.
Ainsi cette disposition à la villosité explique d'une manière
très simplement rationnelle le nom que se donnent les *Roms*,
« les poilus », en affirmant qu'ils sont originaires de la Colchide.

Poussons bien plus loin. Il est un peuple cantonné aujour-
d'hui dans le massif des monts Nil-ghiri, au sud de la péninsule hindoustanique, les Toda, que plusieurs anthropologues
ont voulu considérer comme les congénères des Celtes, bien
que ceux-ci soient brachycéphales et que les Todas soient

hyperdolichocéphales[1]! De Quatrefages les rattache à la souche blanche[2]. Le Dr Lapicque, professeur au Muséum d'histoire naturelle, ayant été chargé d'une mission scientifique dans le sud de l'Inde, a pu étudier les Todas sur place. D'après lui cette population forme un groupe ethnique très spécial parmi les populations glabres indiennes du sud. Il considère les Todas comme des étrangers venus dans l'Inde à une époque inconnue, mais bien antérieure à l'arrivée des Aryas. Il les désigne sous le nom de *Protodravidiens* et en fait des blancs de la branche sémitique[3], autant dire des

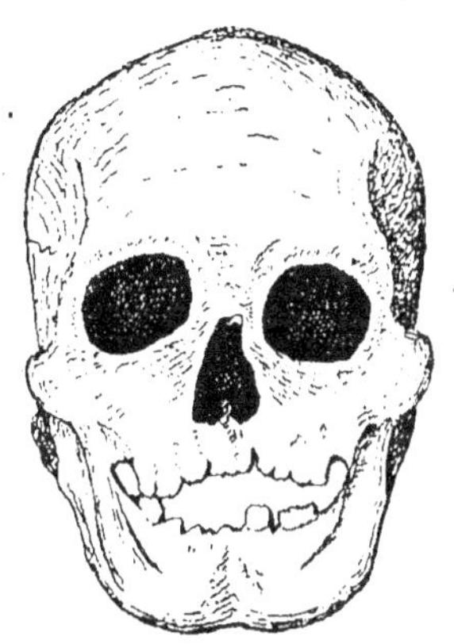
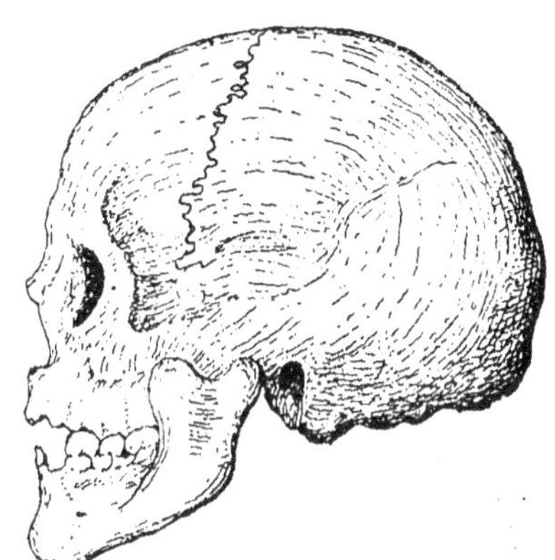

Crâne Aïno.

Caucasiques primitifs. Ces Todas ont un système pileux excessivement développé[4], à tel point qu'on a pu les comparer aux Kubas de Sumatra, que le colonel Versteeg appelle « hommes à poils ». De Quatrefages les donne comme des congénères des Aïnos habitant aujourd'hui dans l'île de Sahkalin, au nord du Japon, autre peuple velu à l'extrême[5], dont le crâne se rapproche avec évidence de celui des Cro-Magnon.

1. Jusqu'à ce jour, il a été absolument impossible de se procurer un crâne de cette race. Les Todas, très respectueux de leurs morts, les brûlent et veillent avec un soin jaloux à ce qu'aucun ossement ne soit détourné. Les seules mensurations que l'on a pu prendre ont été prises sur des vivants.

2. De Quatrefages, *Hist. gén. des races humaines*, p. 468. — *Journal des savants*, décembre 1874.

3. *Comptes Rendus de la Société de biologie*, 8 juillet 1905, t. LIX, p. 123.

4. A. Hovelacque, *Précis d'anthrop.*, p. 399.

5. De Quatrefages, *loc. cit.*

A. DE PANIAGUA : Age du Renne.   5

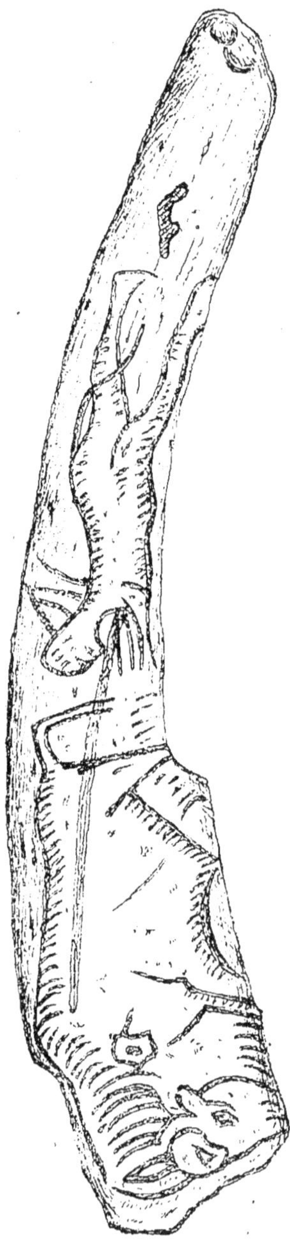

Le chasseur d'aurochs
de Laugerie-Basse.

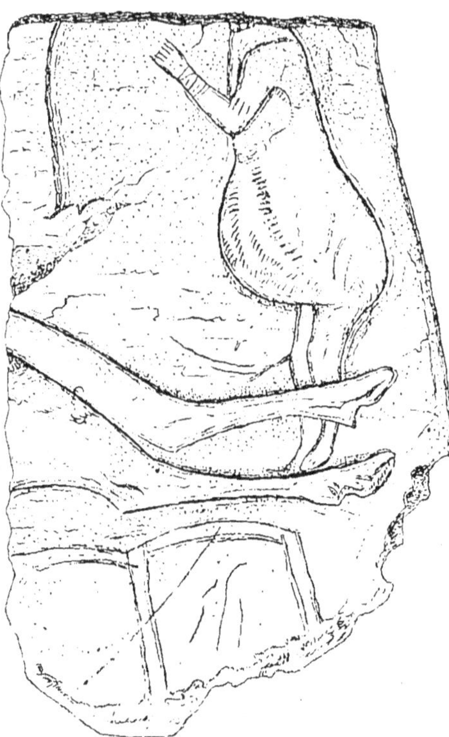

Femme enceinte de Laugerie-basse.

Bonhomme de la collection
Piette.

Eh bien, les antiques dolichocéphales de la Vézère et de l'Ain étaient aussi extrêmement velus. Le chasseur d'aurochs de Laugerie-Basse avait le corps recouvert de poils. Ces poils sont indiqués par des stries nombreuses et très visibles. Il faut vraiment que l'individu pris pour type ait appartenu à une race humaine particulièrement velue pour que l'artiste, sincère observateur, ait pu être frappé par cette villosité au point de la reproduire avec une puissance de trait aussi grande que pour figurer les poils de l'aurochs.

Cette gravure ne constitue pas un cas isolé. Une autre gravure, également de Laugerie-Basse, représente une femme enceinte dont le corps est couvert de poils très nettement accusés. Une petite figure, de la collection Piette, montre un petit bonhomme très velu. L'abri sous roche de la Colom-

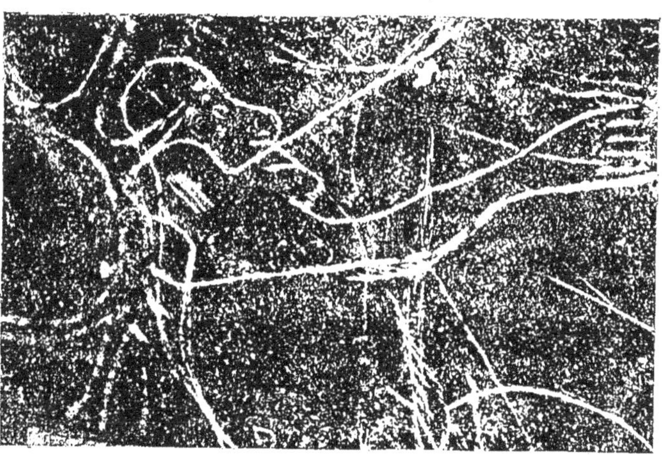

Figuration humaine sur os de mammouth de l'abri de la Colombière (Ain).

bière situé sur la rive droite de l'Ain, entre Poncin et Neuville-sur-Ain, a livré une gravure aurignacienne, exécutée sur une omoplate ou sur un os large du bassin d'*elephas primigenius*. Cette figuration, dont nous avons déjà parlé, représente un homme dont le torse est recouvert de poils longs et serrés. Le visage est barbu.

Nous l'avons dit, les représentations humaines de l'âge du renne sont rares; celles que nous venons de mentionner sont certainement les plus complètes et les mieux dessinées.

On est donc en droit de les tenir pour exactes et sincères,
reproduisant avec une rigueur d'observation aussi naïve que
fidèle le modèle que le graveur avait sous les yeux, avec tous
les détails qu'il comportait. Et il arrive que toutes ces figures
nous présentent des sujets velus.

Si les conclusions ethnologiques que de Quatrefages et le
Dr Lapicque tirent de l'étude des Todas en les rattachant à

Type Toda.

la souche blanche, en les considérant comme des immigrés
tout primitifs dans le sud de l'Inde et en en faisant un rameau perdu et isolé de la grande famille caucasienne originelle, si ces conclusions, disons-nous, sont vraies et aussi solides qu'elles le paraissent, nous n'aurons pas de difficulté, à
notre tour, à resserrer les liens primordiaux de consanguinité
qui peuvent les unir aux hommes dolichocéphales occidentaux de l'âge du renne. Ainsi donc, pour les ancêtres des
Todas comme pour ceux des Tarandiens, ou, pour mieux
encore préciser, les ancêtres communs des uns et des autres,

le berceau ethnique initial serait le même et devrait être placé au Caucase. Cela ressort, d'une part, des conclusions des deux éminents savants anthropologues que nous venons de citer et, d'autre part, de tout ce que nous avons exposé jusqu'ici. Les individus de ces deux groupes, fils des mêmes pères, primitivement unis dans le foyer natal et, maintenant, séparés par des distances énormes, sont également dolichocéphales à un haut degré et pourvus d'une villosité extrême qui est une exception très précise dans l'humanité.

Cependant ce n'est pas à dire qu'ils soient immédiatement frères, ils seraient plutôt demi-frères. Les Todas sont purs de race, formant un rameau, égaré au loin, des dolichocéphales primitifs du Caucase, lesquels furent, peut-être, les pères des Sémites [1]. Les Tarandiens, au contraire, sont des métis, dans les veines desquels coulaient le sang des Caucasiques et celui des Altao-mongoliques. Si cette hypothèse qui paraîtra, sans doute, quelque peu aventurée, bien que cependant elle semble posséder des éléments solides de réalité, est véritablement juste, un seul étalon ethnique, primordial, celui constitué par les Caucasiques primitifs, aurait servi de base ou mieux de trait d'union et de lien de parenté entre les habitants des Nil-ghiri et les riverains de la Vézère, aux temps paléolithiques. Le prêtre toda ou *péïki* « fils de Dieu » bénit le troupeau, le matin, avec son long bâton sacré. A rapprocher de la gravure de la Madeleine représentant un pasteur conduisant des chevaux et portant lui aussi sur son épaule un long bâton qui, peut-être, était également sacré. D'autant plus qu'à côté de ce pasteur est figuré un serpent, animal qui, dans l'antiquité primitive, a été le symbole constant du sacerdoce chamanesque.

1 Cette supposition n'est point nouvelle : déjà au xvii° siècle, on soupçonnait une parenté entre les Juifs et les peuples du Nord. « Mais néanmoins outre celles-ci et autres semblables (sectes judaïques), dispersions de la nation judaïque, qui peuvent estre endroits du Monde, il y a plusieurs doctes personnages qui ont une certaine opinion et fantaisie, qui mérite une exacte et diligente considération, à savoir que les Tartares de Scythie, lesquels, environ l'an 1200, ou un peu auparavant, vindrent premièrement à être cognus par ce nom la, et lesquels aujourd'hui tiennent une grande partie de l'Asie en sujection ; que ces Tartares dy-je, sont de la race des Israélites. » (*Recherches curieuses sur la diversité des langues et religions, par toutes les principales parties du monde* ; par Ed. Brerewood, professeur à Londres et mises en François par I. de la Montagne. — A Paris, 1640, p. 162-163.)

CHAPITRE III

L'INDUSTRIE

En Occident, l'industrie lithique des Néanderthaliens, partant du plus fruste des instruments, sans doute un simple éclat à arêtes tranchantes tiré d'un rognon de silex brisé, avait, dès les périodes inférieure et moyenne du pléistocène, franchi les étapes progressives du préchelléen, du chelléen, de l'acheuléen et du moustérien. Après les ébauches sans forme recherchée du début, ébauches toutefois peu à peu de plus en plus améliorées, elle avait entrepris, pendant le préchelléen, d'obtenir une forme précise adaptée aux fins auxquelles étaient destinés les outils qu'elle créait. Puis elle avait affirmé la forme pendant le chelléen et l'avait perfectionnée pendant l'acheuléen qui n'est, à la vérité, que la résultante des améliorations successives réalisées au cours des millénaires antérieurs. Avec le moustérien, sans abandonner complètement les anciennes armes et les anciens outils, elle découvre, ou plutôt généralise des procédés nouveaux de fabrication qui produisent en même temps que de nouveaux faciès, certains instruments inédits.

Sauf pour les coups de poing qui, dès l'avènement du moustérien, commencent à se faire plus rares, subsistent encore, par la suite, dans certaines stations à des niveaux divers et finissent peu à peu par disparaître complètement, l'industrie lithique de cet âge est une adaptation nouvelle ou mieux une simplification heureuse du travail, surtout au point de vue de la rapidité d'exécution, simplification tout naturellement inspirée par certaines modalités dans les éclats débités, par les brisures accidentelles des silex. Au commencement, le plan d'éclatement, qui est propre au moustérien classique, fut un accident dû au hasard des percussions et qui se muta, plus tard, en un procédé cherché et voulu de façonnage.

Ce nouveau facies de l'industrie paléolithique ne fut pas, tout d'abord, répandu d'une façon générale dans l'occident de l'Europe, et il apparaît bien que le foyer principal de diffusion, pour les régions du couchant, fut le sud-ouest de la France où le moustérien se développa et s'imposa le plus purement et d'où il rayonna. Toutefois ce centre, quelque indiqué qu'il puisse paraître, ne peut être envisagé comme un point d'invention régional, car on rencontre le moustérien proprement dit en plusieurs autres contrées fort éloignées, notamment dans l'Afrique du nord et dans l'Asie antérieure. Mais il n'en est pas moins permis de penser, d'après l'étude des gisements européens de l'Occident, que ce fut bien le sud-ouest de la France qui fut le centre initial de l'industrie moustérienne dans le monde du couchant européen.

L'industrie du paléolithique inférieur et moyen, comprenant le chelléen, l'acheuléen et le moustérient constitue un tout sensiblement homogène dans son substratum, présentant, sans doute, des différentiations plus ou moins marquées, mais, cependant pas assez tranchées pour arriver à rompre l'harmonie générale. On ne peut considérer ces trois stades comme délimitant, avec rigidité, trois industries différentes sans liaison entre elles, mais simplement comme présentant tour à tour les caractéristiques particulières à chacun des trois horizons d'une civilisation industrielle en cours d'évolution. Cette civilisation, une en son essence, manifeste, tout uniment, son activité dans le sens du progrès industriel, par des formes diverses et des procédés de débitage et de taille modifiés toujours en mieux au cours des âges successifs, sous l'influence de besoins nouveaux, d'habitudes transformées, d'adaptations et d'exigences nouvelles imposées par les variations du climat et les conditions de vie. On comprend ainsi que dans ces conditions, l'industrie, qui, dès l'âge chelléen, présentait un facies très franchement défini et fixé, ne pouvait être par force, à cet âge, que le résultat d'une longue série de tâtonnements. On ne peut vraiment concevoir l'homme chelléen ramassant un silex et se mettant sur le coup à le tailler avec l'intention réfléchie de lui donner une forme précise, s'il n'avait pas été instruit de la connaissance de cette taille et conduit à la volition de cette forme par l'éducation ancestrale dont le bagage se composait des esais, des utilisations, des adaptations, des tentatives multiples des devanciers.

L'industrie chelléenne, telle qu'elle se présente, suppose donc impérieusement toute une période préparatoire antécédente et cette période se montre en effet. Avant l'instrument affectant une forme, intentionnellement cherchée, bien débité, taillé sur les deux faces, à peu près dégagé de la croûte extérieure, il y a un instrument plus fruste, cherchant à prendre une forme voulue, mais grossièrement éclaté à grands coups, non encore débarrassé de la gangue de surface naturelle. Cet outil relève de la période protochelléenne que M. Rutot, l'ardent défenseur de l'industrie éolithique, désigne sous le nom de *strépyienne*. Sans aucun doute toute une longue besogne évolutionnaire accomplie pendant le tertiaire et le quaternaire tout à fait inférieur, a préparé l'avènement de l'industrie protochelléenne qui en est la conséquence, industrie à forme prévue mais d'un travail encore rudimentaire, défectueux et grossier. Survient enfin le mode de fabrication chelléen qui débarrasse, presque complètement, la pièce de son écorce rugueuse et lui donne un aspect caractérisé, souvent gracieux. L'acheuléen ne change pas la forme dans son principe, il ne fait qu'affiner les pièces fabriquées rendues moins massives et plus élégantes. Il rectifie les arêtes ; l'amande s'allonge ; les bords latéraux sont retouchés finement et offrent à l'œil des lignes nettes sans entailles profondes et irrégulières. Ce n'est que vers le milieu du paléolithique qu'apparaît l'industrie dite moustérienne qui présente vraiment des nouveautés, moins au point de vue du travail de retouche qu'au point de vue des formes. Elle manifeste principalement son originalité par l'emploi généralisé et constant de la méthode d'éclatement produisant sur une des faces le conchoïde de percussion consécutif au choc porté au point utile du plan d'éclatement. Ici il convient de s'entendre.

G. de Mortillet détermine le mode de façonnage moustérien en disant que les pièces de cette industrie présentent une de leurs faces plane avec bulbe de percussion, face obtenue d'un seul coup et une face opposée au dos, portant des éclats multiples et plus ou moins bien retouchée sur les bords [1]. Cette

---

1. G. de Mortillet, *Le Préhistorique* (éd, de 1885), p. 253.

définition très exacte est devenue classique. Pour beaucoup
de palethnologues, il est formellement convenu que bulbe
de percussion égale moustérien ; toutes les pièces qui le
portent doivent appartenir, sans conteste, à cet âge.

Rien n'est moins exact. On rencontre des pièces ayant la
marque conchoïdale datant de toutes les époques de la pierre
aussi bien du paléolithique que du néolithique. G. de Mortillet
ne signale-t-il pas lui-même la contemporanéité d'instruments
de style moustérien et d'instruments acheuléens, notamment
dans le gisement de Gabach, près de Montauban, exploré par
Alibert ? Ne découvre-t-on pas des éclats à bulbe dits « éclats
Levallois » dans les alluvions anciennes de la Seine, en des
points où abondent uniquement les vestiges des outillages
protochelléen et chelléen ? Rutot, enfin. n'a-t-il pas signalé le
conchoïde sur des silex provenant des stations purement
néolithiques de Spiennes et de Saint-Symphorien, près de
Mons (Belgique), silex en tout semblables aux éclats Levallois [1] ? Du jour où l'homme a choqué un rognon siliceux
pour obtenir des éclats, très nécessairement il est advenu que
quelques-uns de ces éclats ou le noyau lui-même ont présenté
un bulbe de percussion, par suite d'un coup porté fortuite-
ment, sans aucune intention préconçue de la part de l'ouvrier.
C'est le hasard seul qui a produit, tout d'abord, une surface
avec conchoïde, le point favorable à ce genre de débitage
ayant été atteint par l'outil percuteur sans que la volonté
de l'opérateur y soit pour quelque chose. On est même
enclin à penser que c'est en voyant, au cours de son travail,
des éclats de cette sorte se produire, que le primitif artisan,
dans un groupe plus attentif et plus observateur, a cherché à
profiter de ce mode d'éclatement, l'a étudié, et, en conséquence, après en avoir saisi le sens, l'a finalement généralisé
pour faciliter et abréger sa besogne. C'est l'opinion de G. de
Mortillet : « En taillant un silex on faisait partir des éclats
qui présentaient, d'un côté, le plan d'éclatement uni et étaient
plus ou moins irréguliers sur le dos. Ce sont ces éclats qui,

---

1. Dans notre collection particulière, nous avons constitué et classé une
série de démonstrations comprenant des pièces, toutes d'origine certaine,
portant, de façon très démonstrative, la caractéristique conchoïdale sur
surface sans retouches et appartenant à tous les âges de l'industrie lithique,
depuis l'éolithique le plus ancien jusqu'au néolithique le plus récent.

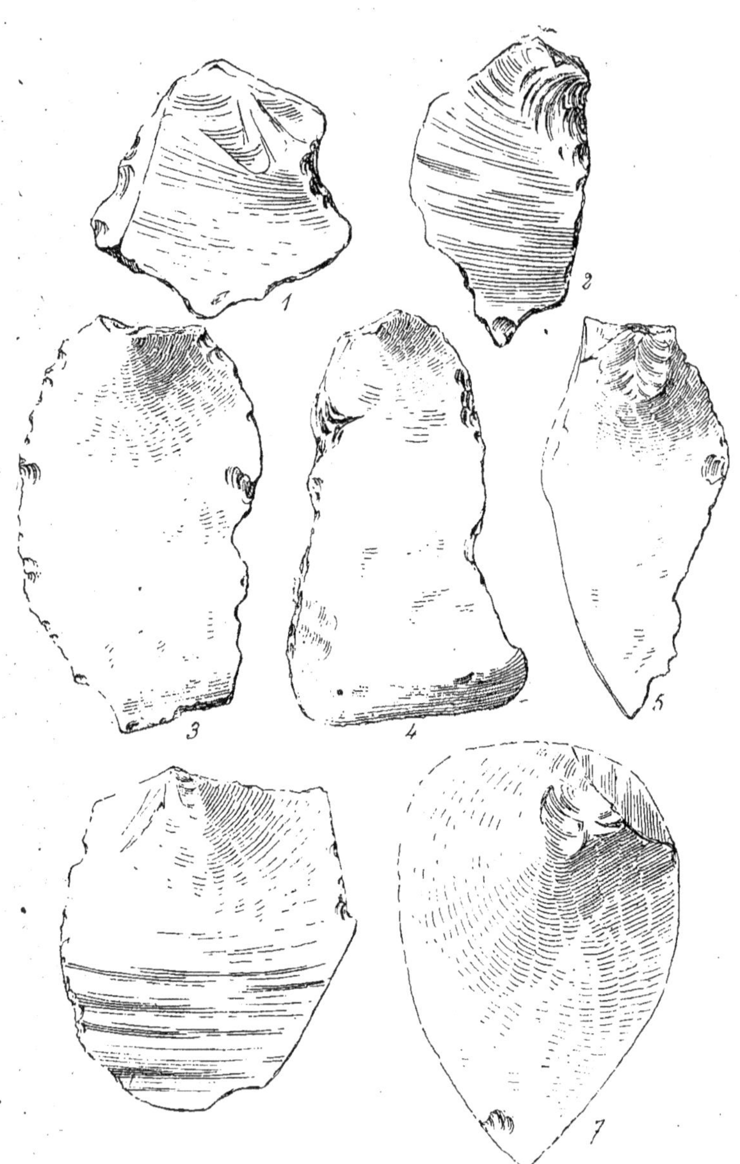

Pièces lithiques de tous les âges portant le bulbe de percussion.

ÉOLITHIQUE (Rutot): 1, *Reutelien*, Spiennes, près Mons (Belgique) ; 2, *Mesvinien*. — PROTOCHELLÉEN ET CHELLÉEN : 3, Le Pecq (Seine-et-Oise) ; 4, Bellon, Vierzon (Cher) ; 5, Balastière du Point-du-Jour à Billancourt (Seine). — ACHEULÉEN : 6, Saint-Acheul (Somme) ; 7, Combeçubert (Dordogne).

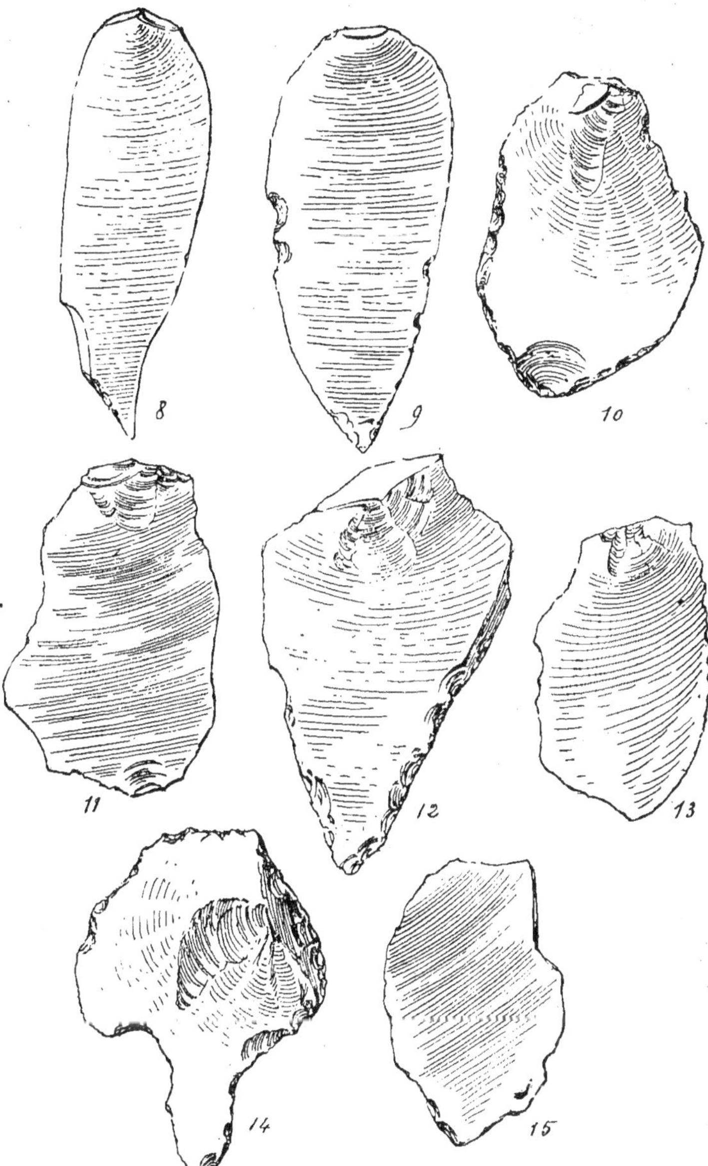

Pièces lithiques de tous les âges portant le bulbe de percussion.
Age du Renne, *Aurignacien* : 8, Cro-Magnon, Les Eyzies (Dordogne). — Solutréen : 9, Laugerie-Haute, les Eyzies (Dordogne). — Magdalénien : 10, Gabastou à Montfaucon (Dordogne) ; 11, Grotte de Fontarnaud à Lugasson (Gironde). — Néolithique : 12, Saint-Symphorien, près Mons (Belgique) ; 13, Bochelborg (Suède) ; 14, Grand-Pressigny (Indre-et-Loire) ; 15, Camp de Châlons, près Mons (Belgique). (Collection de l'auteur.)

repris et améliorés, ont donné naissance à l'industrie moustérienne [1]. » C'est reconnaître implicitement que des pièces d'autres époques, antérieures ou postérieures, peuvent présenter les mêmes dispositions particulières.

Maintenant, quant à supposer que ce procédé de travail ait été adopté d'une manière générale par tous les tailleurs de silex, vers le milieu du paléolithique, nous pensons qu'il y a lieu de faire certaines réserves. Cette nouvelle manière de taille, en tant qu'elle ne fut plus due à un choc fortuit, mais employée couramment et sciemment, ne paraît pas avoir été pratiquée par la généralité des primitifs, d'une façon simultanée. Peut-être, et même probablement, alors qu'elle était en usage déjà depuis un certain temps chez les Néanderthaloïdes du Midi, était-elle inconnue de ceux du nord qui s'en tenaient toujours à l'industrie de Saint-Acheul ? On ne peut la considérer, en Occident, comme une industrie bien spéciale, avec d'ailleurs une aire d'extension moins considérable et moins générale que celle des industries qui l'ont précédée, qu'à partir du paléolithique moyen dont le déclin coïncide avec le recul des glaces du deuxième glaciaire quaternaire. C'est au moment où les phénomènes de déglaciation se produisirent avec leur maximum d'intensité, qu'il faut placer la fin de cette industrie moustérienne pure ; son extension s'arrête, elle disparaît presque ne se montrant plus que dans certaines stations mixtes en connexité avec l'outillage d'une industrie entièrement nouvelle qui va apparaître. Or, au moment de la déglaciation, le sud de l'Angleterre, la Belgique, le nord de la France, le bassin de la Seine étaient presque complètement sous les eaux de la grande crue hesbayenne [2].

Dans de telles conditions, l'habitat devenait intenable, l'homme du nord qui en était encore au stade industriel acheuléen devait disparaître de ces pays, périr sous les eaux ou émigrer [3]. Comme conséquence, les instruments portant le bulbe de percussion que l'on peut découvrir dans les régions

---

1. G. de Mortillet, *loc. cit.*

2. Rutot, *Glaciation et humanité*, Extr. du Bull. de la Soc. belge de géologie, t. XXIV, 1910.

3. « La crue hesbayenne reprit subitement son intensité et elle déposa sur une vaste région, un limon rougeâtre dit « limon fendillé », qui recouvre les plus anciennes des stations de l'acheuléen supérieur. Or, cette

septentrionales qui ont subi l'action de l'inondation glaciaire, ne paraissent pas devoir être considérés comme des œuvres directes de l'industrie du Moustier ; ce sont des produits du hasard ou des imitations. Il faut admettre, pour une part, la moindre, c'est-à-dire pour ceux de ces intruments qui n'affectent pas une des formes précises et la taille pure du moustérien, qu'ils ont été abandonnés par les hommes éolithiques, chelléens et acheuléens qui les avaient produits au hasard des débitages, et pour une autre part, la plus grande, c'est-à-dire pour ceux qui ont positivement le facies moustérien, qu'ils ont été façonnés, après le retrait des eaux de la grande crue, par des indigènes septentrionaux chassés de leurs foyers par l'inondation et qui avaient été chercher un refuge vers les contrées du midi non envahies par le flot de la déglaciation. Là, ils trouvèrent une industrie nouvelle inconnue d'eux, caractérisée systématiquement par le bulbe de percussion, industrie qu'ils importèrent dans leur ancienne patrie retrouvée lorsqu'ils purent, après le retrait définitif des eaux, à l'aurore de l'époque aurignacienne, revenir occuper à nouveau le berceau terrestre de leurs ancêtres où il semble bien qu'ils continuèrent, pendant un assez long temps, à fabriquer des armes selon l'antique mode acheuléen, conjointement avec des instruments de style moustérien, mais d'un style plus ou moins bâtard, surtout en Belgique [1]. Ce retour d'émigration est prouvé par plusieurs pièces à bulbe trouvées dans le nord et qui sont en des silex que l'on ne peut recueillir que dans des régions situées bien au sud des gîtes de trouvaille. Certains de ces instruments, découverts en Belgique, comme pour indiquer les étapes du voyage de retour, sont en roches étrangères, provenant de régions plus méridionales, et notamment en silex de Champagne. De plus, il est important de noter, en ce qui concerne les stations belges des bas niveaux aurignaciens, que dans ces gisements,

simple constatation géologique a comme signification un véritable désastre pour les Acheuléens, qui, sans doute, périrent en presque totalité. » (Rutot, *Mise au point, pour 1911, du mémoire intitulé : « Le préh. dans l'Europe centrale*). »

1. Je ne connais qu'un seul gisement franchement moustérien en Belgique où les instruments soient aussi beaux et aussi finement taillés que ceux des bonnes stations du sud-ouest de la France. Cette station est située à Saint-Symphorien, près Mons.

le moustérien que l'on y trouve n'est pas stratigraphiquement isolé mais en conjonction avec l'aurignacien primitif.

Dans nombre de gisements moustériens du midi, on trouve des coups de poing de facture acheuléenne nettement accusée. Ne peut-on pas voir dans ce fait un indice de l'arrivée de septentrionaux fuyant devant l'inondation et qui, au moment de la débâcle des eaux, en étaient encore au stade de l'industrie acheuléenne, alors que les méridionaux pratiquaient celle du Moustier ? De ce que l'on découvre des coups de poing dans différents étages moustériens espacés dans le temps, on pourrait tirer une objection, mais il paraît évident, ou tout au moins, bien vraisemblable que les septentrionaux ne sont pas survenus dans le midi en bloc, d'un seul coup, mais bien plutôt par petits paquets, comme des fuyards, par tribu et par famille même. Ils se sont mêlés aux indigènes moustériens, pas tous en même temps mais par arrivées successives bien que relativement rapprochées. De là la présence de coups de poing du type acheuléen dans différents étages de gisements moustériens.

Dans le Midi, et surtout dans le sud-ouest de la France, l'énorme crue produite par la débâcle des eaux de déglaciation n'avait pas eu des effets aussi formidables que dans le Nord, parce que les glaciers du massif central et ceux des Pyrénées n'avaient pas l'ampleur de ceux du septentrion. Par conséquent, le débit des eaux, au moment du dégel, dut être moindre et n'avoir pas une force d'inondation égale. Et aussi, si la grande banquise qui se dressait, comme un immense barrage, entre la Norvège et les Iles Britanniques, arrêtait l'écoulement des eaux et les refoulait sur le continent où elles s'accumulaient en nappes profondes, il n'en était pas de même dans le grand bassin méridional français où l'évacuation pouvait se faire très rapidement par suite de la pente accentuée des terres, et où les eaux, à l'extrémité occidentale de leur course, avaient un débouché assuré et facile dans l'immense golfe de Gascogne entièrement libre de glaces. Dans ces régions, cependant, les effets de la déglaciation furent encore considérables : changements très sensibles dans le relief tellurique, ravinement des terrains, entraînement vers le couchant de masses alluvionnaires sableuses, argileuses et caillouteuses, tous mouvements qui modifièrent en maints endroits le relief terrestre et transformèrent le système hydrographique des contrées situées le plus à l'ouest. Il est certain toutefois que des parties notables de terres déjà précédemment surélevées par les dépôts sédimentaires marins et lacustres des âges géologiques antérieurs, échappèrent à l'envahissement des eaux. Sur ces points exondés, sur les assises dano-sénoniennes, tongriennes et jurassiques de la Saintonge et du Périgord, sur les bases aquitaniennes du Lot, sur l'antique socle cristallin du plateau central, sur les contreforts éocènes et crétacés de la chaîne des Pyrénées, sur les terrasses helvétiennes et langhiennes qui dominent, au sud, le cours de l'Adour et, plus vers l'est, celui de la Garonne, les hommes occidentaux qui purent échapper au désastre, trouvèrent un refuge assuré, tandis que leurs congénères restés sur les terres basses durent être infailliblement anéantis.

De même que l'art, aux époques suivantes, semblera devoir trouver le centre occidental de son rayonnement sur les bords de la Vézère, de même l'industrie du Moustier paraît s'être tout d'abord développée dans le sud-ouest de la France. Dans ce milieu méridional, plus activement qu'ailleurs, d'après les apparences, le procédé de fabrication qui a produit l'éclatement systématique propre à l'industrie moustérienne, a été remarqué, étudié et pratiqué, à un moment donné, d'une façon générale, précise et suivie. Cela ressort de l'étude de bon nombre de stations remarquables par une « abondance » particulière de pièces à bulbe. Cette profusion d'instruments semblables quant au mode de travail prouve, avec évidence, que les artisans qui les ont façonnés avaient le souci constant de les produire tels en employant une manière spéciale de fabrication qui réduisait considérablement le travail : au lieu de deux faces il n'y en avait plus qu'une à tailler. Or, c'est dans le Midi de la France que l'on découvre le plus grand nombre de ces ateliers spécialisés et surtout dans le sud-ouest : au Moustier (Dordogne), station-type qui a donné son nom à l'âge, chez Pouré, dans la Corrèze, à la Quina (Charente) et dans d'autres nombreux sites tout aussi bien caractérisés.

C'est dans ces régions méridionales, qui sur bien des points avaient échappé à l'envahissement des eaux, que quelques peuplades grégaires du Nord qui en étaient encore au stade de l'industrie acheuléenne pure, vinrent se réfugier, fuyant devant l'inondation résultant du recul des glaciers à la fin du deuxième glaciaire du quaternaire. Là, elles attendirent, en exil, de pouvoir réintégrer leur patrie ; là aussi elles purent s'initier à la taille *intentionnelle* conchoïdale. Enfin, c'est de là qu'elles emportèrent la connaissance et l'usage de ce nouveau moyen de fabrication, lorsqu'elles purent regagner leur habitat initial du nord, débarrassé des eaux.

On a donné à l'industrie moustérienne une aire d'extension assez considérable. Elle n'est pas certainement aussi étendue que l'on a bien voulu le supposer, du moins, si l'on veut ne considérer que les territoires sur lesquels on rencontre des gisements recélant un outillage présentant toutes les marques spéciales de la pureté originelle. Cette opinion d'une extension trop excessive n'est pas conforme à la réalité que les observations permettent de déduire et que suggère l'étude attentive des gisements. L'industrie moustérienne absolument pure ne se montre, pour les contrées occidentales de l'Europe, que dans le sud de la France, ou, pour mieux dire, ce n'est que dans cette région que l'on trouve des stations offrant *à profusion* des silex uniformément éclatés avec le conchoïde, taillés avec un soin minutieux, de belle forme et de style spécial. Si l'on va vers le Nord, on rencontre, il est vrai, des instruments portant les marques de cette manière de fabrication, mais ils sont relativement rares et associés à des instruments acheuléens[1] et de plus, pour la plus grande part, d'une facture défectueuse, ayant produit des pièces bien inférieures, comme fini de travail et beauté des formes, aux pièces similaires du midi. Leur vue donne l'impression qu'elles sont les œuvres de contrefacteurs ou d'élèves malhabiles à copier le faire d'artisans plus experts. Cette pauvreté d'exécution a même inspiré à quelques préhistoriens la pensée, qu'à l'époque moustérienne, la taille du silex était en décadence. Cette décadence serait vraie à ne considérer que les pièces du nord. Mais, dès que l'on étudie les pièces du midi, on abandonne vite cette manière de voir en se rendant facilement compte que la taille fine qu'elles portent, aussi bien que leur forme gracieuse et leur style pur et affiné, marquent un progrès

---

1. V. Commont, *Le Moustérien ancien à Saint-Acheul et à Montières.*

certain et nullement une décadence. Cette insuffisance particulière aux œuvres du nord, aussi bien qu'à celles d'autres
régions éloignées du centre du sud-ouest, est une preuve de
plus que le mode de fabrication moustérien a été importé
dans les pays septentrionaux, et aussi dans d'autres, par des
artisans maladroits et mal préparés à reproduire la maîtrise
des éducateurs du sud-ouest.

Les industries du préchelléen, du chelléen, de l'acheuléen
et du moustérien forment le *bloc* industriel des Néanderthaliens, bloc que l'on s'est complu à subdiviser à outrance. En
dehors des instruments nécessaires pour les usages courants
de l'existence, ces industries ont surtout produit des armes
indispensables pour des populations de chasseurs et de batailleurs : coups de poing, casse-tête, pointes d'épieux, disques
de jet. A peu d'exceptions près, ces instruments sont, d'abord,
lourds, épais, de plus ou moins grandes dimensions, souvent
grossiers et de facture rude, puis, petit à petit, plus légers,
plus ouvrés, plus finis, d'un galbe plus élégant. Ce sont bien
les outils et les armes de primitifs empêtrés dans la bestialité
native, mais cherchant à s'en débarrasser peu à peu et péniblement par un effort continuel mais lent. L'avance à petits pas
hésitants des améliorations industrielles pendant les millénaires des deux premiers tiers du paléolithique démontre
combien il a été ardu, pour les primitifs de ces temps, de
franchir les étapes successives du progrès. L'avancement d'une
industrie se modifiant en se perfectionnant est en rapport
direct avec la plus ou moins grande élévation, sur l'échelle
de la perfectibilité, de ceux qui pratiquent cette industrie.
Certes, à la fin du moustérien, l'industrie des Néanderthaliens avait réalisé beaucoup de progrès, mais à ce moment, de
même qu'avant, il est facile de saisir clairement que le principal effort se portait vers le perfectionnement des armes de
combat.

* *

Puis, les temps moustériens arrivent à leur fin ; l'aube de
l'âge du renne se lève à l'horizon de la période aurignacienne.

Presque aussitôt l'outillage industriel se modifie du tout au tout, les armes de combat disparaissent, et sont remplacées par des instruments de chasse et de pêche. Il se produit un changement radical dans la forme des outils tout à fait nouveaux et inconnus jusque-là qui apparaissent pour la première fois dans les gisements. Soudainement des matériaux de fabrication autre que la pierre sont employés : ce sont l'ivoire, l'os et la corne. Bref il y a une transformation profonde et subite qui fait saisir une nouvelle destination des objets et aussi, et c'est d'une importance capitale, permet de discerner toute une nouvelle orientation des mœurs et des idées.

Y a-t-il eu transition sur place du moustérien au tarandien, ou pour mieux préciser, à l'aurignacien inférieur, premier étage de l'âge du renne? Non. Il y a eu juxtaposition et mélange de deux industries indépendantes, la première moustérienne, alors sur sa fin et réellement en décadence à ce moment, la seconde aurignacienne, encore dans la période primaire et élémentaire, n'ayant pas pris le développement et acquis les améliorations qu'elle devait posséder par la suite. Nous le répétons, il y eut tout simplement juxtaposition et dans certains cas, assez fréquents dans le Nord surtout, imitation plus ou moins adroite.

Au Moustier, le capitaine Bourlon[1], dans la couche qu'il désigne sous le numéro 2, constate la présence d'instruments de forme et de facture moustériennes et, conjointement, d'instruments de forme et de facture aurignaciennes. Les premiers gardent leur style particulier, les seconds également. L'instrument, qui pour bien marquer la transition, devrait porter réunies au moins certaines particularités marquantes des deux industries, semble bien manquer complètement. Il a pu arriver, d'ailleurs, étant donnée la promiscuité qui existait dans cette couche, qu'un instrument mal venu, défectueux, appartenant en réalité à l'aurignacien, ait été attribué au moustérien et réciproquement. De là une apparence fausse de transition. Cette remarque peut s'appliquer à toutes les strates où

---

1. Cap. Bourlon, *L'industrie des foyers supérieurs au Moustier*.
Pendant la récente guerre, le capitaine Bourlon est tombé glorieusement à la tête de la compagnie de chasseurs qu'il commandait. C'est une perte pour la science préhistorique. Honneur à sa mémoire!

les deux industries sont amalgamées, et, dans ces cas, les pièces étant mêlées dans une même masse de magma, la stratigraphie ne peut donner aucune indication exacte. Ce qui ressort de plus évident de l'étude des pièces provenant des foyers *supérieurs* du Moustier, c'est que l'industrie qui a reçu le nom de cette station éponyme, est représentée par des pièces qui laissent voir une décadence dans la forme et le travail et que celles qui relèvent de l'aurignacien font supposer qu'elles sont les produits rudimentaires d'une industrie encore dans sa première enfance. Il y a infériorité des deux côtés. Il est cependant impossible de découvrir les points de liaison et les marques de parenté, tant sont grandes les différences dans la forme, la taille et la destination des objets. La séparation est absolue. Ce que nous découvre l'examen de la couche supérieure du Moustier, se manifeste également, bien que d'une manière moins frappante, à Isturitz, dans les bas niveaux du Bouitou, à Chatelperron ; en Belgique, à Hastières et à Spy, avec toutefois un apport plus marqué d'instruments, d'ailleurs assez défectueux, en os, en corne et en ivoire.

La conclusion qui découle de ces observations est que, dans ces diverses stations, il n'y a pas eu transition mais, encore une fois, juxtaposition ou mélange de deux industries synchroniques, pendant une durée plus ou moins longue coïncidant avec le stade temporaire de l'établissement primitif des allogènes tarandiens.

Quant au gisement de Spy, en particulier, il faut rappeler ce que nous avons dit au sujet des crânes qu'on y a découverts. Ces crânes sont purement néanderthaloïdes ; nous avons dit aussi qu'ils avaient appartenu à des hommes qui s'étaient enfuis dans le midi pour échapper à la grande inondation quaternaire et qui étaient revenus dans leur patrie après que les eaux se furent retirées. Quand ils abandonnèrent leur habitat septentrional ils en étaient encore à l'industrie acheuléenne. En arrivant dans le sud, ils entrèrent en contact avec les survivants de leur race de Néanderthal qui persistaient encore à pratiquer leur vieille industrie moustérienne et avec des allogènes qui en pratiquaient une nouvelle. Ils s'initièrent à l'une et à l'autre et, quand ils eurent regagné la terre natale de la Belgique, ils utilisèrent ce double enseignement en taillant les silex dissemblables trouvés dans les basses strates de Spy et d'Hastières. Par instinct de race, sans doute, ils continuèrent encore à fabriquer des pièces d'un outillage pareil à celui des frères moustériens du midi tout en façonnant, assez maladroitement, d'autres outils, dont ils reconnaissaient l'utilité, d'après la méthode des Aurignaciens, desquels ils avaient appris à tailler des silex ayant des formes nouvelles pour des destinations qu'imposaient des besoins récemment nés et, en même temps, à se servir des matières inemployées jusqu'alors : l'ivoire, la corne et l'os.

Dans les assises inférieures renfermant des instruments à facies moustérien que Piette classe dans la période primitive qu'il dénomme *éburnéenne* et rattache à l'âge du renne, on a rencontré quelques rares statuettes en ivoire et même une statuette en pierre, toutes représentant des êtres humains. L'industrie de ces couches basses, pour la plus grande part, appartient au cycle du moustérien final, synchrone du tarandien primitif. Cette industrie décadente a dû nécessairement subir l'influence, plus ou moins accentuée et même, parfois, solliciter l'import de la civilisation adventive, suivant des circonstances diverses impossibles à définir. L'outillage de ces couches est donc la dernière manifestation industrielle des derniers Moustériens Néanderthaliens qui étaient les contemporains des premiers Aurignaciens immigrés. Les hommes de ces deux groupes vivaient côte à côte ; les Moustériens, trop peu nombreux et trop découragés après le cataclysme diluvial qui les avait décimés, ne pouvaient tenter de lutter contre les envahisseurs et ceux-ci, de tempérament doux et pacifique, comme leurs frères historiques orientaux, ne songeaient qu'à s'installer tranquillement et nullement à attaquer des indigènes peu 'à redouter vu leur petit nombre. Cette contemporanéité des éléments ultimes autochthones et des premiers éléments allophyles explique parfaitement que, sur certains points, on ait pu soupçonner des formes de transition. Ce sont bien plutôt des formes d'imitation. Deux groupements humains ne vivent pas face à face sans se pénétrer mutuellement, plus ou moins fortement, et il tombe sous le sens que les Néanderthaliens devaient essayer de copier quelques instruments nouveaux d'un usage facile qui attiraient leur attention parmi ceux dont se servaient les nouveaux arrivants. Les produits d'un art totalement inconnu d'eux jusqu'alors devaient surtout exciter leur curiosité et leur convoitise et ils ont très bien pu chercher à s'en procurer soit par échange, soit par vol. Sous cet angle, la présence de quelques rares et vagues statuettes dans les dernières couches moustériennes, alors qu'elles y représentent l'art aurignacien, est une contribution de plus, qui a sa valeur, en faveur de la juxtaposition des deux industries.

Comme conséquence de cette promiscuité de deux groupes humains, l'industrie fruste de l'Abri Audit [1], que d'aucuns ont essayé de faire intervenir comme facteur de transition, est ostensiblement composite, participant du moustérien à son déclin et de l'aurignacien à son début. Pour le moustérien, elle marque l'extrême finale d'un mode arrivé à l'épuisement par la négligence des formes et le mépris du bien-faire, ou bien elle indique que les hommes qui en ont abandonné les témoins dans le grand foyer des Carrières, n'ont fait qu'un séjour assez court dans l'abri et, qu'en conséquence ils ne s'appliquèrent pas à parfaire les outils qu'ils y ont laissés ; ou encore qu'ils appartenaient à un groupe attardé ou dégénéré. Une autre hypothèse est plus vraisemblable. Les Moustériens de l'Abri Audit s'y seraient réfugiés au moment de la grande inondation glaciaire et, au milieu des épouvantements et des dangers créés par la catastrophe, auraient eu bien peu le loisir et le souci de s'adonner à un travail minutieux. S'il en a été vraiment ainsi, ils avaient autre chose à faire et, en première ligne, ils devaient anxieusement songer à sauver leur existence et même à assurer leur ravitaillement devenu d'une extrême difficulté dans une région envahie par les eaux. Quoi qu'il en soit de ces diverses conjectures, l'industrie de l'Abri Audit n'indique en aucune façon une transition, elle dévoile simplement, par les formes des instruments et leur taille, un style arrivé au point de sa chute et qui montre une dégénérescence engendrée par le laisser aller d'une technique à l'agonie. Mais d'autre part, un certain nombre d'instruments de cette station, par leur forme, décèlent l'intervention ou l'influence de l'aurignacien. Cela conduit à penser que les der-

---

1 Dr G. Lalanne, *L'abri des Carrières, dit « Abri Audit ».* — Extr. des actes de la Soc. Linéenne de Bordeaux. T. LXII.

niers hommes du Moustier vivaient côte à côte avec les nou-

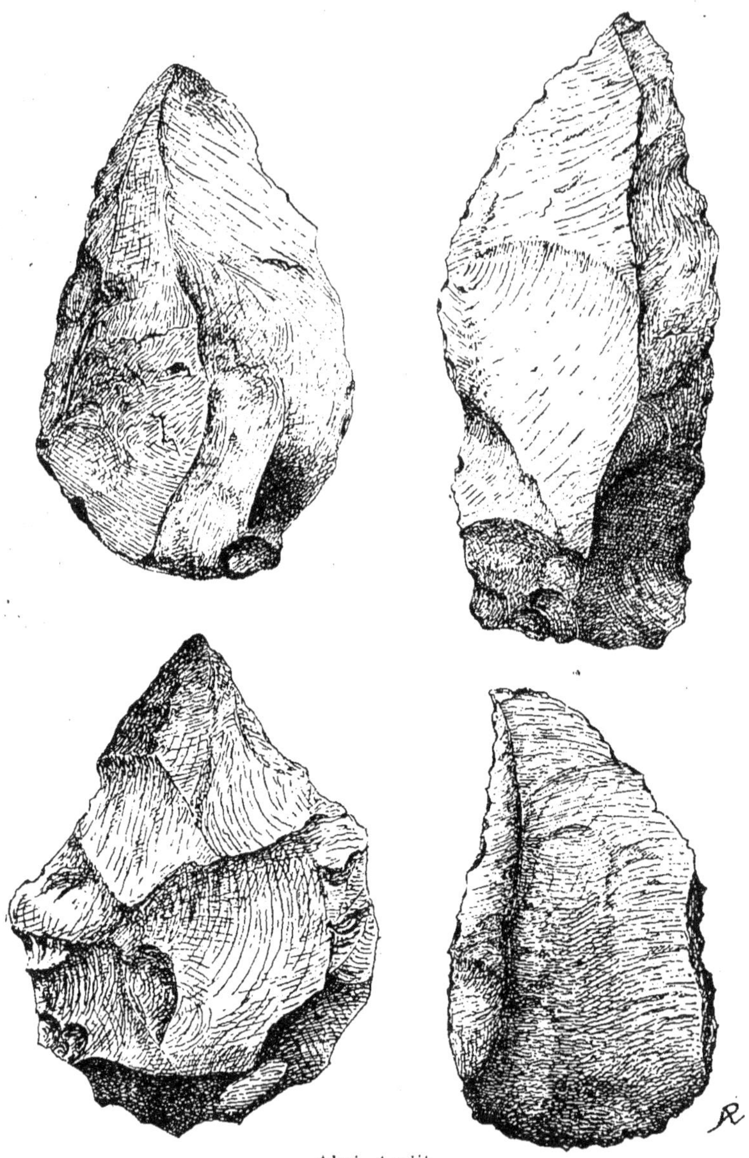

Abri Audit.

veaux venus aurignaciens à l'industrie primitive desquels ils empruntèrent certaines formes qu'ils copièrent plus ou moins grossièrement.

Quant à l'industrie du plus bas niveau aurignacien de la Ferrassie [1] situé immédiatement au-dessus d'une strate nettement moustérienne, c'est une industrie non de transition, mais de contrefaçon similaire à celle de Chatelperron (Allier). L'outillage comprend encore certaines pièces offrant le facies moustérien, des racloirs assez mal taillés, entre autres. Puis des lames frustes, allongées ou à gorge, des grattoirs épais du type Tarté, de mauvais perçoirs, toutes pièces de facture négligée, de taille maladroite qui possèdent bien la forme

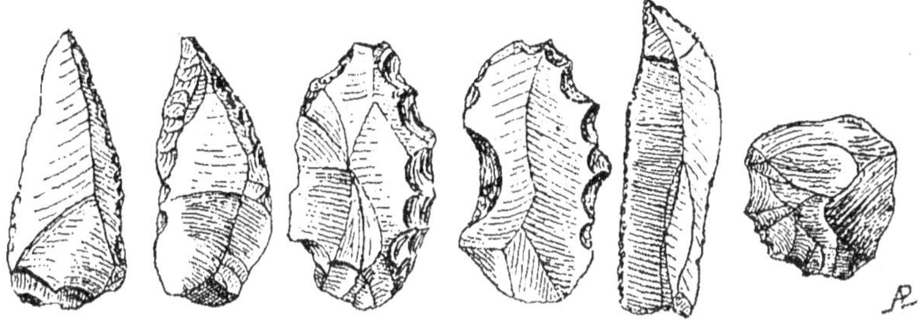

La Ferrassie (fouilles D. Peyrony).

aurignacienne, mais décèlent une grande inexpérience de l'ouvrier. Il est à croire que les derniers Néanderthaliens qui, lors de l'avènement de l'aurignacien, habitaient en ce lieu, séduits par des avantages que pouvait leur offrir l'industrie nouvelle, s'ingénièrent à en copier certains outils, mais qu'ils le firent de façon maladroite. Par exemple, il n'y a pas de comparaison possible, comme travail, entre les très mauvais et rares poinçons qu'ils se sont essayés à confectionner, et les plus simples perçoirs façonnés par de véritables Aurignaciens. D'une manière générale, on sent bien que les premiers artisans naïfs de la Ferrassie ont eu le désir et le souci de reproduire des instruments plus parfaits, mais on voit très bien aussi qu'ils y réussirent fort mal. Cette façon de com-

---

1. Cette couche est classée sous le numéro 5 dans une coupe donnée par Peyrony (*Station préhistorique de la Ferrassie*, par le Dr Capitan et Peyrony, p. 77).

prendre l'industrie inférieure de la Ferrassie est corroborée, avec une force singulière, par la découverte faite dans cette station, par Peyrony, des restes d'un néanderthalien authentique, découverte qui démontre bien, entre parenthèses, que l'abri était réellement occupé au début de l'âge du renne par des Néanderthaliens et non par des Aurignaciens. Mais, peut-on dire, le squelette gisait dans la couche subjacente franchement moustérienne. Sans aucun doute, mais il y a eu inhumation et donc, nécessairement, creusement d'une fosse pour y déposer le cadavre. Cela ressort de l'examen de la sépulture. Les Néanderthaliens qui vivaient encore à la Ferrassie, à l'époque primaire aurignacienne, sur le sol basilaire de la couche qui contient un outillage assez grossier comparable à celui de cette époque du cycle tarandien, durent fouir dans le terrain de la couche moustérienne antérieure pour y déposer le corps d'un des leurs, peut-être leur chef, comme pour le *herus* romain enterré sous le foyer familial. Le trou n'était pas profond, $0^m,50$ à $0^m,60$ seulement, puisque le squelette reposait directement sur la surface d'une strate tout à fait inférieure acheuléenne au-dessus de laquelle s'étend la couche moustérienne épaisse de $0^m,50$ environ, laquelle est immédiatement surmontée elle-même par une autre contenant l'industrie soi-disant de transition. La sépulture intentionnelle ne saurait être niée : « Nous aperçûmes trois pierres plates de $0^m,20$ de côté environ et placées, l'une à l'endroit où se trouvait le crâne, et les deux autres, à peu près, au niveau des bras [1] ».

Dans certaines stations, des instruments moustériens purs voisinent directement avec des instruments aurignaciens bien caractérisés [2]. De deux choses l'une, dans ce cas: ou bien les indigènes ont continué à fabriquer, selon leur ancienne technique, des instruments du type du Moustier, et cela pendant un certain temps, persistant ainsi à se servir de leurs armes et outils propres tout en prenant, dans le bagage industriel des allogènes qui les assimilaient doucement, ce qui pouvait leur convenir ; ou bien ceux-ci, ayant, pour ainsi dire, mono-

---

1. Dʳ Capitan et Peyrony, *Station préh. de la Ferrassie*, p. 87.
2. Sous ce rapport, la station de la Verrière (Gironde) est typique et peut être donnée en exemple, A. Conil, *Contribution à l'étude du passage du moustérien à l'aurignacien en Gironde (Rev. d'anth.*, 1911, p. 182 et suiv.).

polisé le travail de la pierre à leur profit, se mirent à confectionner des pièces moustériennes, en même temps que les leurs particulières, pour donner satisfaction aux goûts et aux besoins des Néanderthaliens restés attachés, par routine, aux objets de leur ancienne industrie et surtout aux armes. Il est à remarquer, en effet, que les pointes de sagaies moustériennes dominent, de façon apparente, dans ces gisements mixtes. Mais ici encore nous continuons à penser qu'il n'y a pas eu passage de l'une à l'autre industrie ou transition, mais juxtaposition ou, si l'on le préfère, rapprochement. Les types des pièces des deux sortes sont, chacun, trop tranchés et trop purs pour laisser la possibilité de découvrir, dans l'ensemble de l'outillage, les traces d'une transition qu'il faudrait constater sur de mêmes pièces, par des marques de taille et de forme indiquant la fusion des deux manières de fabrication. Et il n'en est pas ainsi : une part des pièces relève du moustérien pur, une autre part se réclame de l'aurignacien pur. Pas de promiscuité sur le même objet, pas de facies double ou mixte, mais indépendance des deux industries.

L'innovation la plus frappante évidemment de l'industrie de l'âge du renne est l'emploi nouveau de l'ivoire, de l'os et de la corne des cervidés : grandes épingles à cheveux, poinçons, alènes, lissoirs, aiguilles, harpons, pointes, barbelures mobiles de lance, poignards, etc. Peut-on essayer de relier cette industrie spéciale à une similaire du temps du Moustier et est-il possible de trouver des degrés de transition en comparant les plus primitifs de ces objets en os avec les os utilisés de la période précédente? Mais l'*utilisation* n'est pas le moins du monde le *travail*. Les Moustériens n'ont pas travaillé l'os, à moins que l'on ne veuille considérer comme un travail le fait de se servir de l'extrémité aiguë d'un os fendu en biseau par un choc et encore cet emploi est-il assez problématique. Véritablement cela n'a rien de commun avec les œuvres cherchées et voulues des plus primitifs des Aurignaciens.

Pas plus, d'ailleurs, que les phalanges de cheval et les épiphyses humérales de bison et d'autres ossements de gîtes moustériens qui portent des stries irrégulières, plus ou moins profondes et enchevêtrées, le plus souvent, réunies sur un point défini ou en séries longitudinales sans ordre, mais presque toujours sur la partie de l'os opposée au côté qui servait de base d'appui à ces véritables billots. Ces os étaient bien des billots sur lesquels venait s'appuyer l'extrémité d'un

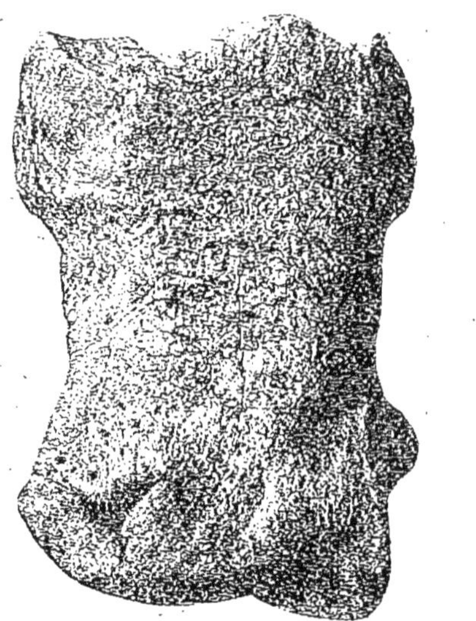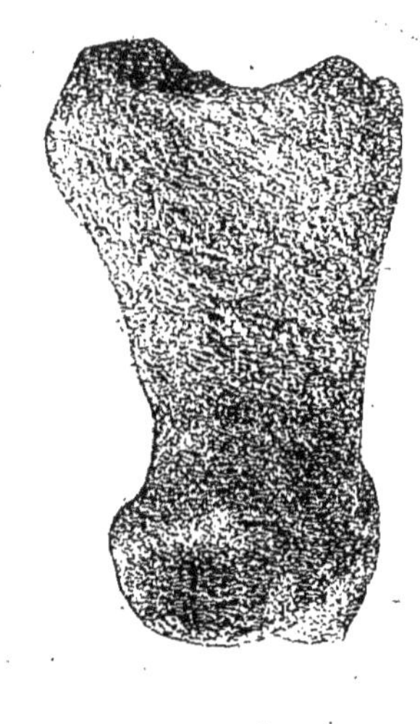

Phalanges de bison et de bovidé portant des stries profondes.
(Fouilles du docteur Henri Martin dans le gisement de la Quina.)

objet à appointer, morceau de bois, corne, ivoire ou os. L'instrument tranchant employé pour cette besogne, arrivé au bout de sa course de haut en bas, venait assez souvent frapper brusquement l'os-billot et y produisait tout naturellement une entaille entamant plus ou moins profondément la surface, suivant la force du coup. Comment ce billot-enclume destiné à un usage *passif* pourrait-il se relier aux objets d'usage *actif* de l'aurignacien?

L'industrie de l'âge du renne diffère du tout au tout de celle du Moustier par l'emploi de nouveaux matériaux de fabrication, par les formes des objets et par leur destination, et aussi par le genre de taille. C'est un tout industriel qui, à son apparition subite, se montre tout constitué, sans que l'on puisse réellement saisir les indices d'une transition préparatoire. En face du mélange, ou plus exactement, de la juxtaposition immédiate que l'on voit dans les plus anciens dépôts, on n'est même pas en droit de faire intervenir l'hypothèse d'une phase temporaire permettant la compréhension d'une évolution assurant le passage de l'une à l'autre des deux industries si dissemblables. Il n'y a pas eu hiatus dans le temps entre le moustérien et l'aurignacien. La durée nécessaire pour une transformation si radicale et si apparente dans les manières de travailler les matières premières des deux âges, ne peut avoir existé, étant donné que le bloc industriel aurignacien intact se découvre tout à coup en face du bloc moustérien. Il n'y a pas place pour une transition.

On peut constater des imitations et des contrefaçons, le plus souvent faites de manière malhabile qui ne sont que des emprunts prouvant le rapprochement fortuit de deux méthodes industrielles existant simultanément, mais tout à fait indépendantes l'une de l'autre. Entre le moustérien et l'aurignacien, pas de stade transitoire mais un stade d'assimilation timide et hésitante de la part d'une industrie désuète qui se meurt avec une industrie nouvelle qui s'impose. L'homme indigène de Néanderthal s'efface devant l'ancêtre exotique du vieillard de Cro-Magnon.

Que si l'on veut, à toute force, supposer cette période de transition, comment donner l'explication des modifications qui apparaissent dans l'outillage, non plus en ce qui a trait aux formes, mais en ce qui regarde des mœurs, des besoins, des goûts, en un mot les traits d'une mentalité idiosyncrasique entièrement nouvelles que les destinations tout à fait différentes des instruments nous font entrevoir aisément. Non seulement l'industrie change, mais les habitudes se transforment. L'outillage nouveau, totalement inconnu pendant les temps antérieurs, indique des coutumes pacifiques et des aptitudes artistiques, alors que l'outillage des Néanderthaliens, aussi bien Chelléens et Acheuléens que Moustériens, tout en étant, pour une part, approprié aux nécessités de la vie matérielle, dénote, avec précision, des habitudes de lutte et pas du tout des tendances pacifiques et encore moins la plus légère inclination à pratiquer les arts.

Donc, pour conclure sur ce point, pas de transition entre le moustérien et l'aurignacien, mais superposition immédiate des deux industries, sans, entre elles, une période de temps, ouvrant le champ libre à une évolution. De là, apparition subite et sans prodromes d'une industrie nouvelle et spéciale et jusqu'à ce moment qui marque la fin du moustérien, inconnue en Occident. Dans ces vues, l'action d'une importation étrangère devient impérieuse et, du coup, encore une fois, il faut tourner les regards vers l'Orient.

*
* *

Au point de vue de l'archéologie préhistorique, l'Asie antérieure et les régions transcaucasiques sont encore assez mal connues. Pendant longtemps même il a été convenu que les divers âges de la pierre, tout au moins les âges paléolithiques, ne devaient pas avoir laissé de traces dans ces contrées. On est heureusement revenu de cette opinion grâce aux travaux et aux découvertes de Lartet et du P. G. Zumoffen pour la Phénicie, et de J. de Morgan pour le Caucase, l'Arménie et le Mazendéran persan, et autres chercheurs avisés qui, tous, ont ainsi ouvert des horizons nouveaux à la préhistoire.

Dans ces pays, les industries lithiques successives ont suivi le même enchaînement sériaire que dans le couchant de l'Europe. Au chelléen succède l'acheuléen qui lui-même précède le moustérien, puis vient la période tarandienne et, enfin, le néolithique. Les instruments et les armes de ces différents étages affectent les mêmes formes qu'en Occident et, aux diverses époques, la taille est pareille. C'est là une vérité apparente mais spécieuse qui paraît devoir renforcer la théorie qui veut que l'humanité, à des moments déterminés de son évolution, ait eu partout, sous la pression de l'action dirigeante d'un certain état psychologique, les mêmes intuitions et, partant, les mêmes règles industrielles. Cette théorie, qui a sa valeur, est en opposition avec la thèse, que nous soutenons, de l'importation d'Orient en Occident de l'industrie de l'âge du renne. Pourquoi, peut-on dire, admettre, en Orient, le passage sur place d'une industrie à une autre et, notamment, du moustérien à l'aurignacien, et ne pas l'admettre en Occident? Cette question serait, à coup sûr, embarrassante en n'envisageant que la seule progression industrielle, mais, en l'occurrence, il faut aussi établir les bases de la démonstration sur le terrain de l'anthropologie, ainsi que nous avons tenté de le faire en nous efforçant de démontrer la parenté originelle des Tarandiens de l'Occident avec certains peuples de l'Orient qui étaient leurs similaires. Est-il donc interdit de penser que tout ne se soit pas passé de la même manière et suivant le même rythme à l'est et à l'ouest? Ne peut-on comprendre que le moment psychologique de passer du moustérien à l'aurignacien n'était pas encore arrivé pour les Occidentaux, lorsque les Orientaux pour lesquels ce moment était déjà venu, dans leur patrie d'origine, depuis un temps plus ou moins long, vinrent importer leur civilisation dans l'ouest? Car, enfin, si on a constaté, des deux côtés, une succession identique pour les industries asiatiques et européennes, on est bien loin d'avoir pu, à ce jour, établir un synchronisme exact. Rien n'est moins prouvé que le fait que ces industries aient été synchrones. Les preuves tirées de l'anthropologie et aussi celles que l'on peut puiser à d'autres sources, donnent la forte impression que les indigènes de l'Occident n'avaient pas atteint le niveau industriel de l'âge du renne lorsque les peuples de l'Orient qui, déjà, étaient parvenus à ce niveau, apparurent dans les régions européennes de l'ouest, poussés par une rigoureuse nécessité dont la raison sera expliquée plus loin et apportèrent tous les perfectionnements et toutes les nouveautés que comportait leur culture propre.

*
* *

Sur un plateau, au sud de Jérusalem, le plateau des Raphaïm, que les Arabes désignent sous le nom de plaine El-Rekn'a, se trouve un vaste gisement où des silex ouvrés, en grand nombre et de toutes les époques, sauf de l'époque solu-

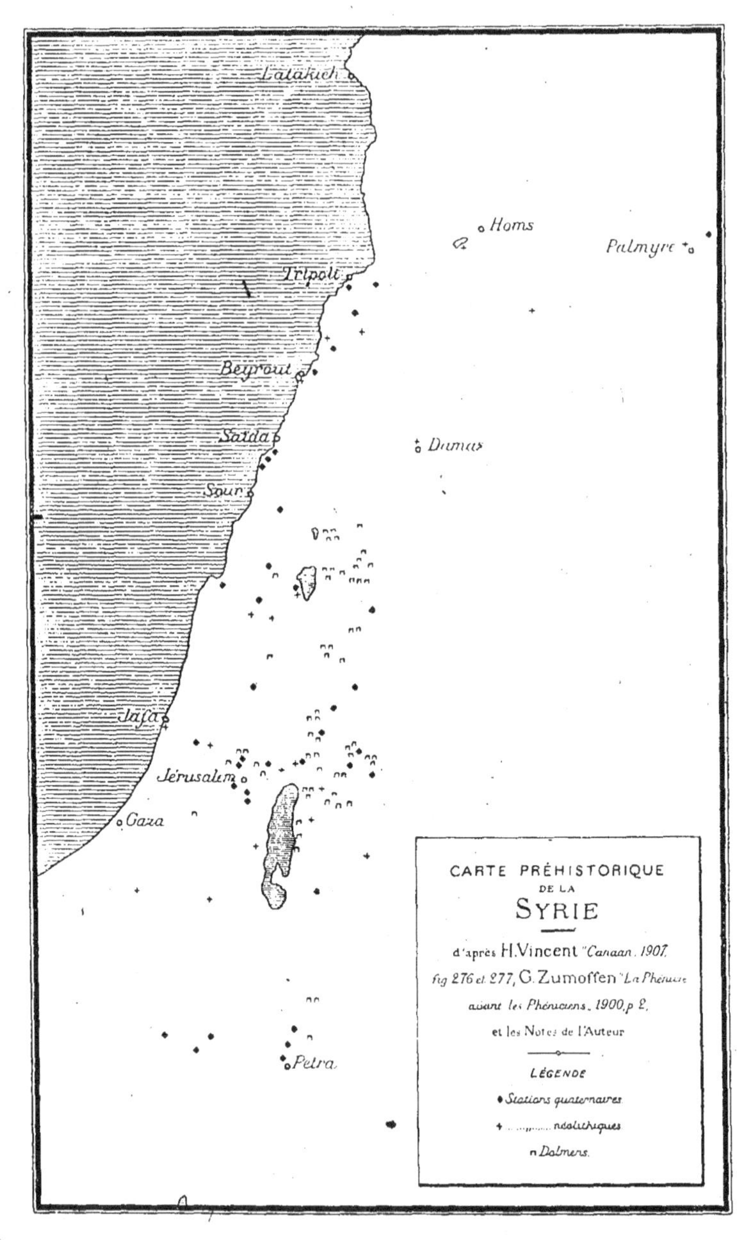
L'atakieh
Homs
Palmyre
Tripoli
Beyrout
Damas
Saida
Sour
Jaffa
Jérusalem
Gaza
Petra
CARTE PRÉHISTORIQUE
DE LA
SYRIE
d'après H.Vincent "Canaan. 1907,
fig 276 et 277, G. Zumoffen "La Phénicie
avant les Phéniciens. 1900, p. 2,
et les Notes de l'Auteur
LÉGENDE
Stations quaternaires
néolithiques
Dolmens.

tréenne, depuis le chelléen jusqu'à l'énéolithique, sont épars

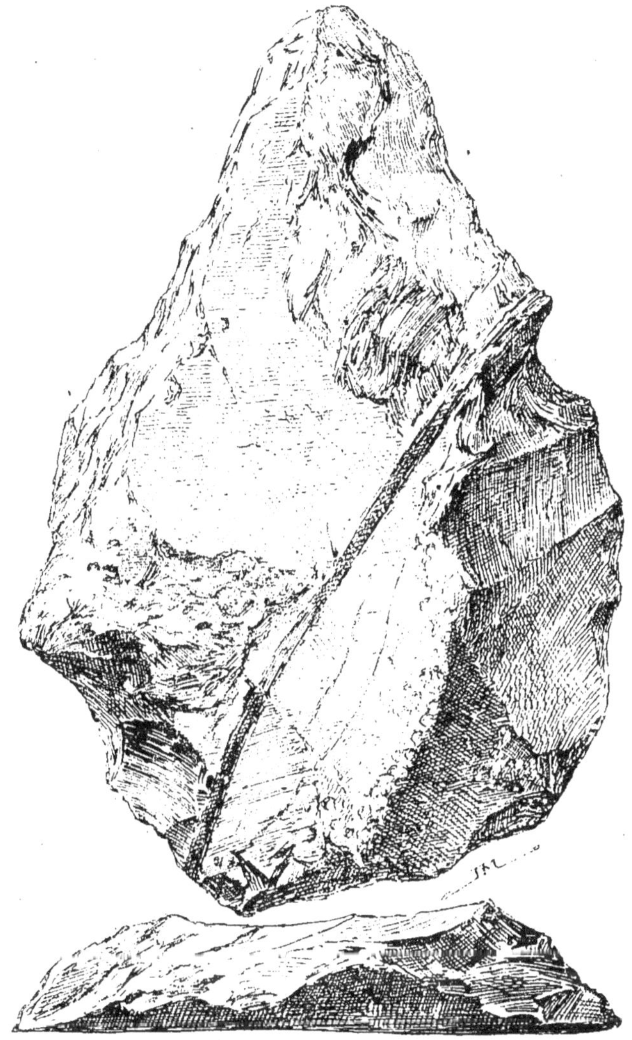

Hache à facies chelléen de Scopus, près Jérusalem.

sur le sol [1]. Comme toute stratigraphie est impossible dans de

1. *L'âge de la pierre en Palestine*, par le P. Germer-Durand (*Congrès des Orientaliste* Paris, 1897).

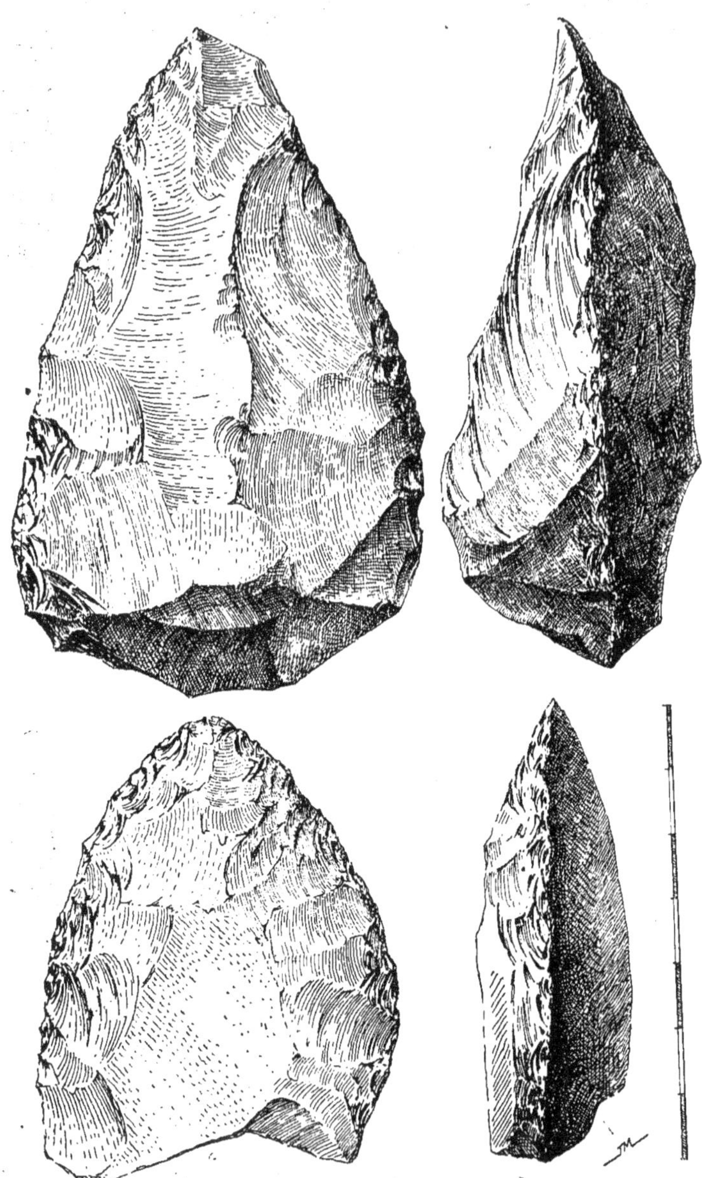

Hache et pointes à facies acheuléen de la station d'Adloun (Syrie).

telles conditions, il n'y a pas lieu de faire grand état de ce gisement. Si dans la Syrie méridionale, ou ancienne Palestine, on n'a pas signalé, jusqu'ici, de gisement défini et si on peut seulement et en grande quantité rencontrer à la surface du sol des instruments paléolithiques et néolithiques, il n'en est pas de même dans la Syrie centrale où il est possible de repérer des stations caractérisées[1].

Tout d'abord, au sud, la station d'Adloun, entre Saïda (Sidon) et Sour (Tyr). Là, toute une série de grottes, dont la plus importante, la « grotte du sein », Mogharat-el-Bzez, a été utilisée pour le culte de la grande déesse syrienne Astarté. Les symboles qui sont encore gravés sur les parois ne laissent aucun doute à cet égard. Le principal dépôt archéolithique s'étend, en plein air, sur une petite terrasse qui se trouve à la base d'un grand escarpement rocheux, à proximité et sur la route du village d'Adloun. La stratigraphie de ce gisement n'a pas été observée avec exactitude ; l'étude et, par suite, la détermination de l'âge des pièces sont seulement faisables par identification, d'après les différents faciès. Le chelléen est représenté par des coups de poing, ainsi que l'acheuléen. Le moustérien semble assez abondant et s'affirme par des silex taillés suivant le mode particulier à cet horizon et qui, pour la plupart, racloirs et pointes, sont d'une grande beauté et d'une finesse extrême. Enfin l'aurignacien : c'est l'outillage habituel où foisonnent surtout les grattoirs et les couteaux épais à arête dorsale et, plus rarement, avec cette arête abattue. Cette dernière industrie est, sans doute possible, équivalente à celle de l'aurignacien moyen de l'Occident[2].

Plus au nord, dans les environs du village d'Akbyeh, est un atelier en surface. L'absence de documents paléontologiques, qui pourraient servir à le dater, semble rendre toute détermination d'âge difficile, mais les silex qui s'y trouvent, étant tous du même type, sans mélange, cette détermination devient plus facile. On peut les rattacher, par leur aspect général uniforme, en les comparant avec leurs similaires d'Occident, à l'industrie de l'époque chelléenne.

---

1. P. G. Zumoffen, *L'âge de la pierre en Phénicie*. Dans *Anthropos*, t. III, fasc. 3, 1908.

2. La station d'Adloun a été découverte par E. Lartet et le duc de Luynes. (E. Lartet, *Exploration de la Mer Morte*, t. III, p. 224).

A. DE PANIAGUA : Age du Renne. 7

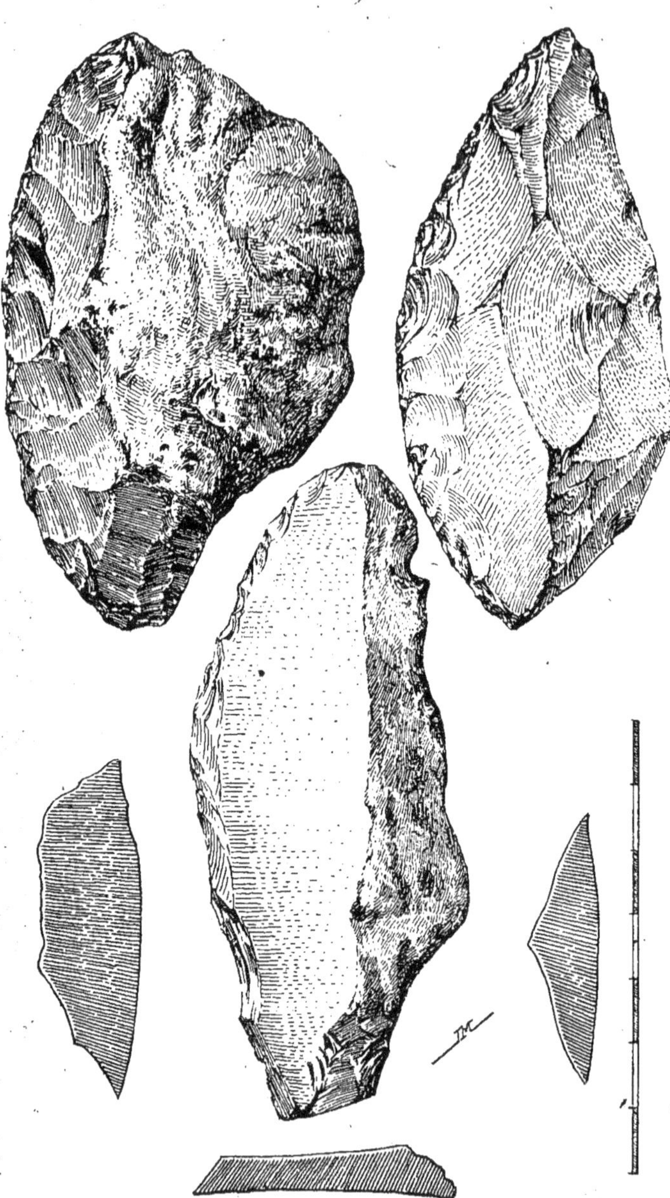

Instruments à faciès moustérien de la station d'Adloun (Syrie).

Une autre station de la Cœlisyrie, vers le nord-est d'Adloun, dans l'Antiliban, celle de Doukha, présente la plus grande analogie avec Akbyeh, mais offre quelques pièces que l'on peut rapprocher de certaines de la fin du chelléen occidental confinant à l'acheuléen.

A quelque distance au nord de Doukha, le gisement de Kaferaya, au pied du Liban. Il est aussi en surface. Là, les formes

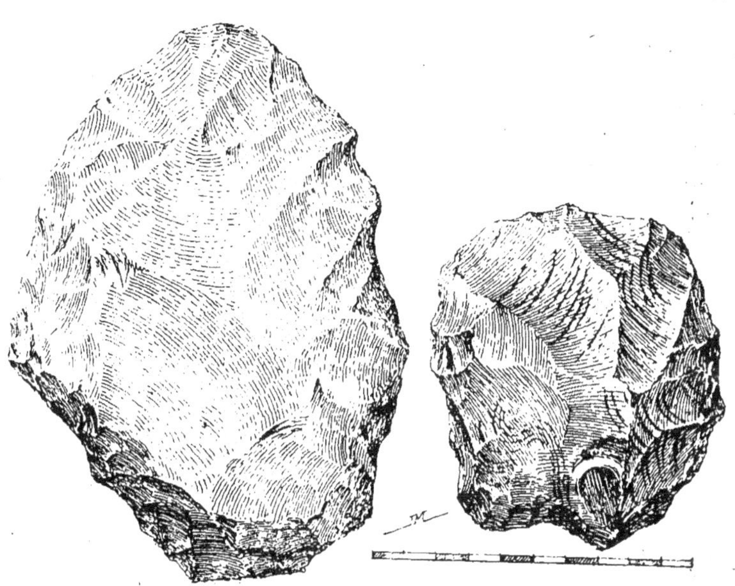

Coup de poing et disque à faciès chelléen de la station de Doukha (Syrie).

moustériennes sont nombreuses, mais ce qui est à retenir, c'est qu'on y voit parfaitement apparaître l'aurignacien le plus primitif : formes indécises encore, taille grossière à grands éclats, dos des pièces très irrégulièrement abattu.

Ici, en Orient, nous nous trouvons, en présence d'une industrie de transition. Les vestiges des deux facteurs moustérien et aurignacien gisent côte à côte et les témoignages du passage de l'un à l'autre sont trop évidents et accusés par gradation, souvent par des pièces à faciès mixte, pour ne pas amener la conclusion que l'on est bien en face d'instruments participant, à la fois, du faire moustérien et du faire aurignacien et assurant ainsi la liaison. Mais ce qui est vrai en Orient

ne l'est pas et ne peut l'être en Occident. Dans l'Asie antérieure qui, pendant les temps historiques et aussi pendant les
temps hors histoire, a toujours marché à l'avant-garde du
progrès, cette transition dans l'industrie a dû s'effectuer bien
longtemps avant que les Occidentaux aient atteint le moment
nécessaire qui eût pu les conduire à ce changement industriel.
Et c'est justement à l'instant où les Néanderthaliens européens allaient enfin, peut-être, parvenir à ce carrefour évolutionnaire que se produisit le phénomène formidable de déglaciation qui les anéantit presque tous et, du même choc, pro-
voqua l'irruption sur les terres du couchant des Orientaux en
possession de cette industrie aurignacienne, formant déjà un
bloc nettement constitué et donc arrivant toute formée avec
une constitution dont on rechercherait vainement les prodromes dans les gisements du couchant du monde. Les Néanderthaliens n'eurent pas le temps de suivre leur destinée ; ils
furent brusquement arrêtés, à peu près anéantis et, par conséquent, dans l'impossibilité d'obéir à une loi de progrès qui
semblerait devoir être commune aux deux groupes ethniques
de l'Europe et de l'Asie.

La similitude dans la succession des industries paléolithiques primitives en Orient et en Occident, est la marque de
manifestations indépendantes bien que parallèles, puisant
leur origine dans des états pareillement successifs de développement coïncidant, chez les Orientaux et les Occidentaux,
avec différents stades de leur évolution, sans que pour cela il
soit possible et même rationnel de vouloir régler les heures de
passage d'après un chronomètre invariable et identique dans
le temps. Tentera-t-on de soutenir que des rapports de liaison
aient pu se multiplier assez, entre des groupes de populations
si éloignés les uns des autres, pour assurer la transmission
des connaissances industrielles au fur et à mesure qu'elles se
modifiaient ou qu'un progrès était réalisé sur un point ? Cela
serait une hypothèse bien risquée, peu présentable et qui
vraiment, dans l'état actuel de nos connaissances, n'est ap-
puyée par aucune preuve. Quoi qu'il en soit, étant donné le
parallélisme, s'il existe, sinon dans le temps, du moins dans la
progression, pour le chelléen, l'acheuléen et le moustérien, il
n'en saurait être de même pour l'âge du renne, car l'importation de l'industrie aurignacienne vers le couchant conquiert

une affirmation précieuse et démonstrative par le secours de l'anthropologie montrant l'identité réellement indéniable des crânes des altao-caucasiques et ceux des hommes tarandiens occidentaux, de diverses souches. De plus, la soudaineté de l'irruption des hommes nouveaux qui apparaissent dans les contrées de l'ouest où leurs races étaient radicalement inconnues avant l'extrême fin de la période moustérienne, devient une contribution solide en faveur de leur exotisme et de leur migration. Leur présence en Occident, concomitante d'un mode tout nouveau de l'industrie, lequel donne à entrevoir des mœurs, des aptitudes et des goûts diamétralement en opposition avec ce que nous pouvons saisir de la somme sociale et intellectuelle de leurs devanciers sur les terres du couchant, doit affermir l'esprit dans cette présomption approchant de la certitude qu'ils étaient bien des allogènes. Il est clair aussi qu'ils furent les importateurs de l'industrie tarandienne, ignorée en Occident jusqu'au moment de leur venue, puisque l'on n'a pu découvrir, sans exception aucune, leurs vestiges osseux que dans des couches renfermant des objets d'une facture et d'une forme, l'une et l'autre spéciales à l'industrie qui tout à coup surgit, comme à l'appel cabalistique d'une très archaïque fée frappant de sa baguette magique les abris et les grottes de l'Occident. Et cette industrie très particulière est justement celle que l'on retrouve dans l'Asie antérieure.

Le Nahr Ibrahim est un cours d'eau qui, prenant sa source à Afka, vient se jeter dans la Méditerranée, à environ deux lieues au sud de la ville de Djébaïlé, l'ancienne Byblos. Sur sa rive droite, à une soixantaine de mètres de la mer, se dresse un massif rocheux isolé dont le sommet plat forme table. Dans ses flancs se creusent trois cavernes remplies de lambeaux de brèches renfermant des ossements d'animaux et de nombreux silex. Le sol naturel est recouvert par un conglomérat d'épaisseur variable, contenant également des os, des éclats et des silex ouvrés. C'est, comme à Keferaya, une industrie aurignacienne primitive et même, semble-t-il, des plus primitives. Le moustérien *pur* n'existe pas. Quelques râcloirs et quelques pointes de meilleure facture rappelant vaguement ce dernier âge, sont mélangés avec les instruments frustes de l'aurignacien, mais ils sont en nombre rela-

Station préhistorique de Nahr-Ibrahim, d'après un dessin de J. de Morgan.

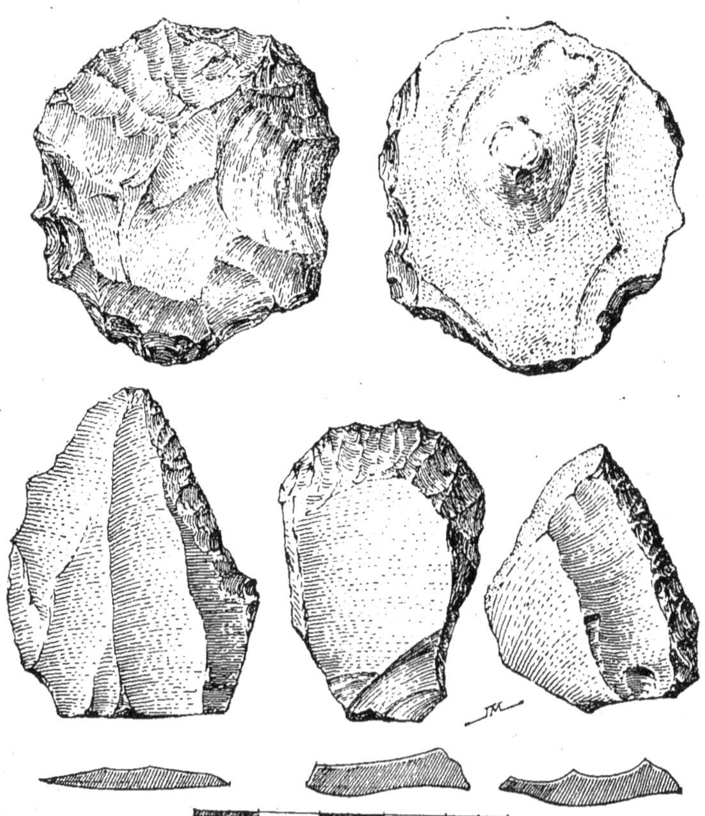

Disque, pointes et grattoir de Nahr-Ibrahim (Syrie).

tivement restreint et assez mal caractérisés. Ils peuvent cependant attester soit une survivance, soit une transition.

Outillage de la station de Nahr-Ibrahim (Syrie).

L'évolution industrielle, en Orient, a suivi un cours normal, en tout comparable à la progression tarandienne en Oc-

cident. Après l'aurignacien inférieur de Keferaya et de Nahr-
Ibrahim, parallèle et semblable à l'aurignacien d'Adloun,
vient l'outillage de la station située près de la source du Nahr-
el-Kelb, le Lycus des Grecs, et qui porte le nom de Djaïta.
Trois grottes creusées dans le flanc de la montagne s'ouvrent
au-dessus des bâtiments d'un moulin qui utilise les eaux de la
rivière naissante. Deux de ces grottes, la première et la troi-

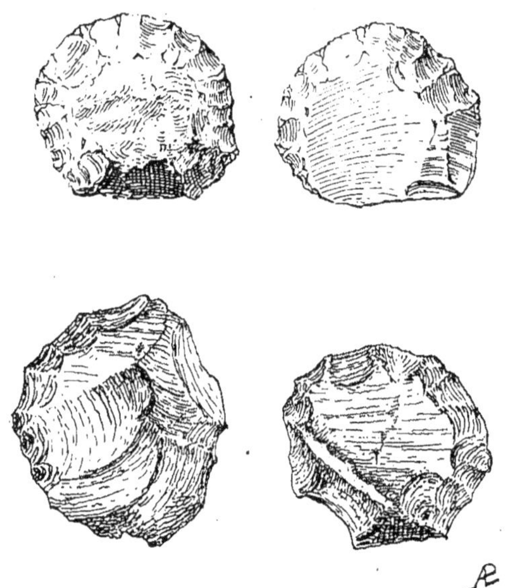

Grattoirs. Les deux supérieurs provenant de la grotte de Sordes (Landes) ;
les deux inférieurs de Djaïta (Syrie).

sième, n'offrent pas un grand intérêt, mais la seconde, long
couloir de 56 mètres de développement, est pleine de brèches
riches en ossements et en silex. Nous sommes en plein dans
l'aurignacien moyen où dominent des grattoirs de diverses
formes et, notamment, des discoïdes en tout semblables à
ceux de Sordes (Landes). Les couteaux sont aussi abondants,
les uns avec l'extrémité supérieure légèrement arrondie,
d'autres plus ou moins pointus avec abatage d'une arête latérale. Au-dessus des grottes, sur la pente de la montagne,
s'étend une assez large et longue plateforme entourée de
rochers. Au pied de la paroi verticale, au nord, est un grand

foyer où se mêlent des cendres, des charbons, des os calcinés
et des silex dont un grand nombre a subi l'action du feu[1].
L'industrie est identique à celle de la grotte, c'est de l'auri-

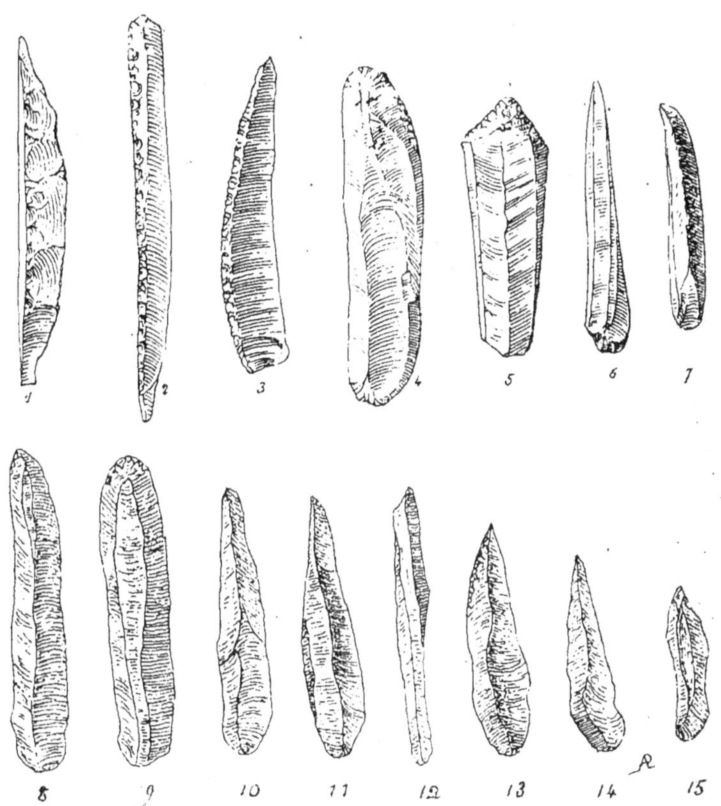

Industrie microlithique.
1 à 3, La Madeleine (Dordogne) ; 4 à 7, Gabastou, Montfaucon (Dordogne) ;
8 à 15, Grotte d'Antélias (Syrie).

gnacien moyen et aussi de l'aurignacien supérieur ; les pièces
appartenant à ces deux étages sont confondues.

L'évolution régulière continue et après l'aurignacien apparaît le magdalénien, le solutréen étant, jusqu'à ce jour, resté
introuvable en Orient, ce qui est tout à fait rationnel. Le mag-

1. Ce foyer a été exploré, en 1864, par le duc de Luynes et Lartet.

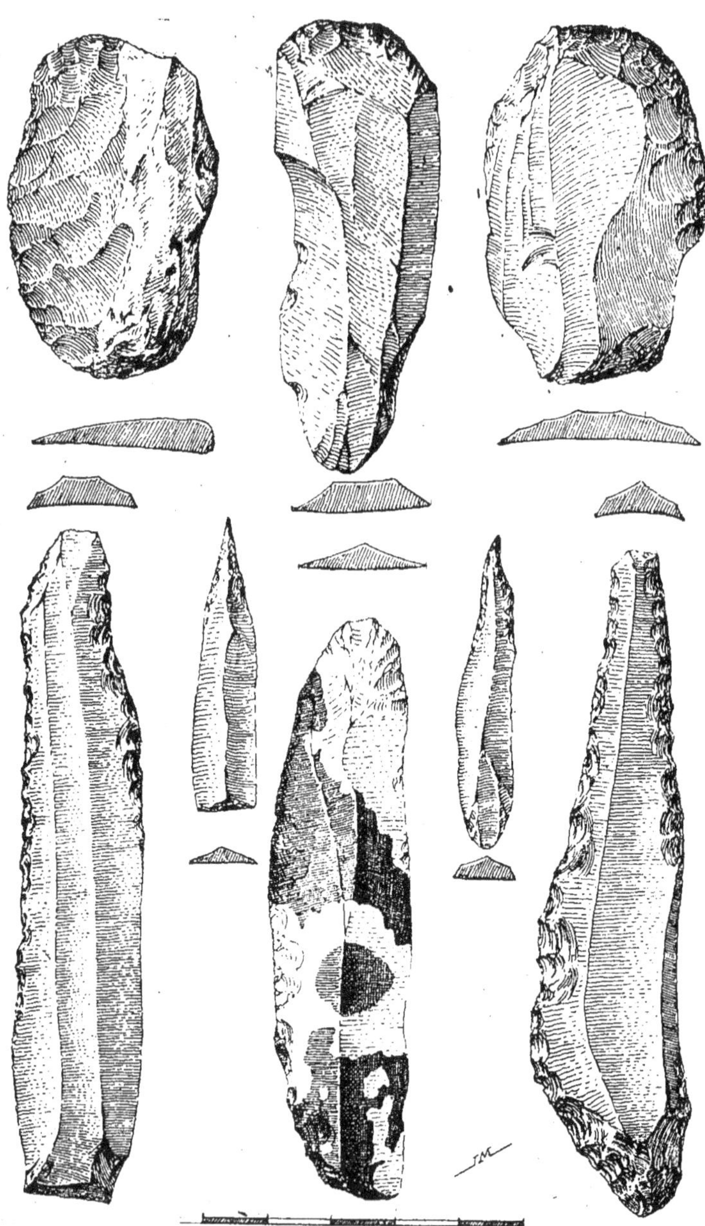

Outillage magdalénien d'Antélias (Syrie).

dalénien se manifeste par un outillage très pur à Antelias.
Bien que le P. Zumoffen classe cet outillage dans l'aurignacien, le doute n'est pas possible, c'est bien du magdalénien.
Aucun des instruments en os découverts dans cette station ne
porte la caractéristique de la base refendue particulière
au premier horizon tarandien. De plus, on rencontre, en
quantité, à Antelias, des instruments microlithiques qui appartiennent, avec évidence, au magdalénien supérieur, si on
s'en rapporte à toutes les trouvailles démonstratives faites en
Occident. Les grattoirs de formes nombreuses, allongés, sur
bout de lame, à arête dorsale tantôt saillante, tantôt abattue,
larges, subdiscoïdes sont finement retouchés. Bien taillés
aussi les nombreux couteaux plus ou moins longs, souvent
incurvés en croissant, à base large ou à base amincie, mais
grattoirs et couteaux reproduisent dans leur facies les formes
classiques et bien déterminées de la Madeleine, de Raymonden, de Fontarnaud et autres gisements positivement reconnus comme relevant du magdalénien [1].

---

1. D'après J. de Morgan, cette station est, de toutes celles découvertes
en Syrie, la plus intacte ; tous les débris s'y sont conservés depuis les
temps quaternaires. Sa faune présente un intérêt majeur parce qu'elle
est très nombreuse, donnant ainsi l'état du monde animal syrien vers
les débuts de l'ère géologique moderne. Ces êtres sont :

Homo.
Felis panthera (Both.), animal émigré vers le sud.
Ursus arctos var. *syriacus.* — Vit encore dans le haut pays.
Mustela martes, commune dans toute la région.
Vulpes alopex (Lin.), commun dans la région.
Spalax (species), indéterminable spécifiquement.
Spermatophilus, disparu.
Lepus ægypticus (Geoffr.), vit dans le pays.
Bubalus, détermination douteuse.
Bison priscus (Boj.), disparu.
Capra beden (Schreb.), douteux.
Capra primigenia (Fraas), douteux.
Antilope dorcas (Lin.). Gazelle devenue rare dans le Liban.
Cervus (capreolus) pygargus (Pallas), disparu.
    — *mesopotamicus* (Brook.), disparu.
    — *elaphus* (Lin.), disparu.
Sus scrofa ferus (Lin.), abondant en Phénicie.
Equus caballus (Lin.), probablement une variété éteinte.
Anas (species).
Columba (species).
Caccabis græca (Belon.).
Buteo « buse » et *vultur* « vautour », vestiges.
Helix pachya (Bourg), vivant dans le pays.

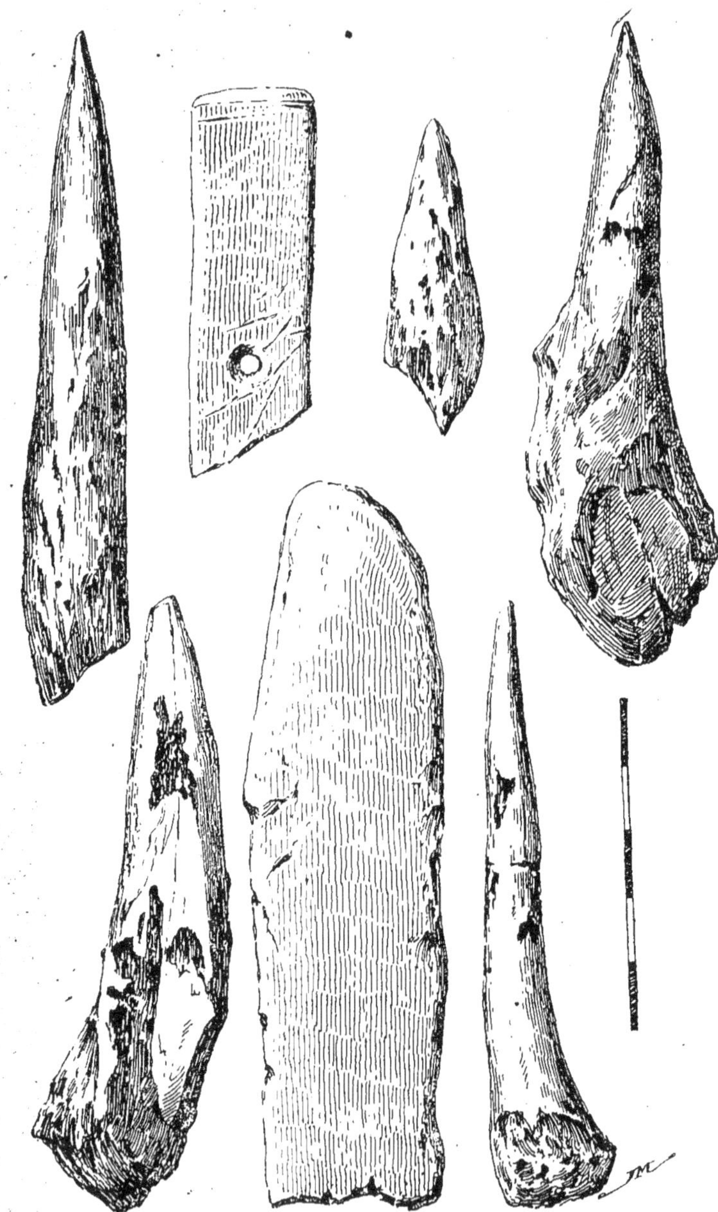

Os ouvrés d'Antélias (Syrie).

L'importante station d'Antélias[1] est située près du village
de même nom, sur un des derniers contreforts du Liban, vers
l'ouest, pas très loin de la Méditerranée. Un riche dépôt ar-
chéologique s'étend dans la partie antérieure d'une grande
salle formant l'atrium de cette fort belle caverne. Le sol est
fait d'un magma épais renfermant, pêle-mêle, des silex tra-

Grotte d'Antélias (Syrie), d'après un dessin de J. de Morgan.

vaillés, des os brisés, des coquilles marines et terrestres. Cette
grotte a livré quelques ossements humains : un fragment

Dentalium tarentinum (Lanc.), mollusque méditerranéen.
　　　—　　　*dentalis* (Lin),　　　—　　　　　—
Patella cœrulea (Lam.),　　　　—　　　　　—
　　—　　*Lusitanica* (Gmel.),　　　—　　　　　—
Trochus turbinatus (Barn.),　　　—　　　　　—
Petunculus insubricus (Broum.),　　　—　　　　　—
Ostrea lamellosa (Brochi.),　　　—　　　　　—

1. Cette station a été visitée et signalée, en 1833, par Hedenborg. En
1873, le Dr Fraas, de Stuttgart, l'explora et déclara qu'il ne restait rien à y
faire. En 1884, Dawson, plus avisé, se rendit compte de l'intérêt qu'elle
pouvait offrir, mais n'y pratiqua aucune fouille. C'est au Père Zumoffen
que revient l'honneur d'y avoir fait une exploration méthodique qui a
donné les plus intéressants résultats.

de mâchoire, des os longs, des pièces dispersées de l'ossature du pied [1].

* *

Le savant explorateur J. de Morgan a constaté, de son côté, l'existence d'une industrie similaire à celle que le P. Zumoffen a signalée à Antélias, et que l'on peut considérer comme offrant le facies magdalénien et en outre, une très belle industrie de style acheuléen, dans une station à ciel ouvert, sur la rive gauche du Nahr-Beyrouth, dans l'angle formé par le chemin de fer de Damas et la route d'Antélias.

A Ras-Beyrouth, gisement voisin situé sur un promontoire qui s'avance dans la mer, à l'ouest de Beyrouth, outillage dont les formes se rapprochent beaucoup de celles de l'industrie de l'abri Audi.

Dans un abri sous roche, situé sur la rive du Nahr-el-Djoz, torrent qui prend sa source à Tannourine et va se perdre dans la Méditerranée au nord de Batroun, l'ancienne Botrys, l'industrie se compose d'instruments de petites dimensions, les plus grands ne dépassant pas 0,104 de longueur. Le silex sénonien dont ils sont faits est profondément patiné et très altéré. Ce sont des pointes et des racloirs de type moustérien, puis des perçoirs et des grattoirs de style aurignacien ; le coup de poing fait défaut [2].

Ici, nous laissons la parole à M. J. de Morgan qui a eu

1. La station d'Antélias a livré un certain nombre d'ossements humains. Ces os n'étaient pas réunis sur un point de la grotte, mais dispersés çà et là, au milieu des détritus de la tribu. Ils sont conservés et incrustés comme ceux des animaux ; ils sont brisés de la même manière. Quelques-uns portent même des traces de raclures faites à l'aide d'un instrument tranchant. Y aurait-il là un cas d'anthropophagie ? — Voir P, Zumoffen, *La Phénicie avant les Phéniciens*, Beyrouth, 1900, p. 67.

2. D'après J. de Morgan, le conglomérat de gisement du Nahr-el-Djoz a livré les restes d'une faune assez riche :

Felis (Species ?).
Ursus syriacus.
Bison priscus (Boj.).
Capra primigenia (Fraas.).
Capra Beden (?) (Schreb.).
Antilope dorcas (Lin.).
Cervus elaphus (Lin.).
Cervus mesopotamicus (Brook.).

'extrême obligeance de mettre à notre disposition les pré-

Outillage de la station de Ras Beyrouth (Syrie).

Cervus pygargus (Pallas.).
Sus scrofa-fossilis (Lin.).
Emys caspica (Schweig.).

Il est à remarquer que les ossements du *Cervus tarandus* et de l'*Equus caballus* manquent complètement, contrairement à ce qui est dans les stations parallèles de l'Occident où les restes de ces animaux abondent.

cieuses notes relatives à ses recherches et découvertes dans l'Asie antérieure.

« Dans la région de l'antique Palmyre, au nord et à 10 kilomètres environ de la bourgade actuelle de Tedmour, j'ai rencontré à la surface du sol caillouteux alluvial un coup de poingt acheuléen du type le plus parfait; près de cet instru-

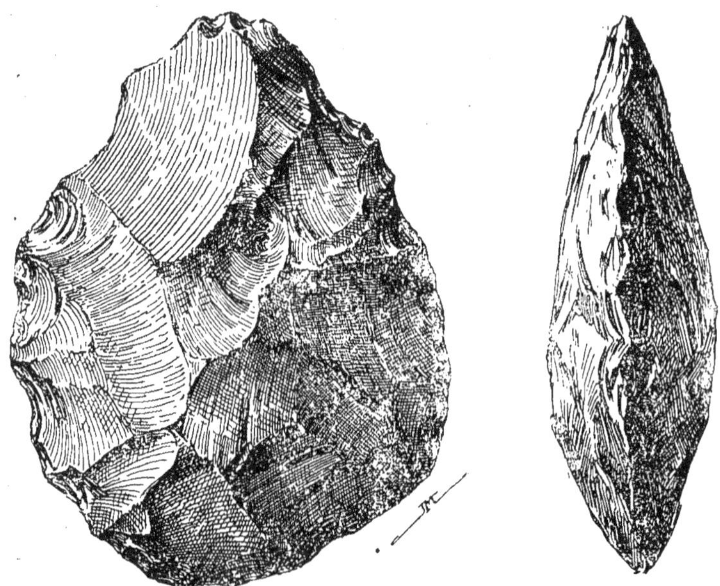

Hache à facies chelléen de Tedmour (Palmyre).

ment gisaient de nombreux éclats informes mais dus à la main de l'homme.

« Dans les ruines mêmes de la cité de Zénobie, épars sur le sol, j'ai trouvé des lames et des pointes dont une présente la technique moustérienne, mais nulle part, dans la partie de ce district qu'il m'a été donné de parcourir, je n'ai rencontré de station proprement définie.

« De tout temps, Tedmour a été un point d'eau, mais les sources se trouvent, aujourd'hui, situées dans l'intérieur de la citadelle arabe où, de nos jours, s'est concentrée la population. L'ancienne citadelle, les rues des tombeaux, les vastes ruines de la capitale antique sont aujourd'hui sur un sol des-

séché et, probablement, l'ont toujours été au cours des
temps historiques. On voit encore les canaux et les aqueducs
qui, au temps de sa splendeur, portaient à la ville l'eau qui
lui était nécessaire. D'après les rares instruments que j'ai pu
recueillir çà et là dans les ruines, il est certain qu'il y eut là
une station probablement archéolithique, mais c'est sous les

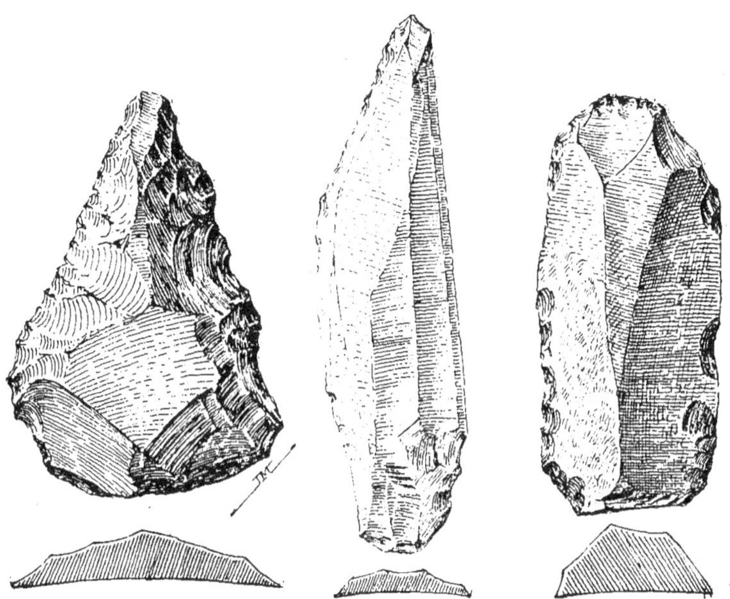

Tedmour (Palmyre).

couches épaisses de débris qui avoisinent les sources, sous
les murs mêmes de Tedmour qu'il en faudrait chercher les
vestiges.

« Soukhna est une localité sur la route de Palmyre à Deir-
el-Zor, dans le désert. Là sourdent des eaux sulfureuses,
ayant depuis les temps de l'industrie énéolithique donné
naissance à des établissements humains, mais c'est plus loin,
au nord, à 10 ou 12 kilomètres du village, que j'ai, à la surface du sol, sur les alluvions, rencontré le gisement paléolithique. Les instruments gisaient à la surface du sol, dispersés sur une étendue d'un hectare environ. Là, au milieu
des éclats sans retouches, j'ai trouvé des pointes et des

A. DE PANIAGUA : Age du Renne.   8

disques grossiers, mais caractéristiques ; enfin un coup de
poingt acheuléen de grandes dimensions et d'une facture fort
achevée. Cet instrument avait séjourné sur le sol pendant une

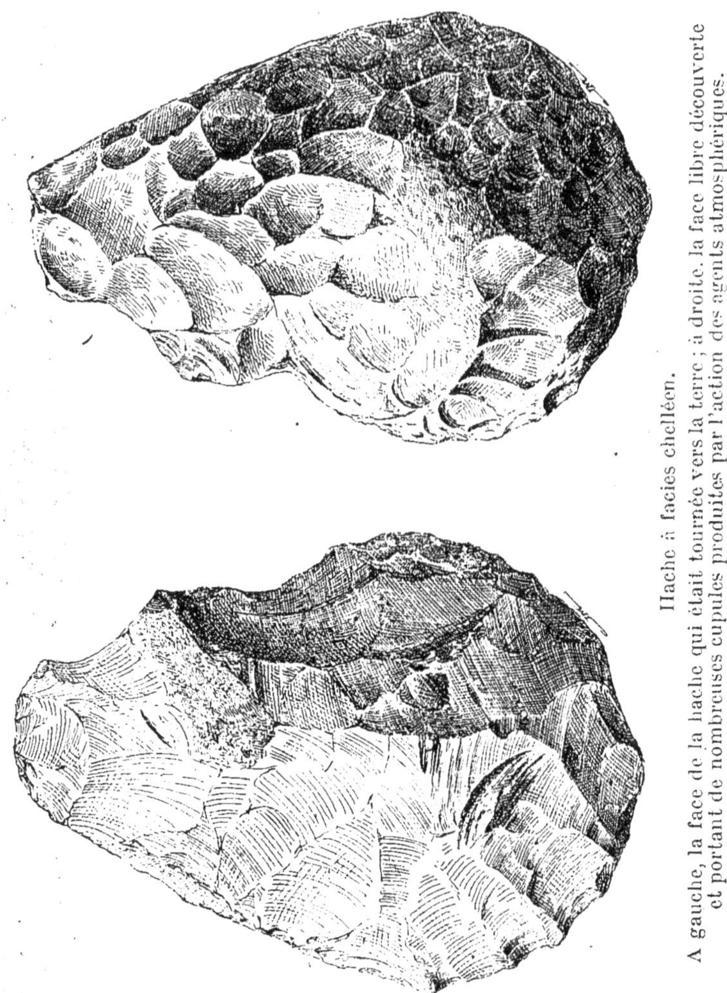

Hache à facies chelléen.

A gauche, la face de la hache qui était tournée vers la terre ; à droite, la face libre découverte et portant de nombreuses cupules produites par l'action des agents atmosphériques.

si longue période, que, peu à peu, par les alternances de cha-
leur et de froidure, d'humidité et de sécheresse, toute la face
reposant sur le sol s'était craquelée, les éclats ainsi enlevé

faisant disparaître toute trace du travail primitif sur ce côté.
Ce phénomène est fréquent dans les pays brûlés de l'Asie et
de l'Afrique. Nous l'avons constaté en Égypte pour un certain
nombre de pièces quaternaires et aussi pour des galets n'ayant
jamais subi la taille. Il n'affecte pas tous les silex mais, seulement, certains d'entre eux dont la matière ne présente pas
une structure moléculaire suffisante pour qu'ils restent insen-
sibles aux variations climatériques.

« La petite oasis d'Erek est située sur la même route,
entre Palmyre et Soukhna. Elle est formée par des sources
habilement captées et servant à l'arrosage d'une dizaine
d'hectares tout au plus. Sur le bord de la dépression qui
constitue cette oasis, sur des hauteurs ne dépassant pas
quelques mètres au-dessus du niveau des champs, on voit
encore les restes de murailles de pierres de taille et appartenant aux temps historiques. C'est là, sur le site de ces cons-
tructions, que se trouvait la station. Le sol est couvert d'éclats,
de nuclei, d'instruments et, dans les canaux profonds de
quelques mètres creusés sur ce point par les indigènes, on
voit des lits de cendres et de débris, montrant que ces vestiges remontent à une très haute antiquité. Malheureusement il est bien difficile d'apprécier l'âge de ces restes;
toutes les formes appartiennent à l'industrie d'Antélias,
aucune ne rappelle les types néolithiques de l'Égypte et de
l'Asie. Comme pour une partie des pièces d'Antélias, l'outillage est surtout composé d'instruments de petites dimensions [1]. »

Pendant la plus grande partie des temps quaternaires, tout
au moins, pendant les périodes glaciaires, la Transcaucasie
ne paraît pas avoir été occupée par les hommes d'une manière stable. Bayern, et après lui E. Chantre ont bien avancé
que les paléolithiques avaient pu résider dans ces régions,
mais, jusqu'ici, aucune preuve décisive n'est venue étayer
solidement leur supposition [2] bien que certaines découvertes,
d'ailleurs mal précisées, faites dans quelques grottes, dont
une à Rgani, près de Kwirila, puissent donner l'impression

---

1. J. de Morgan, *Notes inédites.*
2. Voir J. de Morgan, *Mission scientifique au Caucase*, 1889, t. II,
p. 2.

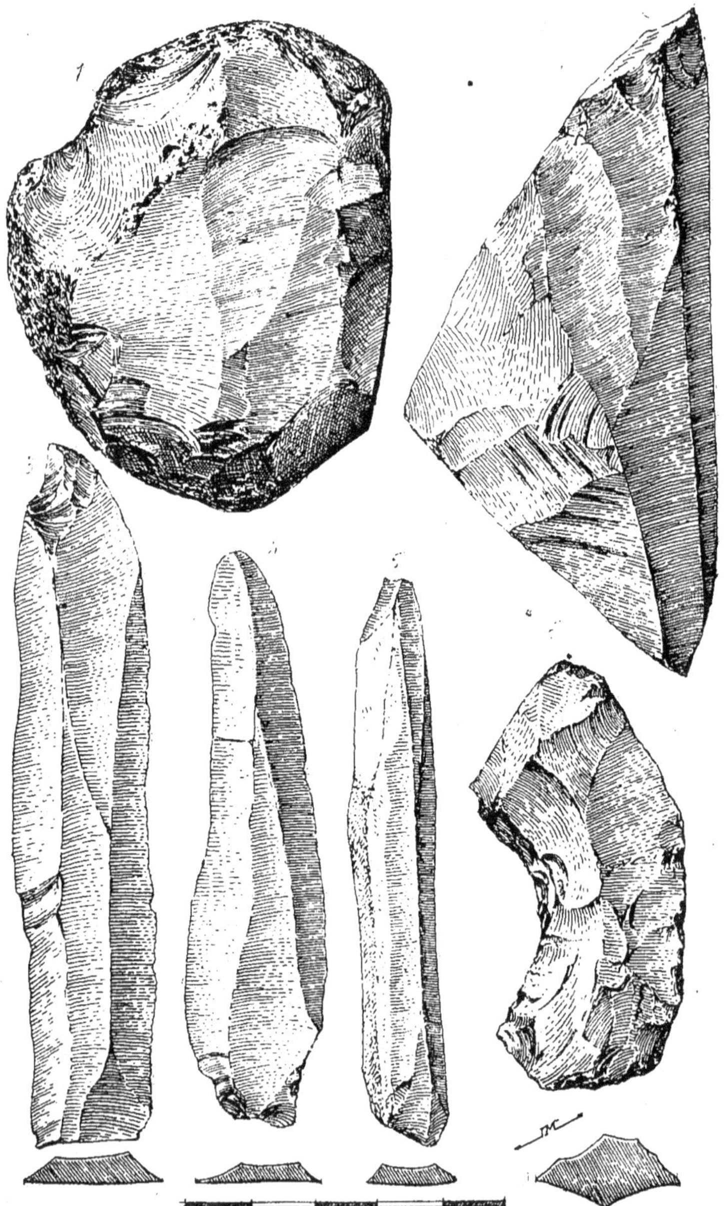

Outillage de la station d'Erek (Syrie).

que le Caucase aurait pu être habité par l'homme des premiers âges. Dans cette grotte de Rgani notamment, E. Chantre a rencontré des ossements humains, paraît-il, fendus intentionnellement et ayant subi l'action du feu [1]. Des recherches ultérieures éclairciront peut-être la question.

Mais, dès que l'on descend sur le versant sud du petit Caucase, c'est-à-dire lorsque l'on pénètre dans l'Arménie méridionale, il en est tout autrement. « Là, en effet, près des coulées d'obsidienne issues de l'Alagheuz, dit M. J. de Morgan [2], j'ai rencontré de véritables stations de surface dans lesquelles les instruments présentent, en même temps, les formes *archéolithiques* [3] et les types néolithiques. Mais ces deux industries mélangées sur le sol se différencient cependant à première vue ; car, dans les instruments anciens, la surface de l'obsidienne, largement attaquée par les agents atmosphériques, est d'un gris foncé opaque, tandis que les objets plus récents ont conservé tout le brillant vitreux de la cassure fraîche. »

Les stations de Boughouti-Daghi, de Hadji-Bagher présentent, à côté de pièces franchement néolithiques, d'autres pièces qui évidemment appartiennent au paléolithique. Il en est de même dans les stations de Tcham-Meuri et de Kipt-

Pointe moustérienne en obsidienne de la station de Hadji-Bagher.

chakh, avec toutefois une prédominance du néolithique [4].

« Ce n'est pas seulement dans la haute vallée de l'Araxe

1. E. Chantre. *Rech. anthrop. dans le Caucase*, t. I, p. 40-45.
2. J. de Morgan, *Les stations préhist. de l'Alagheuz, Arménie russe.* (Extrait de la Rev. de l'école d'Anthrop. xix⁰ année, VI, juin 1919.)
3. M. J. de Morgan entend par *archéolithiques* les formes de l'aurignacien et du magdalénien.
4. L'industrie quaternaire de ces stations offre, en même temps, des formes moustériennes, aurignaciennes et magdaléniennes.

que se rencontrent des vestiges de l'homme aux temps quaternaires [1]. J'ai signalé, en 1896 [2], un gisement d'instruments fort anciens que j'avais découvert en décembre 1889. Sur le versant septentrional du massif du Démavend, dans la vallée du Lar, près de Mahmetâbâd, on rencontre, sur la rive droite de la vallée, une montagne très élevée qui porte, dans le pays, le nom de Kouh-é-Gaâbandoun. C'est dans les alluvions d'un des torrents qui descendent de cette montagne, l'Ab-é-Pardeuma, que j'ai trouvé des objets portant incontestablement la trace du travail de l'homme.

« L'Ab-é-Pardeuma coule au milieu de couches géologiques très redressées et plongeant vers le nord. Au fond de ce vallon, sont des alluvions grossières composées de cailloux arrachés aux flancs de la montagne, et d'argiles fines. C'est au milieu de ces alluvions, qu'avec un très grand nombre d'éclats de pierre, j'ai rencontré des instruments grossiers. Ils se trouvaient disséminés dans la masse du terrain en compagnie d'ossements plus ou moins volumineux, malheureusement trop décomposés pour qu'il soit possible de se rendre compte de leur nature, mais appartenant, à coup sûr, à des animaux d'une taille très supérieure à celle de ceux qui vivent aujourd'hui dans ces parages : cerfs, bouquetins, tigres, etc.

« La matière de ces instruments est un calcaire siliceux gris, très dur, appartenant aux couches redressées que coupe le torrent. Les premiers de ces instruments que je rencontrai me semblèrent, *a priori*, être de simples éclats naturels, mais leur nombre, leur similitude absolue de forme et de grosseur appelèrent mon attention et, bientôt, je reconnus que je me trouvais en face d'une véritable station dont les objets abondaient dans les alluvions. Je dois ajouter que bien qu'ayant fréquemment rencontré, par la suite, les mêmes roches, au cours de mes recherches géologiques dans la chaîne de l'Elbourz, jamais je n'ai trouvé ailleurs qu'au ravin de Pardeuma des instruments façonnés.

« Ces instruments sont des sortes de disques retouchés et rendus tranchants sur un seul côté; ils semblent n'avoir jamais été emmanchés et s'adaptent fort bien à la paume de la

---

1. Communication de M. J. de Morgan.
2. J. de Morgan, *Mission scientifique en Perse*, t. IV, 1re part., p. 1.

main. Cette industrie est étrange[1] et ne rappelle en rien celle des autres stations du quaternaire ; mais il ne faut pas oublier les conditions dans lesquelles se trouvait l'homme préhistorique dans la vallée du Lar. Limité, au nord, par un immense lac, au sud, entouré de montagnes dépassant 6.000 mètres de hauteur, de glaciers et de neiges, n'ayant aucun gisement de silex à sa disposition, il vivait sur une bande de continent ne présentant pas plus de 40 à 50 kilomètres de largeur, au centre d'un chaos de montagnes ne permettant guère de passer d'une vallée dans une autre, sans cesse exposé aux éruptions des volcans voisins. Son existence devait être bien précaire.

« Je n'ai pas rencontré dans cette région d'autre station que celle d'Ab-è-Pardeuma. Bien certainement, elle n'est pas isolée, mais peut-être est-elle la plus haute dans ces vallées du Mazandéran ? Plus bas, des forêts vierges couvrent tous les coteaux et rendent presque impossibles les recherches. J'estime ce gisement très ancien, probablement quaternaire, mais je ne saurais faire aucune supposition quant à son âge précis. L'existence de l'homme aux derniers temps quaternaires dans la vallée de l'Araxe pourrait faire supposer que l'industrie fruste de l'Ab-è-Pardeuma était contemporaine de celle de l'Alagheuz et qu'il existait un trait d'union fort étroit entre les peuples de l'Europe et ceux de l'Asie septentrionale par le pied des montagnes de l'Elbourz. »

De tout ce qui vient d'être exposé, il appert que certaines régions de l'Asie antérieure ont été habitées vers le milieu du quaternaire par des populations qui, à un moment donné de leur évolution industrielle, taillaient la pierre selon le mode aurignacien. On trouve, il est vrai, des objets de style magdalénien, mais c'est, incontestablement, l'aurignacien qui domine, et, constatation importante, un aurignacien primitif, tel, en tout, que celui que l'on découvre, en Occident, dans les assises inférieures de l'étage tarandien. Il semble résulter de cette constatation que tout d'abord, en Orient, la densité de la population, au stade aurignacien, fut plus grande que

---

1. D'après la description des instruments et le mode de gisement dans des alluvions très anciennes, il pourrait très bien être que la station de l'Ab-é-Pardeuma fût, tout uniment, éolithique.

par la suite, au stade magdalénien. Peut-être faut-il chercher l'explication de ce phénomène, que l'on entrevoit à travers les brumes d'un passé obscur, dans un exode partiel qui aurait entraîné une masse des populations de l'Asie antérieure vers de nouvelles contrées, et cela à un moment de l'existence de ces populations qu'il faudrait placer au temps pendant lequel elles pratiquaient l'industrie aurignacienne primitive. Sans prétendre vouloir établir ici ni un chronomètre, ni un synchronisme positif, il paraît cependant qu'il est permis de supposer que ce moment peut correspondre à la dernière phase occidentale de l'âge du Moustier. Or c'est justement lorsque, en Occident, l'industrie moustérienne disparaît que se montre une autre industrie entièrement nouvelle par ses formes, ses aspects et ses destinations, et cette industrie est absolument identique à celle que nous livrent les gisements aurignaciens de l'Orient. Il y a là, tout au moins, une coincidence curieuse digne de retenir l'attention et tendant à faire concevoir qu'une corrélation étroite a dû exister entre l'affaiblissement de la population en Orient et l'apparition d'une industrie inconnue et sans antécédents en Occident, alors que cette industrie était florissante dans les régions asiatiques où nous la retrouvons aujourd'hui. En rapprochant ces deux faits, il apparaît qu'ils doivent s'expliquer l'un par l'autre au moyen d'un facteur actif de déclenchement produisant un déplacement vers le couchant de populations asiatiques. La diminution du stock industriel en Orient, d'une part, et d'autre part l'apparition subite en Occident d'une industrie évidemment adventice, constituent deux phénomènes qui paraissent connexes, et il semble bien que l'on ne les puisse expliquer qu'en adoptant la solution d'une migration.

Dans les gisements de l'âge du renne, on a trouvé de nombreuses aiguilles en os avec chas et très finement ouvrées. Il ne faut pas être grand clerc pour en induire qu'elles étaient destinées à coudre les peaux de bêtes qui, sans aucun doute, servaient de vêtements. Mais il est bien plus difficile de s'imaginer quelle était la matière qui servait de fil. Étaient-ce des boyaux d'animaux, étaient-ce les fibres de plantes textiles sauvages? Peut-être les deux. Une découverte faite par l'abbé Labrie dans la grotte magdalénienne de Fontarnaud (Gironde) indique, selon toute vraisemblance, l'usage d'un fil végétal, du moins dans certains cas qu'il serait, d'ailleurs, impossible et oiseux de chercher à définir. Cette découverte consiste en un *fendeur* en corne de cerf. Ici, nous ne croyons pas pouvoir mieux faire que transcrire ce que dit l'érudit et consciencieux fouilleur qu'est l'abbé Labrie [1].

Fendeur, d'après un dessin de l'abbé Labrie.

« Le fendeur de Fontarnaud a quatre rainures et porte à sa base un double biseau d'emmanchement: on devait donc y adapter un manche en bois.

« Il semble, au premier abord, qu'il eût été plus simple de tailler le manche dans l'outil lui-même, comme cela se pratique pour nos fendeurs actuels. S'il n'en est pas ainsi, cela tient, peut-être, à ce que la corne de cerf, dans laquelle le fendeur était taillé, ne se prêtait pas à fournir un manche convenable pour la paume de la main : en se servant du bois au contraire, l'homme y adaptait facilement un manche aussi gros et aussi lisse qu'il le voulait.

« L'idée nous est venue de fendre avec l'outil magdalénien une tige de lin sauvage (*Linum*

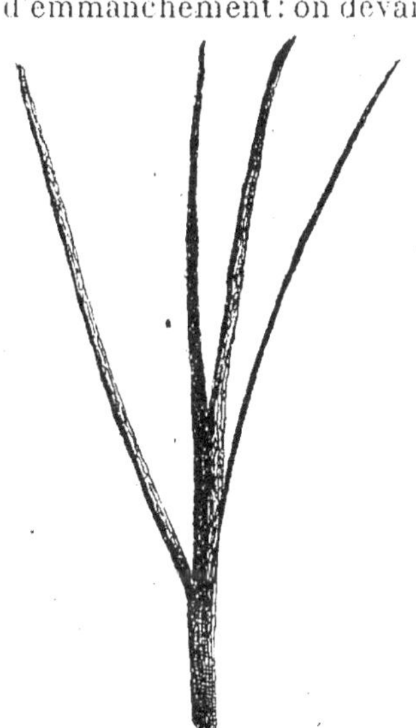

Tige de lin fendue avec le fendeur magdalénien.

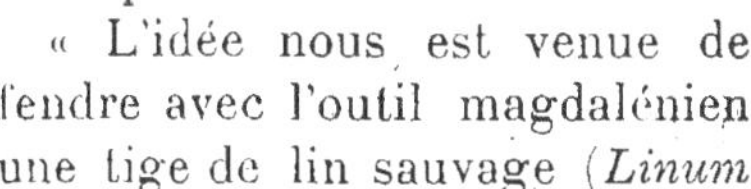

1. Abbé Labrie. *Sur quelques objets inédits de l'industrie magdalénienne.* (Extrait des comptes rendus de l'*Assoc. franç. pour l'avanc. des sciences*, Congrès de Montauban, 1902.)

angustifolium, Huds.) Le résultat a dépassé nos prévisions ; cette tige, bien qu'un peu grosse pour le fendeur, a été divisée en quatre parties sur une longueur de 40 centimètres, avec une régularité parfaite que l'on peut constater sur la figure ci-contre, en examinant l'endroit où nous avons arrêté le fendeur.

« Il serait bien inutile de rechercher quelles tiges a divisées ce petit fendeur ; la flore quaternaire devait avoir assurément un grand nombre de plantes à fibres utilisables. Peut-être les fibres ainsi divisées étaient-elles destinées à préparer le fil qui devait servir pour les aiguilles. Nous n'avons, en effet, par ailleurs, aucune donnée sur la préparation du fil. »

On a subdivisé à plaisir la période de l'âge du renne. On a fait trois grandes divisions, presque généralement acceptées, après le Congrès de Monaco, en 1907 : l'aurignacien, le solutréen, le magdalénien. Mais on ne s'en est pas tenu là. Déjà, avant, Piette avait morcelé l'âge en multiples assises, *éburnéenne, bovidienne, équidienne*, ou *hippiquienne, tarandienne,* enfin *élaphienne*, toutes désignations impropres, attendu que la plupart de ces animaux éponymiques pris comme types d'une époque, ont le plus souvent vécu ensemble dans le même temps. Mais cela ne suffisait pas encore ; chacun des âges aurignacien, solutréen et magdalénien a été coupé en tranches et divisé en de nombreux étages secondaires dont la nomenclature touffue paraît être très inutile. Une fois la science préhistorique engagée dans cette voie de dissection à outrance, beaucoup trop de fouilleurs ont ambitionné de donner un nom à une prétendue période ou à un facies inédit, période ou facies qu'ils croyaient assez bien définis pour marquer un stade nouveau dans l'évolution industrielle. Le plus souvent, c'était d'après la moindre variante dans la forme d'un outil, variante provenant, à l'ordinaire, du tour de main ou des habitudes de travail des antiques artisans, et quelquefois aussi du clivage dans tel ou tel sens, plus ou moins facile, des silex des diverses régions. Cette inclination à diviser l'in-

dustrie d'une époque est vraiment une manie qui prend sa
source dans le prurit qui tient nombre de chercheurs et de
fervents de la préhistoire d'inventer une désignation nouvelle
pour illustrer leur découverte. De là un fouillis d'étages, d'assises, d'horizons, de compartiments qui ne laisse pas que
d'embrouiller considérablement l'étude de l'âge du renne au
grand détriment de la science positive et sincère.

On a, de la sorte, extrêmement compliqué un état de choses
qui, en réalité, est bien plus simple. Si on fait abstraction de
la période solutréenne qui peut être considérée comme la
résultante d'un incident d'invasion, l'industrie de l'âge du
renne comprenant les deux stades évolutionnaires de l'aurignacien et du magdalénien, est évidemment une en son principe.

Cette industrie, depuis ses débuts, jusqu'au moment de
l'apparition du néolithique, façonnait exclusivement des instruments destinés à des usages pacifiques. C'est sa caractéristique, pour ainsi parler, *psychologique*. Du commencement à
la fin, les instruments tarandiens sont à peu près pareils et,
dans tous les cas, ont les mêmes destinations : des couteaux
pour dépécer les viandes et travailler le bois, des grattoirs
pour écorcer des branches d'arbres et racler des peaux, des
burins, les uns gros obtus et trapus pour graver sur les parois
des rochers, d'autres plus petits et élancés, pour prélever des
lames sur des os longs [1], d'autres enfin, plus fins encore, pour
ciseler des figurations sur l'ivoire et l'os et détacher de légères
baguettes osseuses en vue de confectionner les aiguilles. Puis
des perçoirs pour trouer le bois et les peaux, des broyeurs
pour écraser les minerais colorants et peut-être aussi des
graines comestibles, de très délicates lamelles pour aider à
des repas composés d'escargots dont nous retrouvons les
coquilles, de plus petits encore très acérés sans doute pour
tatouer ou percer les tumeurs. Le travail de l'ivoire, de l'os et
de la corne produit des alènes, des lissoirs, de grandes
épingles pour les cheveux, des aiguilles pour coudre, des
harpons barbelés simples ou doubles pour la pêche, des poignards, des pointes, des barbelures mobiles d'épieux pour la

---

1. Peyrony, *De l'usage du burin à l'époque paléolithique.* (Congrès nat,
des Soc. franç. de Géo. Section d'anthr. 28ᵉ session. Bordeaux, 1907, p. 469.)

chasse, enfin des spatules et ces crosses auxquelles, faute de mieux, on a donné le nom de bâtons de commandement.

Pour des besognes que les besoins grandissaient par nouveauté et renouveau ou diminuaient par désuétude, sous l'action de causes presque impossibles à définir, certains instruments, tantôt à un moment, tantôt à un autre, étaient produits en plus ou moins grande quantité. C'est là l'effet d'une loi inéluctable et sûre qui a régné à tous les âges de l'humanité : la loi impérieuse et régulatrice de l'offre et de la demande. L'évolution du burin est démonstrative à cet égard, parce que son emploi et, par suite, sa production, devaient être plus ou moins intensifs en raison des exigences des travaux d'art et de parure pour lesquels il était un outil indispensable, en moindre ou plus grand nombre, suivant que ces travaux étaient florissants ou délaissés par suite des fluctuations résultant des événements et des changements dans les conditions de vie. A l'aurignacien, où l'art et le souci de la parure en étaient à leurs premières manifestations, les burins sont assez nombreux, mais sans excès. A l'époque solutréenne d'envahissement et de luttes, les arts et les ornements sont très sensiblement relégués au second plan, sinon tout à fait délaissés et alors, par contre coup, les burins sont bien moins nombreux. Puis arrive le magdalénien, après que les envahisseurs solutréens eurent été ou vaincus et expulsés ou assimilés, et alors les travaux pacifiques sont repris, la parure est recherchée, l'art prend tout son essor, les burins abondent.

De ce que la forme des instruments varie entre telle et telle station et même entre les diverses couches stratifiées d'un même gisement, ce n'est pas une raison pour supposer l'échelonnement de plusieurs industries, mais c'en est une pour marquer, dans le temps, les phases successives de l'évolution du travail, sans pour cela qu'il soit nécessaire de tracer une ligne de séparation entre l'aurignacien et le magdalénien. Prenons un exemple : un couteau du xvie siècle médiéval n'a pas la même forme qu'un couteau du xviiie siècle, et celui-ci présente un faciès différent d'un autre du Directoire et, tous ensemble, d'un dernier de l'époque actuelle. Et cependant ils sont tous des couteaux destinés à un usage pareil, fabriqués d'après les règles d'une même technique, par des ouvriers de même race. Il en a été semblablement pour

les instruments de l'âge du renne. Encore faut-il, pour une
bonne part, tenir compte des habitudes de fabrication particulières aux divers groupes aussi bien que de la fantaisie et
de l'habileté des ouvriers. Même il a pu se faire, et c'est probable, dans bien des cas, que, pendant tout le déroulement du
cycle tarandien, dans tel atelier on taillait de préférence des
grattoirs carénés, dans tel autre des grattoirs à dos rabattu,
ici des subdiscoïdes, là sur bout de lame. Cette observation
peut s'appliquer pareillement à tous les objets de l'outillage.
On peut ajouter, de plus, que, d'une façon générale, chaque
période, correspondant aux subdivisions un peu arbitraires
que l'on a établies, a affectionné certaines formes plutôt que
d'autres précédentes, lesquelles cependant réapparaissent
quelquefois par une sorte d'atavisme industriel. Cette prédilection propre à tous les horizons de l'âge du renne a, certes,
été d'un grand secours pour mettre les gisements à leur vraie
place chronologique dans la série successive des manifestations de l'industrie aurignaco-magdalénienne.

Malgré cette diversité, l'aurignacien et le magdalénien forment un seul bloc industriel. Le second de ces étages est la
suite logique du premier. Certainement, quelques outils
étaient plus ou moins nombreux à telle ou telle de ces deux
périodes. Dans les premiers jours de l'aurignacien, les instruments divers étaient, à peu de chose près, égaux en nombre :
c'était la période de premier établissement. Le temps marche,
les Tarandiens se sont installés, ils peuvent se livrer à des
travaux tranquilles de la paix, la taille du silex s'améliore,
les burins deviennent plus nombreux. Puis l'invasion solutréenne, alors luttes, fuites et peut-être esclavage. Les travaux d'art sont, à peu près, dédaignés et l'on façonne des
armes de guerre. Enfin, les envahisseurs sont repoussés ou
se fondent dans la population tarandienne, la paix revient et
reprend ses droits. L'art renaît et se développe, l'existence
demande le bien-être que donne la stabilité tranquille, l'outillage devient plus fini en même temps que plus compliqué.
Dans tout ce temps certainement long, il est impossible de
constater un hiatus. Les différents horizons de l'aurignacien
se succèdent régulièrement avec une progression normale.
Le magdélénien vient, avec précision, s'accoler à la suite
pour continuer la tradition industrielle, en modifiant légère-

ment, sans doute, la forme de certains objets et en en multipliant d'autres, mais sans rompre l'harmonie sériaire et sans toucher au fondement même de l'industrie.

*
* *

·Le solutréen est un problème. Par son attirail d'armement guerrier, il se différencie de la manière la plus tranchée et de l'aurignacien qui l'a précédé et du magdalénien qui lui a succédé [1]. Il naît et disparaît soudainement, sans antécédents et sans conséquences. S'il eût été enfanté sur le sol de l'Occident européen, comment peut-il être vraiment qu'on n'en trouve pas des indications prodromiques dans l'aurignacien, et comment peut-il se faire qu'on n'en puisse découvrir aucune trace dans le magdalénien? Les silex ouvrés spécialement pour servir d'armes sont absolument particuliers au solutréen. Il y a dans ce fait précis, en face de l'industrie de l'âge précédent et en face de celle de l'âge suivant, une anomalie évidente et déconcertante qui ne peut s'expliquer que par l'autonomie industrielle du solutréen, en ce qui touche aux armes de combat. Alors que l'outillage de l'aurignacien et celui du magdalénien indiquent, à n'en pas douter, des mœurs tout à fait pacifiques, que peut donc signifier cet armement de guerre qui apparaît tout à coup et disparaît de même en s'intercalant violemment entre les deux périodes ? Une seule réponse paraît possible : c'est que c'est une industrie spéciale de guerre, temporaire, et qui n'a eu de durée que pendant le temps qu'a pu comprendre la période active et agissante d'une invasion.

Étant donné l'amour de la paix qui paraît bien réellement avoir tenu les Aurignaciens, peut-on envisager l'hypothèse qu'un beau jour ils se soient mis à se battre entre eux? C'est

---

1. L'abbé Breuil, après avoir étudié l'outillage de l'abri du Cap Blanc, à Laussel (Dordogne) et après avoir constaté que cet outillage appartient au magdalénien inférieur, et qu'il diffère entièrement de celui du solutréen, conclut ainsi : « Il semble donc bien certain que les Magdaléniens ne soient pas des Solutréens perfectionnés. » (*L'abri sculpté du Cap Blanc. Anthropologie*, t. XXII, 1911, p. 389.)

bien improbable. Et dans ce cas, comment expliquer le centre solutréen qui se montre, bien éloigné, du Périgord, dans l'est de la France, avec des foyers en Wurtemberg (Ofnet, etc.), en Hongrie (cavernes de Miskolcz), en Moravie (Predmost)? Ces établissements à grande distance rendent insoutenable la théorie d'une lutte intestine régionale. Faudrait-il donc supposer une guerre civile qui aurait gagné presque toute la longueur de l'Europe antérieure de l'ouest à l'est? C'est de plus en plus improbable.

Reste l'hypothèse de l'invasion de hordes guerrières qui, pendant un temps, auraient subjugué une partie des populations aurignaciennes. L'aire de diffusion du solutréen ne se manifeste que par places par des stations isolées les unes des autres : un premier centre dans le sud-ouest de la France, dans la région qui s'étend au pied des Pyrénées, vers le nord (départements des Landes et des Basses-Pyrénées), en Périgord et une station avancée vers l'est, à Solutré (Saône-et-Loire) ; un second centre au delà des montagnes des Alpes, avec des stations, d'ailleurs rares, en Wurtemberg, en Hongrie et en Moravie.

Le préhistorien belge Rutot pense que l'armement à facies dit solutréen a été façonné par des Aurignaciens pour se défendre contre les envahisseurs. Mais alors où sont donc les armes de ces derniers? On n'en a jamais découvert une seule. Étaient-elles donc semblables à celles que fabriquaient les Aurignaciens ou ceux-ci n'auraient-ils donc fait que copier servilement celles des allophyles? Cela ne paraît guère vraisemblable et une autre solution semble plus acceptable. C'est celle consistant à dire que les conquérants trouvant sur leur chemin des ateliers constitués et des ouvriers habiles, et aussi, peu batailleurs et de mœurs douces, ont contraint ceux-ci à tailler leurs armes de guerre. Un fait est constant : pendant la période belliqueuse du solutréen, l'industrie tarandienne proprement dite continue son évolution régulière ; elle améliore l'aurignacien et prépare le magdalénien. Ainsi, dans les strates où l'on rencontre la feuille de laurier et a pointe à cran, on trouve, en même temps et à côté, l'os travaillé, la corne ouvrée, le grattoir, le perçoir, etc. et aussi le burin. Est-ce à penser que les étrangers avaient un outillage usuel identique à celui des Tarandiens? La présence du burin

destiné à graver les parois rupestres et les plaques d'ivoire et
d'os, dans les stations qui contiennent des armes, serait
même inexplicable, si l'on veut considérer ces stations
comme exclusivement solutréennes, car il est à peu près
prouvé que les solutréens n'avaient aucun goût pour les arts. Il
faut donc en revenir à cette conclusion qu'il y avait, pendant
cette période, une survivance artistique qui ne pouvait avoir
été maintenue que par des artistes et des ouvriers aurignaciens. Les très rares pièces sculptées de cette époque doivent
très bien avoir été travaillées par les artisans aurignaciens
réduits en servage ou même en esclavage.

La supposition, plus que vraisemblable d'une invasion
étant admise, si on veut, pour un instant, d'où venait cette invasion ? C'est une question à laquelle il n'est pas possible de
faire, aujourd'hui, une réponse même approximative ; il faut
s'en tenir aux hypothèses. L'invasion, du moins, ne peut
avoir pris son point de départ dans les contrées asiatiques
puisque, jusqu'à ce jour, on n'y a pu découvrir un seul instrument guerrier de style solutréen qui aurait pu ainsi marquer
l'emplacement du berceau ethnique des envahisseurs. Ceux-
ci sont-ils venus de l'Afrique ? Sûrement pas par la péninsule
italique où le solutréen manque complètement. Resterait
l'Espagne, alors reliée au continent africain par un isthme
entre l'océan Atlantique et un lac méditerranéen, là où se
creuse le détroit de Gibraltar [1]. .

M. Siret, préhistorien averti et prudent, croit avoir trouvé
des traces de l'industrie particulière du solutréen dans la province d'Alméria, en Espagne. Si le fait de l'existence d'instruments de guerre solutréens dans cette région est démontré,
c'est certainement une contribution précieuse en faveur de
la thèse de la marche de l'invasion du sud au nord, mais il

---

1. Carte de l'Europe avant l'époque glaciaire, par W. Boyd Dawkins.
Sur cette carte l'Europe se relie à l'Afrique par un isthme occupant l'emplacement où se trouve aujourd'hui le détroit de Gibraltar. C'était la con-
figuration physique *avant* l'époque glaciaire, d'après Boyd Dawkins, mais
comme il y a eu plusieurs époques glaciaires pendant le quaternaire, et
que la dernière manifestation des glaces s'est produite, par un recul définitif, vers le milieu de l'âge magdalénien, il est juste de penser qu'à l'âge
précédent aurignacien, l'Europe était encore reliée à l'Afrique. (Voir
Rutot, *L'état actuel de la question de l'antiquité de l'homme. —* Bull. de
la Soc. belge de géologie, t. XVII, 193.)

faut attendre que des découvertes plus positives viennent apporter une confirmation d'un fait, au demeurant, vraisemblable.

En France, la progression ou le développement extensif du solutréen paraît avoir suivi la même direction du sud au nord. Tout d'abord le solutréen se montre au pied du versant septentrional des Pyrénées et gagne la partie du département des Landes qui porte le nom de Chalosse. Ensuite, évitant les sables et les marécages maritimes des régions basses landaises, il remonte vers le nord-est pour parvenir en Périgord, où, en de nombreuses stations, il prend son plus grand essor, avec une tendance à s'étendre au nord-ouest. Le Périgord offrait à l'activité dominatrice des Solutréens une arène propice. Les peuplades aurignaciennes, peu batailleuses et mal préparées pour la lutte, mais en possession d'une industrie florissante, y étaient nombreuses. Si véritablement les Solutréens ont été des envahisseurs, ils durent trouver là un riche butin à faire et des hommes à réduire en esclavage. Mais, sans doute, à mesure que le temps passait, les allophyles conquérants, qui ne pouvaient être en nombre excessivement considérable, perdaient de leur force par une usure inévitable. Les peuplades aurignaciennes vaincues étaient hostiles, sinon ouvertement tout au moins sourdement, des mélanges de sang se produisaient, des promiscuités dirimantes s'établissaient, toutes choses pouvant contribuer à l'affaiblissement des vainqueurs. D'autre part, l'esprit d'aventure régnait peut-être toujours chez ces migrateurs et il put se faire, un beau jour, que le plus grand nombre d'entre eux partît pour faire de nouvelles conquêtes. L'âme combative de la race s'accommodait mal des loisirs de la paix et des repos oisifs d'une tranquillité sans luttes.

La horde poussa à l'est et vint s'établir au pied de la falaise de Solutré. Cette station très importante a dû être occupée par une population nombreuse, si on en juge par la quantité formidable de carcasses des chevaux qui ont dû être dévorés. On a donné le nom de *Cro du charnier* à un *creux* ou dépression de terrain qui se trouve à la base du massif rocheux et abrupt qui domine la plaine en cet endroit et du haut duquel les chevaux traqués se précipitaient pour venir s'écraser en masse au pied du rocher. Solutré semble avoir été le dernier établissement des envahisseurs, sur le territoire qui devait devenir la France. Les guerriers allogènes, après cette randonnée, s'épuisèrent peu à peu, leur race s'appauvrit et, avec le temps, les débris de l'invasion, de plus en plus fondus dans la masse aurignacienne, ne formèrent plus qu'un noyau. Ce groupe ultime, peut-être expulsé et fugitif, franchissant les Alpes, alla d'abord dans le sud du Wurtemberg, où l'industrie solutréenne se révèle encore dans sa belle originalité. Enfin, ce qui restait des conquérants poussa jusqu'en Moravie et jusqu'en Hongrie. C'est la fin de l'aventure guerrière. L'industrie solutréenne qui se montre à Fredmost[1] et dans les cavernes de Miskolcz indique un souci bien moindre de s'armer et marque de la sorte une décroissance évidente des instincts de lutte. C'est la décadence. Le pacifisme semble réapparaître avec le travail de l'os et la recherche de la parure.

L'aire de diffusion du solutréen est beaucoup plus petite que celle de l'aurignacien, et encore infiniment plus que celle du magdalénien. Il y a là une anomalie flagrante, un véritable contre-sens. Si le Solutréen avait été le fils de l'aurignacien et non un envahisseur temporaire il n'y a aucune raison pour qu'il n'ait pas occupé toutes les mêmes régions que son père. D'autre part, s'il avait été l'ancêtre du Magdalénien, pourquoi ce dernier n'a-t-il pas hérité de la technique industrielle de son devancier pour certaines armes et certains instruments dont on ne trouve plus trace dans son bagage industriel? Bien plus, pourquoi n'a-t-il pas continué la taille si spéciale et si fine de l'âge qui avait immédiatement précédé celui dans lequel il vivait? Enfin comment peut-il se faire que l'aurignacien, avant la période solutréenne, et le magdalénien après, aient été des artistes dont les œuvres nous étonnent alors que le solutréen paraît avec évidence n'avoir eu qu'un goût médiocre pour la chose artistique et ne s'en être que très peu préoccupé?

Mais c'est un véritable roman préhistorique! Roman, non, c'est une hypothèse et, dit Henri Poincaré : « Une hypothèse peut être considérée comme vraie tant qu'elle est féconde et commode. » Et Lucien Fabre ajoute qu'elle « vaut par sa con-

---

1. Ch. Maska, *La station paléolithique de Fredmost en Moravie.* — Congrès d'anthr. et d'Archéol. préhist. Paris, 1900.

venance au connu et sa fécondité[1] ». Notre hypothèse est corroborée par la situation géographique des points où le solutréen se montre par l'étude raisonnée et déductive d'une industrie si spéciale, par l'arrêt subit du développement des arts pendant une période qu'on peut supposer troublée d'après son armement et développement qui reprend son cours normal lorsque cette période est close. Mais quand même, dans l'état actuel de nos connaissances, l'idée de cette invasion avec ses conséquences et avec son itinéraire, ne peut être qu'une hypothèse et c'est vraiment comme telle qu'elle doit être envisagée.

Cependant il est difficile de nier que des noirs soient venus dans l'occident de l'Europe à un moment du paléolithique qui paraît bien devoir être placé à la période solutréenne. Dans les grottes de Grimaldi, sur la côte méditerranéenne de la Ligurie, à côté de foyers contenant des pointes à cran si caractéristiques de la seconde subdivision de l'âge[2], on a découvert plusieurs crânes que le Dr Verneau a formellement reconnus comme ayant appartenu à des négroïdes[3]. Cette découverte contrôlée a une importance singulière. On ne peut guère donner la raison de la présence, en cette région européenne, d'individus de race noire, évidemment africaine, que si on admet un envahissement ou une pénétration marchant du sud

1. Lucien Fabre, *Les théories d'Einstein*, p. 212.
2. Les pointes à cran ont été surtout trouvées dans les cinquième et sixième foyers de la Grotte des Enfants (*Les grottes de Grimaldi*. Archéologie par E. Cartailhac, t. II, fasc. II.
3. Les grottes de Grimaldi, situées au-delà du ravin frontière de Saint-Louis, portent les noms de Balzi-Rossi, de Baoussé-Roussé ou Roches-Rouges. Dans l'une d'elles, la grotte des Enfants, ont été découverts les squelettes de deux négroïdes : une vieille femme et un adolescent. (*Les grottes de Grimaldi*, anthropologie, par le Dr Verneau, t. II, fasc. I.)
On y a découvert aussi un squelette de la race aurignacienne de Cro-Magnon. Or, les squelettes négroïdes reposaient dans une strate sous-jacente à la couche contenant les restes du Cro-Magnon. Cela paraît être contraire à la succession adoptée et réelle des étages de l'âge du renne. Et cependant cette position stratigraphique inférieure des ossements des sujets négroïdes ne peut avoir une signification absolue, ni une valeur positive, en l'espèce. Etant données les habitudes nomades des Tarandiens, et étant entendu que l'invasion solutréenne se serait produite pendant le stade de l'âge du renne classé sous le nom d'aurignacien, il a très bien pu se faire qu'un clan aurignacien soit venu occuper la Grotte des Enfants lorsque les Solutréens, pour quelque cause que ce soit, eurent jugé bon de l'abandonner. Ainsi s'expliquerait la sépulture aurignacienne au-dessus de la sépulture solutréenne.

vers le nord, c'est-à-dire ayant pris comme point de départ
le continent africain qui est véritablement la patrie des Noirs.
Ainsi pourrait s'expliquer, par un atavisme persistant, les
indices négroïdes que l'on a pu constater sur des crânes néolithiques[1].

Le capitaine Niéger, chargé de missions au Sahara qu'il a
parcouru pendant dix ans, a trouvé dans la région de Témassinin[2], dans les environs du fort Flatters, à la surface du
grand erg oriental, des pièces lithiques qui, par l'aspect
général, par la forme et par la taille, rappellent sensiblement
celles que l'on trouve dans les gisements solutréens de
l'Europe. D'autres pièces identiques existent dans plusieurs
musées de l'Algérie. Sans doute les instruments rapportés
par le capitaine Niéger ont été ramassés sur le sol, dans une
contrée où le néolithique abonde, à proximité du grand atelier de Témassinin, lequel date, sans conteste, de la dernière
époque de la pierre. Ces pièces appartiennent donc franchement à l'âge de la pierre polie, mais, en même temps, ont un
facies solutréen. Ne peut-on voir dans ce fait une survivance
d'une ancienne industrie dont les Néolithiques africains per-
pétuaient les formes et la taille ?

Quelles sont les pièces que le capitaine Niéger a trouvées
dans de telles conditions? C'est, d'abord, une très belle pointe
de lance double, de 15 1/2 centimètres de long sur 7 centimètres dans sa plus grande largeur. Elle est légèrement convexe du côté de sa face antérieure, laquelle est taillée en plein
et finement, à petits éclats, sur les bords. L'autre face postérieure est faite d'un seul coup avec retouches des arêtes[3].
Puis ce sont des fragments de pointes de lances ou de sagaies

1. F. Hervé, *Crânes néolithiques armoricains de type négroïde* — *Bull.
de la Soc. d'Anthr.* de Paris, 1903, p. 417. — A. Schenck, *Les Sépultures et
les populations préhistoriques de Chamblandes* (*Bull. de la Soc. vaudoise
des sc. nat.* 1902 et 1903). — Ecole d'Anthr. de Paris, 1904, p. 335. —
Dr Manouvrier, *Sur l'aspect négroïde de quelques crânes préhistoriques;*
(*Bull. de la Soc. d'Anthrop.* de Paris, 1904, p. 119.)

2. Latitude nord, 28° 6' 17" et longitude est 4° 22' 45".

3. M. J. de Morgan a rencontré dans le gisement néolithique de Jénéyen
(Tunisie) des pointes semblables peu épaisses et d'autres, au contraire, très
épaisses bien qu'obtenues par le même procédé de taille (*Etude sur les
stat. préhist. du Sud tunisien*).
Sans aucunement prendre parti, il est intéressant de faire remarquer que
les deux facies, l'un mince, l'autre épais signalés par M. J. de Morgan, se
retrouvent exactement aussi dans le solutréen d'Europe.

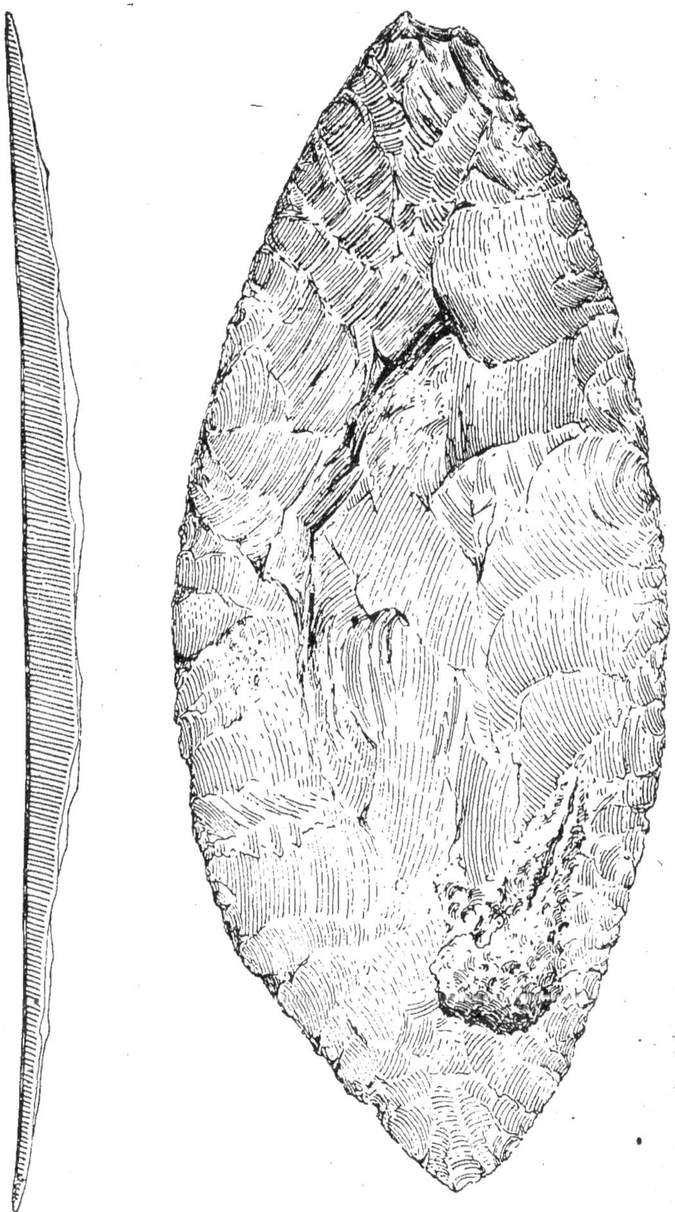

Grande lame rappelant le faciès solutréen trouvé à Témassinin
près du fort Flatters (Sahara).

taillés sur les deux faces. Sans doute possible, ces pointes fragmentées et la grande pointe double intacte reproduisent le faciès caractérisé de pièces en provenance des gisements solutréens de l'Occident européen : notamment de Laugerie-Haute et des Champs-Blancs. Une reproduit le faciès si particulier des pointes frustes de la Saussaye à Tersis (Landes).

Il est aussi remarquable de constater qu'une statuette féminine découverte à Menton, justement à proximité des grottes où on a trouvé des squelettes négroïdes, par l'exagération des parties fessières et par la cambrure accentuée des reins, reproduit exactement la stéatopygie *réelle* et si spéciale des femmes boschimanes. C'est d'ailleurs une opinion formelle émise par Piette qu'une race négroïde boschimane aurait occupé certaines de nos cavernes à l'époque du renne et nous aurait laissé les preuves glyptiques de sa présence dans l'Occident européen [1].

Dans l'abri de Laussel (Dordogne), le Dr Lalanne a trouvé un horizon industriel spécial dont les instruments, par leurs formes, rappellent de façon frappante celles de l'industrie des grottes de Menton où justement on a découvert des crânes négroïdes.

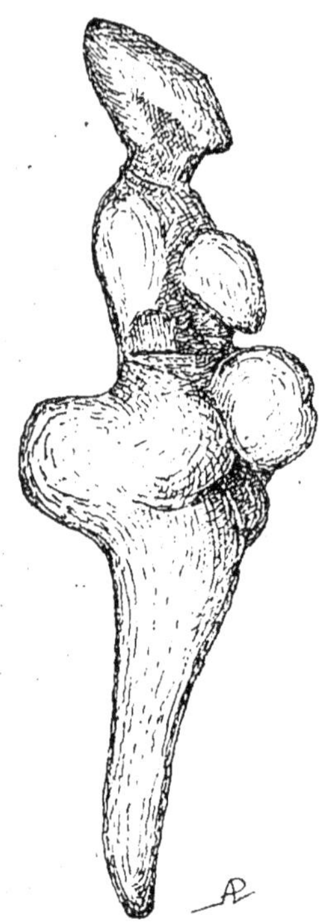

Statuette de femme franchement stéatopyge découverte à Menton par Piette.

Les instruments de la strate particulière de Laussel correspondraient aussi au capsien africain. La couche se trouvait au-dessus de l'aurignacien moyen et à la base de l'aurignacien supérieur. Cette situation semble indiquer les débuts du solutréen. Si cela était réellement exact, il faudrait voir dans les pièces de cette couche les produits de l'industrie adventice

---

1. E. Piette; *Gravure du Mas d'Azil et Statuettes de Menton.* Ext. des *Mémoires de la Soc. d'Anthrop.* de Paris, 1902,

des avant-coureurs d'une humanité venant du sud, bien probablement négroïde africaine. Cette probabilité est corroborée par les crânes de Menton et également, peut-être, par la parenté qui se montre entre le crâne de Brocken-Hill et celui de Gibraltar. De plus, comme contribution dernière, voici ce que dit Peyrony, dans une note sur les fouilles récentes

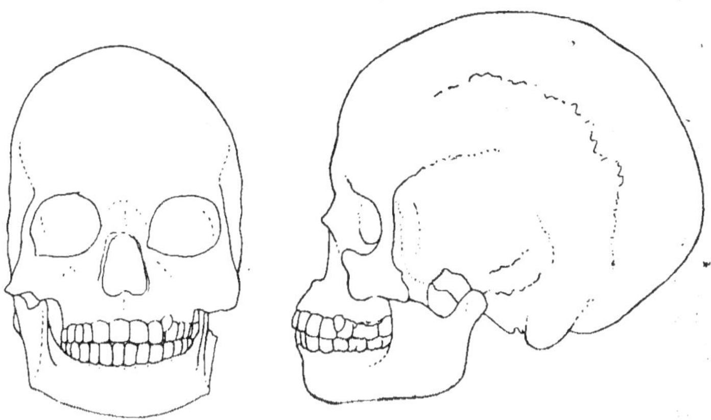

Crâne négroïde provenant du foyer I de la grotte des Enfants, près Menton.

qu'il vient d'exécuter dans le gisement de Laugerie-Haute, dans une couche de l'*aurignacien supérieur :* « Nous y avons recueilli également une série de petites pièces quadrangulaires et triangulaires rappelant les formes géométriques du paléolithique africain supérieur (capsien, gétulien)[1].

Tels sont les faits. Une conclusion est-elle possible ? Nullement ; il serait même tout à fait téméraire de prendre parti. La prudence scientifique prescrit de se tenir sur une extrême réserve.

[1] Peyrony, *Les nouvelles industries du gisement préhistorique de Laugerie-Haute.*

CHAPITRE IV

LES ARTS ET LA PARURE

La production artistique, chez les différents peuples, est toujours proportionnelle à leur état de tranquillité. Cette production, tant du point de vue de la beauté des œuvres que de celui de leur nombre, varie suivant que l'existence de ces peuples est plus ou moins calme, plus ou moins exempte de luttes offensives ou défensives. Les peuples aux mœurs calmes et aux habitudes pacifiques et sans heurts, ont incontestablement ceux qui, d'après l'histoire universelle, fournissent le plus important et le plus riche contingent d'œuvres artistiques. Sans doute des peuples guerriers ont eu des époques dans leur vie nationale, où les arts ont brillé d'un vif éclat, mais justement ces époques coincidaient avec des périodes de paix. En effet, les batailleurs, sans cesse occupés aux luttes, aux rapines, aux expéditions guerrières se soucient beaucoup plus de perfectionner leur matériel de combat que de créer, pour l'agrément des yeux, ou en l'honneur des dieux, des œuvres belles et décoratives. Les représentations que peuvaient produire les artistes primitifs ne les intéressaient qu'autant qu'ils y voyaient l'accomplissement d'un rite pouvant faciliter leurs entreprises, favoriser leurs desseins et leur assurer le succès.

L'histoire de l'art à l'âge du renne, telle que nous la pouvons concevoir d'après les figurations que nous voyons sur les parois rupestres des grottes, confirme pleinement cette constatation. Pendant l'aurignacien, époque de tranquillité d'après l'examen de tous les instruments de l'outillage, l'art fait timidement, d'abord, son apparition, puis se développe et devient florissant. Pendant les moments troublés du solutréen, il disparaît presque et ne décore plus les murailles rocheuses des sanctuaires spéléens. Un lourd manteau d'obscurité s'étend ; la lance remplace le burin, l'artiste délaisse son œuvre pour attaquer, se défendre ou se courber sous le joug. Il perd son initiative artistique et repousse loin de lui sa palette inutile[1] et son burin inactif. Au magdalénien, la paix se rétablit, l'apaisement se fait, la vie calme renaît et, aussitôt, l'art paléolithique reprend toute sa vigoureuse vitalité dans toutes les branches : sculpture, gravure, modelage, peinture. C'est une renaissance. Puis enfin, tout au déclin des temps tarandiens, la décadence arrive. L'art passe de la figuration réaliste, belle

Grotte de Font-de-Gaume ; Les Eyzies (Dordogne). Rennes affrontés.

et sincère, à la figuration symbolique. stylisée, cabalistique et finit par ne plus produire que des graffiti conventionnels, sans forme précise et, pour la plupart, incompréhensibles. En face de cette dégénérescence, après la magnifique floraison antérieure, on éprouve l'impression que déjà les premières terreurs de l'invasion néolithique s'emparaient du monde occidental.

Les hommes de l'âge du renne furent des artistes consciencieux, attentifs à reproduire non seulement les formes de leurs modèles mais encore leurs attitudes prises sur le vif. Et ils

1. M. F. Daleau, dans les grottes qu'il a fouillées sur le territoire de Bourg-sur-Gironde, a trouvé des omoplates de bison ayant servi de palettes. On y voit encore les traces très apparentes des couleurs qui y ont été étendues.

savaient saisir les meilleures de ces attitudes, celles qui étaient le plus dans les habitudes des êtres qu'ils représentaient. Ils avaient le sentiment exact de la nature, et, en la copiant, ils avaient trouvé le secret de conserver dans leurs œuvres les mouvements de la vie et de saisir les poses les plus naturelles, les plus animées et les plus appropriées aux fins qu'ils se proposaient. Quels étaient donc ces hommes que nous qualifions de primitifs sauvages et que nous situons dans un passé dont

Altamira. — Cerf élaphe bramant.

l'éloignement dans le temps se chiffre par des millénaires, à un niveau, que nous voulons croire bas, sur l'échelle des phases successives de l'évolution humaine? Cependant, comme une protestation posthume, ne nous ont-ils pas laissé des œuvres d'art très pures et d'une technique parfaite, pouvant soutenir la comparaison avec ce qu'a produit de meilleur le génie de peuples que nous admettons comme déjà civilisés?

L'esprit hésite en présence de semblables documents. Maspéro en a affirmé toute la valeur en les prenant comme terme de comparaison, lorsqu'il écrit au sujet des premières mani-

festations artistiques connues de l'Égypte : « On y remarque
de la facilité à saisir les formes vivantes et une adresse naturelle à en traduire les attitudes ou le mouvement par le dessin
ou par la plastique; mais
rien n'y soutient la com-
paraison avec les sculp-
tures ou avec les pein-
tures que les contempo-
rains · de l'âge du renne
exécutaient dans les ca-
vernes de la France et
de l'Espagne actuelles. »
On est obligé de recon-
naître que ces ancêtres
avaient une conception
du beau extrèmement
exacte servie par une
étonnante aptitude à la
réaliser; qu'ils étaient infiniment plus évolués que
les peuples sauvages qui
vivent de nos jours et

Grotte de Lorthet.
Cerf regardant en arrière.

qu'ils possédaient un tempérament artistique dont ces derniers ne nous donnent aucun exemple.

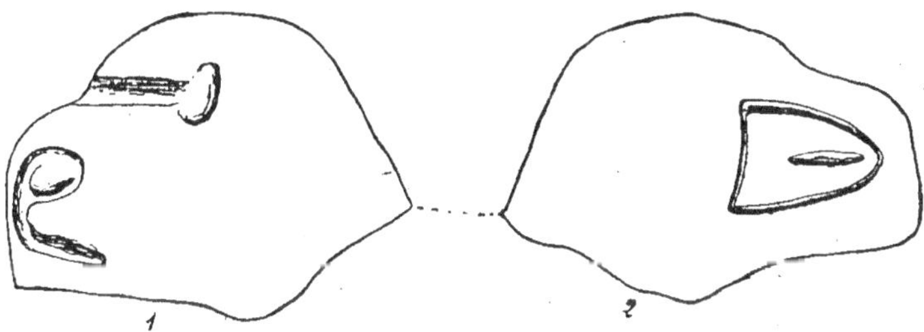
Station de la Ferrassie (Dordogne).
La gravure de gauche veut figurer un visage humain ; celle de droite, qui
est le revers de la pierre, porte le symbole de la vulve.

Des découvertes récentes faites par D. Peyrony au cours de
fouilles savantes exécutées dans le gisement de la Ferrassie,
il découle, de manière très évidente, qu'il faut faire re-

monter à l'aurignacien moyen les premiers essais de la gravure et de la peinture. Les pierres incisées ou peintes mises
au jour n'offrent que des figurations grossières, le plus souvent très difficiles à déchiffrer, et qui sont bien
loin, comme dessin, comme
composition et comme exécution, d'être comparables
aux œuvres de leurs successeurs. Mais leur imperfection même démontre
bien les tâtonnements inévitables d'un primitif artiste sauvage, alors qu'il
n'est encore qu'un apprenti
malhabile et sans maître.
En ce qui a trait à la gravure la technique, au fond,
est de même allure que
celle des Magdaléniens,
mais est d'une infériorité
qui éclate aux yeux. Les

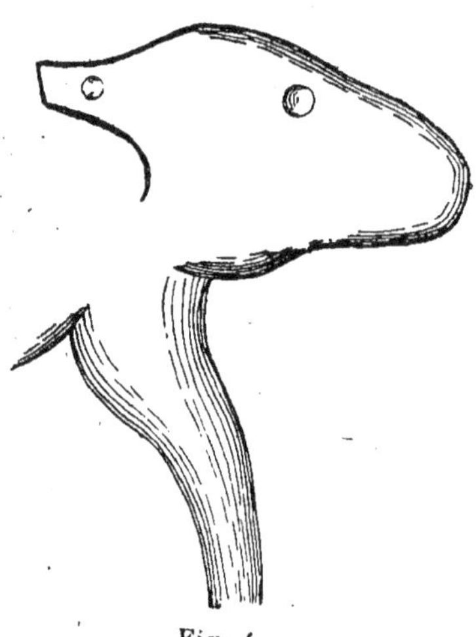

Fig. 4

Grotte de la Ferrassie (Dordogne).
Tête d'animal indéterminé.

premières figurations de la Ferrassie, à l'étage aurignacien, en

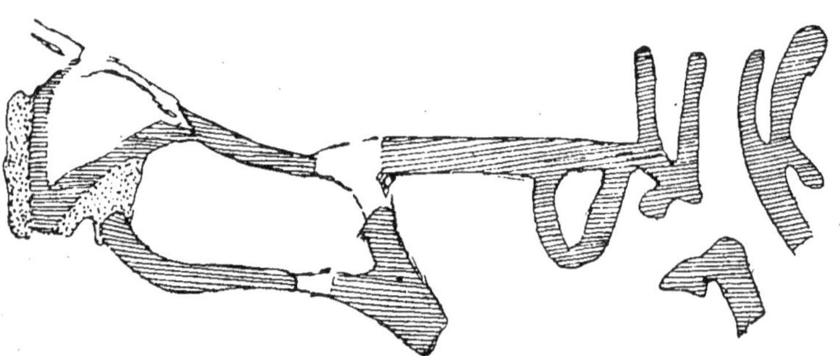

Station de la Ferrassie (Dordogne).
Peinture représentant un animal, peut-être un bouquetin.

raison même de cette infériorité, indiquent clairement une
période de premier début et, en cela, elles présentent une valeur considérable pour l'étude de l'art tarandien dont elles

dévoilent la source en en montrant les frustes tentatives prodromiques.

L'abbé Breuil qui, certainement, est un des savants connaissant le mieux l'historique de l'âge du renne, surtout en ce qui
a trait à l'art dont il a fait une étude approfondie en établissant ses observations et ses déductions non seulement d'après
les œuvres mais aussi d'après la stratigraphie, est arrivé à dé-
terminer cinq phases successives dans le déroulement de l'art
pariétal tarandien pris dans son ensemble, depuis ses débuts
jusqu'à sa fin, classification dont nous donnons ici un résumé [1].

Première phase. — Cette phase est caractérisée par des
incisions larges et profondes, dont le sens est généralement
difficile à préciser, mais dont la valeur figurée est indiscu-
table (grotte Chabot). Tout au début, doivent être placés
les dessins digitaux sur argile de Gargas et de Hornos de la
Peña et, d'autre part, les mains cernées de rouge et de noir de
Castillo et de Gargas ainsi que de grossiers alignements de
points ou de disques. Puis apparaissent des représentations
animales aux silhouettes très profondément entaillées et dont
les détails ont été négligés : aucune indication de poils, ni de
sabots (grottes de Pair-non-Pair et de la Gréze, cascades
d'Altamira).

La peinture, tont d'abord, ne comporte que de simples tra-
cés noirs linéaires ou pointillés, desquels se dégage rarement
une représentation bien intelligible (galeries profondes d'Altamira, de Castillo), les plus anciennes traces des Combarelles et
de Font-de-Gaume). Ce sont, après, des traits linéaires monochromes, des animaux partiels ou entiers sans aucun modelé,
simples silhouettes dans lesquelles ne figure aucun détail
(peintures les plus anciennes de Marsoulas, de la Mouthe, des
Combarelles, de Bernifal, de Covalanas, de Castillo, d'Altamira).

<hr>

1. Abbé Breuil, *L'évolution de la peinture et de la gravure sur les murailles, dans les cavernes ornées de l'âge du renne.* Congrès préhist. de
France, Périgueux, 1905. — *L'évolution de l'art pariétal des cavernes de
l'âge du renne.* XIIIe Cougrès d'Anthrop. et d'Archéol. préhist. Monaco, 1906, p. 367 à 386. — *Les peintures et gravures murales des cavernes
des Pyrénées, Altamira de Santillane et Marsoulas* (en collaboration
avec E. Cartailhac). Extr. de l'*Anthrop.*, t. XV et XVI.

Grotte de Font-de-Gaume (Dordogne). — Félin et chevaux gravés.

Toutes les représentations de cette première phase, gravées ou peintes, sont en profil absolu, c'est-à-dire, que seulement deux membres sur quatre sont indiqués.

DEUXIÈME PHASE. — Le trait des gravures reste large et profond ; la silhouette est plus vivante quoique souvent très gauche et mal proportionnée. Les quatre membres se montrent souvent accolés deux à deux. Les cornes sont ordinairement indiquées en perspective ; les jambes sont moins raides, d'un dessin plus étudié. Le sabot est souvent marqué avec beaucoup de soin (la Mouthe). Ensuite le trait perd un peu en largeur et en profondeur, mais gagne en netteté. La sil-

La Mouthe (Dordogne). — Bovidés.

houette est généralement excellente, très observée quoique les proportions de certaines parties du corps laissent parfois à désirer. Quelquefois un travail de champ levé a été exécuté de manière à donner l'aspect du bas-relief à quelques parties de l'animal représenté : tête, jambes. Des raclages indiquent parfois le pelage ; les parties les plus fournies de poils, front du bison, queue du cheval et crinière, toison du mammouth, sont les plus communément indiquées par des hachures très rapprochées (Altamira, Marsoulas, la Mouthe, Font-de Gaume, Bernifal, et surtout les Combarelles).

Dans les figures peintes, le trait noir généralement, quelquefois rouge, s'empâte, s'élargit aux endroits convenables de manière à souligner les reliefs, les masses poilues, les articulations. Bientôt il s'estompe et se dégage en teintes plus ou moins épaisses distribuées fort habilement sur le corps de l'animal de façon à en préciser les formes et les reflets du pelage. La peinture se marie assez souvent à la gravure, surtout dans la seconde période de cette phase. L'emploi des miné-

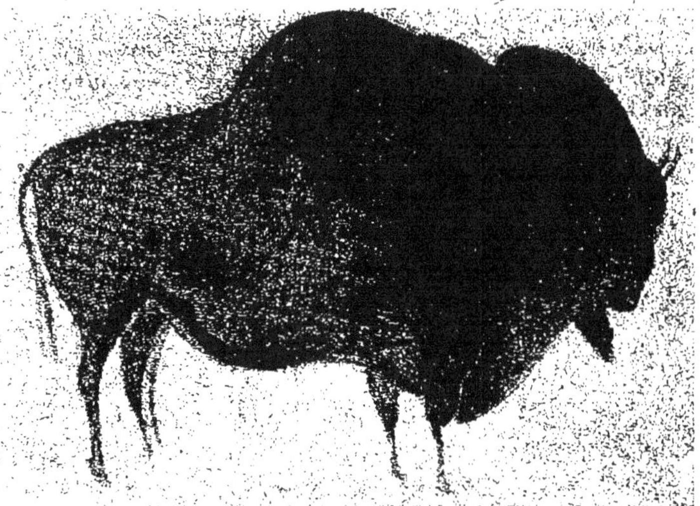

Bison peint.

raux colorants continue à se développer et l'on arrive à des

Petits bisons.

figurations entièrement peintes en noir, très modelées qui

rappellent assez des fusains travaillés à l'estompe. La gravure
est souvent mise en œuvre pour tracer les contours de la
silhouette et, aussi, des raclages sur la couleur jouent le rôle
de la gomme qui reprendrait des *clairs* destinés à jeter des
plaques de lumière sur le dessin (Altamira, Marsoulas, les
Combarelles, Font-de-Gaume, la Mouthe).

Grotte des Combarelles (Dordogne). — Mammouth.

TROISIÈME PHASE. — Les dessins gravés sur murailles sont
généralement de petite dimension. Le trait est moins profond
que précédemment mais il est net, continu et de largeur appréciable. Il y a cependant de très légers graffiti dont la ligne
est à peine visible. L'art n'est pas un en ses manifestations;
à côté de gravures presque informes il y a des figures admi-
rables par les détails, l'expression et les proportions [1] (Altamira, Font-de-Gaume, grotte de Teyjac).

1. Il n'y a là rien qui doive surprendre. Il y avait des artistes consom-
més qui exécutaient de belles œuvres et d'autres moins bien doués qui en
produisaient de médiocres. Le talent alors, comme aujourd'hui, n'était pas
égal pour tous. Aussi il devait y avoir des apprentis.

La couleur employée avec excès remplit complètement la silhouette de l'animal figuré ; le modelé disparaît et l'on obtient des figurations en teinte plate uniforme. A Altamira, les fresques peintes en rouge sont d'un dessin déplorable, d'un manque de proportion déconcertant, mais il y en a peu de conservées, d'autres pouvaient être meilleures. La gravure n'entre pas, ou presque pas dans leur composition. A Marsoulas, la surface du corps, à contours préalablement gravés, a été semée d'une quantité de pastilles rouges ou noires, uniformément distribuées. A Font-de-Gaume, les figures sont noires, puis brunes, en teintes plates. Le dessin en est bon,

Peintures en teintes plates d'Altamira et de Font-de-Gaume.

les détails sont bien traités. La gravure fine mais nette est souvent employée avant la fresque.

Quatrième phase. — Les gravures perdent de leur importance : ce sont de simples graffiti aux lignes imperceptibles très difficiles à suivre. Le trait est moins assuré et moins continu que dans les graffiti et les gravures incisées précédentes. Le rôle joué par le « poil » dans les silhouettes se rattachant a cette phase, est souvent extrêmement exagéré aux dépens de la fermeté générale du dessin. Les petits mammouths de Font-de-Gaume dénotent, de même que beaucoup de bisous de Marsoulas, combien la forme des silhouettes tendait à se stéréotyper, et le souci du détail à se substituer à l'expression et à la vie de l'ensemble.

Dans les peintures, les artistes cherchent à retrouver le modelé perdu dans la phase précédente. Ils obtiennent ce résultat par la polychromie. Celle-ci est d'abord timide. Sur des figures monochromes brunes ou rouges, quelques détails sont repris en couleur noire : sabots, yeux, crinière, cornes. Puis

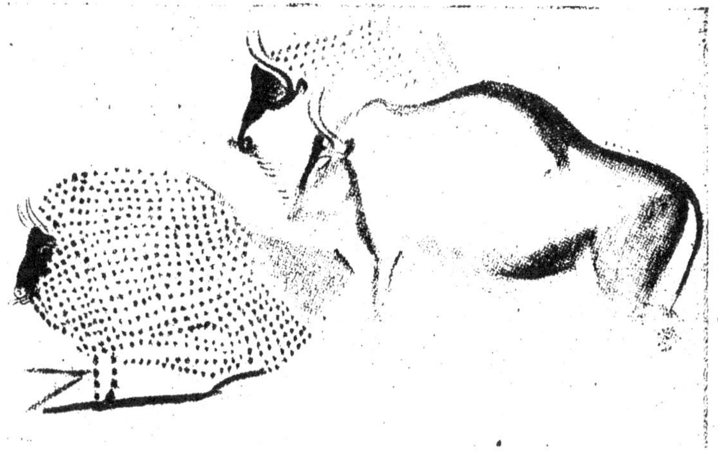

Bisons en pointillé.

Bison d'Altámira. — Mammouth de Font-de-Gaume. — Avant-train
de bison de Marsoulas.

le noir gagne presque toutes les lignes du contour et le cro-

Grotte de Font-de-Gaume. — Peinture représentant un bovidé.

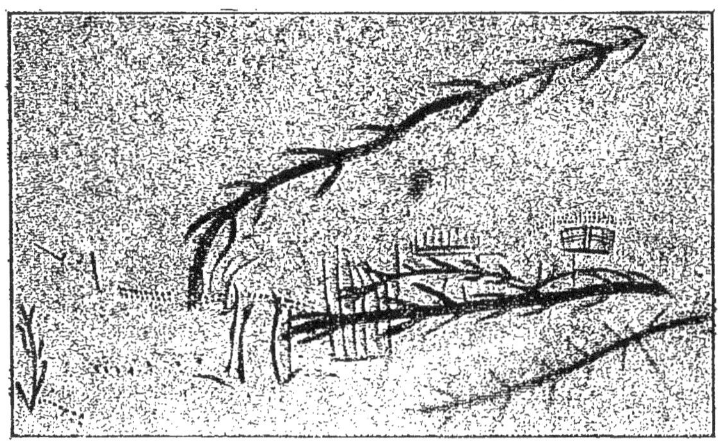

Signes pectiformes, tectiformes, etc., de la dernière phase,
d'après l'abbé Breuil.

quis de la silhouette tout entière apparaît comme dessiné en noir ; l'intérieur du corps est richement nuancé des teintes variées que l'on peut obtenir par le mélange du rouge et du noir. D'autre part, la gravure accompagne constamment la fresque, servant non seulement à en délimiter le champ mais aussi à préciser les détails ; des raclages, des lavages habiles détachent les articulations, soulignent les convexités. Les grandes fresques d'Altamira, de Castillo, de Marsoulas, de Font-de-Gaume appartiennent à cette phase. Cependant, au point de vue du dessin, les formes des animaux, surtout des bisons, tendent à prendre quelque chose de conventionnel, de moins vivant qu'à d'autres moments où la technique est moins avancée. A Altamira, à Marsoulas, il y a des mains stylisées ; à Font-de-Gaume et à Marsoulas, les signes tectiformes abondent.

Cinquième phase. — Il n'y a plus aucune figure murale ; il n'y a plus aucune fresque figurée. Dans la seule grotte de Marsoulas, où cette phase est représentée en France, des figurations en forme de bandes, de rameaux, de lignes de points, de surfaces ponctuées ; il y a aussi une figure de croix dans un cercle. Cet ensemble rappelle les peintures sur cailloux du Mas d'Azil [1].

De ce qui précède plusieurs considérations se dégagent.

La première est que la peinture a été beaucoup plus loin que la gravure dans la recherche de l'effet décoratif pour l'ornementation des parois rocheuses des grottes. La gravure est évidemment moins maniable que la peinture; offre moins de ressources à l'artiste et se prête plus difficilement à l'indication du modelé ; toutefois les praticiens paléolithiques ne semblent pas avoir su tirer tout le parti possible des moyens du métier et cela est naturel pour un art encore dans l'enfance. Ce qu'ils ont obtenu cependant est surprenant et laisse l'es-

1. Dans cet exposé de l'évolution de l'art quaternaire nous avons suivi presque pas à pas le texte de l'abbé Breuil. Nous ne pensons pas avoir pu mieux faire que nous conformer aux vues et qu'adopter la claire et lumineuse exposition de ce savant si bien averti des choses de l'âge du renne.

prit en admiration devant certaines de leurs œuvres si vivantes
exécutées avec une technique et des moyens tout primitifs.

Il y a des figures gravées qui sont, malgré tout, tant par la
pureté du dessin que par la maîtrise habile de l'exécution, de
véritables chefs-d'œuvre. Entre autres, le petit cheval, le dernier au fond du couloir de la caverne du Tuc d'Audoubert [1],
dont le trait qui le dessine offre la particularité d'être gravé

Caverne du Tuc d'Audoubert. — Cheval gravé.

assez largement en biseau, avec pente extérieure sur le contour, sauf le long du dos où il est intérieur. On obtient
ainsi l'impression d'un relief réel, la silhouette se détachant
sur une ombre, sauf sur le dos et le cou où elle devient lumineuse. Il y a ici autre chose que le fait d'un hasard heureux
ou le souci de rendre le travail plus facile. L'artiste, par
cette manière de gravure, certainement préconçue, a voulu
et réalisé un effet, et cet artiste qui a su rendre de façon si
ingénieuse, si vraie et si vivante l'attitude pleine de noblesse

1. Comte H. Bégouen ; *Une nouvelle grotte à gravures dans l'Ariège, la
caverne du Tuc d'Audoubert.* — Congrès international d'Anthr. et d'Archéol. préhist. XVIe session, Genève, 1912, pl. III.

d'un cheval campé dans une pose éveillée d'attention ou d'in-
quiétude, était sûrement capable d'en traduire le mouvement
par un procédé étudié susceptible d'augmenter la vérité de

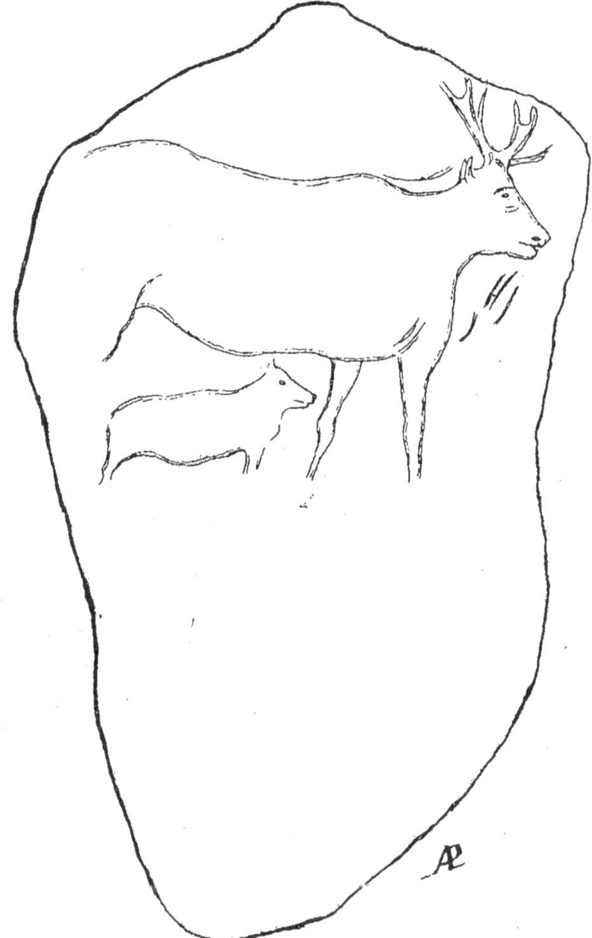

La Madeleine. — Renne et petit animal gravés.

son sujet et, par suite, de produire l'impression de la réalité
vivante par une manière adroite de donner l'aspect du relief.

M. Peyrony, au cours de ses dernières et fructueuses fouilles
dans la grotte de la Madeleine, aux Eyzies, a mis au jour une

dalle de calcaire sur laquelle sont gravés un renne et un autre animal plus petit et assez mal définissable dans lequel on a cru voir un second renne et qui se trouve entre les jambes et sous le ventre du sujet principal. L'exécution du renne est d'une correction absolue ; le trait est fin et sûr, la silhouette est pure et nette, les proportions sont exactement observées, la pose est pleine de vie et de naturel. Tout concourt à placer cette gravure parmi les meilleures de l'art paléolithique.

Dans l'abri magdalénien de Cap-Blanc, à Laussel, en Dordonne, le Dr Lalanne, de Bordeaux [1], a découvert une admirable frise où une théorie de chevaux sculptés se déroule sur la muraille rocheuse. Ces animaux, étonnants par le caractère simple de leur attitude tranquille et par la juste proportion de leurs formes, sont traités en haut relief. La saillie atteint jusqu'à $0^m,30$ pour certaines parties du corps et $0^m,10$ pour certaines autres, suivant une gradation savante en correspondance avec l'importance de ces parties dans la nature. Ces saillies n'ont pas été obtenues en utilisant des renflements propices de la roche, mais par le ciseau de l'artiste qui a su dégager tout le pourtour de ses sujets et, de la sorte, leur donner une apparence de vie intense en les faisant se détacher vigoureusement sur la paroi. Ce résultat a été voulu et préparé par l'évidement de la matière environnant la silhouette. Cette frise est une œuvre d'art très remarquable ; elle montre jusqu'à quel degré élevé les paléolithiques de l'âge du renne étaient parvenus pour pouvoir calculer de façon si claire et si précise les effets d'ombre et de lumière qu'ils voulaient obtenir pour donner à leurs œuvres cette forte impression décorative. Au Cap-Blanc, la peinture est venue en aide à la sculpture, en éclairant de ses couleurs les figurations chevalines. Les traces de ce complément artistique, que l'on pouvait voir encore lors de la découverte, ont depuis malheureusement disparu.

Quelques essais de modelé ont été tentés par les graveurs tarandiens. Un cheval gravé sur la paroi de droite de la caverne de Marsoulas est complètement garni de grandes hachures lesquelles sont tracées suivant les protubérances de

1. Dr Lalanne et Abbé Breuil, *L'abri sculpté de Cap-Blanc*. Anthropoogie, t. XXII, 1911.

la forme. Un bison, sur la paroi de gauche, présente des
hachures analogues au ventre, à la tête, à l'intersection de la
cuisse et à la queue. Elles sont, comme sur le cheval. tracées
suivant la forme. Évidemment leur but était de donner une
apparence de vie plus frappante en même temps que d'accen-
tuer les détails. A Altamira, la biche gravée dans la galerie
voisine du diverticule est en partie ombrée par des hachures,
qui sont très nettement incisées dans le sens du muscle.

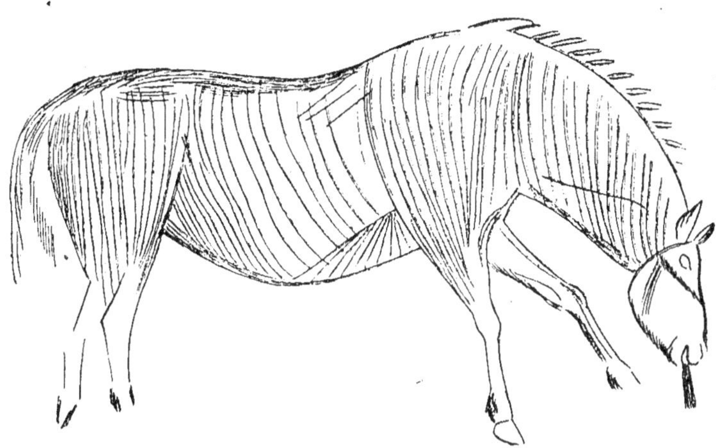

Caverne de Marsoulas. — Cheval gravé.

Les graveurs du quaternaire n'ont pas cherché à pousser
plus loin la perfection de leur travail; cela, probablement, à
cause des difficultés qu'offrait la matière rocheuse presque
toujours à grains grossiers et se prêtant, en conséquence,
mal à une taille fine. Ils négligeaient, peut-être pour cette
raison, quelques détails du modelé dont l'exécution demandait
de la précision et un travail d'incision aux traits rapprochés
qui amenait la chute des petites bandes rocheuses interca-
laires. C'est ainsi que l'extrémité des pattes n'existe presque
jamais; le plus souvent, elles se terminent par un arrondi quelconque et rarement par un sabot. On a le sentiment très net
en face de ces figurations que l'artiste réaliste n'a eu qu'un
but : celui d'indiquer aussi puissamment et aussi fidèlement
que possible les caractères typiques des animaux qu'il repré-

sentait, peut-être en vue d'un rite de magie propitiatoire sans se préoccuper outre mesure des détails secondaires.

L'art pictural a été poussé beaucoup plus loin, tant dans le souci de la forme que dans celui du modelé, soit dans les représentations monochromes, soit dans les polychromes. N'ayant pas à lutter contre des difficultés naturelles et techniques aussi grandes que pour la gravure sur roche, les peintres ont osé s'attaquer à entreprendre des représentations infiniment plus compliquées. Ils n'ont pas reculé même devant les difficultés qu'offre l'exécution des masses d'ensemble. La partie gauche du plafond de la grande salle d'Altamira où se trouvent réunies plus de vingt-cinq figures polychromes et quelques-unes noires, véritable ornementation d'un sanctuaire, laisse voir un grand tableau, ou plutôt un « pêle-mêle » où la perspective manque totalement, il est vrai, mais qui permet de se rendre compte combien l'étude des mouvements a été poussée loin. L'observation et le rendu des attitudes traités avec une habileté et une connaissance du dessin qui déconcertent, ne laissent place à aucune critique. Il y a dans cette grande fresque des figures d'un réel saisissant : telles la figure du bison couché, celle du bison bondissant, puis celles du bison mugissant et du sanglier sautant.

Le modelé dont le but est de rendre la représentation plus vivante en lui donnant plus de relief a été remarquablement bien traité dans certaines figures : une biche polychrome et un bison noir et brun d'Altamira, un bison polychrome de Font-de-Gaume témoignent d'une habileté de main, d'une connaissance approfondie des formes et d'une observation avisée et judicieuse des poses et des mouvements. Ce même esprit d'observation, ce même souci sincère de la réalité, se retrouvent également dans des fragments de figurations peintes, en plus grande partie, effacées. La grotte du Mas d'Azil offre, parmi d'autres, deux dessins de grand intérêt : un arrière-train de bovidé qui est une œuvre de tout premier ordre et une ramure de renne. Pour le bovidé, le trait rouge s'allège ou s'épaissit, non pas au hasard mais suivant les masses charnues et suivant les saillies osseuses qu'il traduit avec fidélité. Sur le bord extérieur de la cuisse, la ligne continue du dessin se mute en hachures rendant parfaitement l'échevellement imprécis des poils, puis s'assouplit pour tra-

cer l'articulation du genou et devient sec et nerveux pour
donner l'indication du sabot. La ramure du renne est traitée
dans le même goût, avec des touches qui se modèlent ou s'in-
terrompent aux bons endroits pour marquer un changement
de plan.

Tout cela prouve clairement quel esprit d'observation et

Mas d'Azil.

1, ramure de renne peinte en rouge. — 2, arrière-train de bison
dessiné en rouge. — 3, quadrupède indéterminé gravé.

quelle sincérité animaient ces antiques artistes réalistes et, en
même temps, nous donne la mesure de l'habileté de leur pinceau et de la sûreté de leur main. A toutes ces qualités naturelles et techniques vient s'ajouter le sens heureux de l'utilisation des formes mêmes de la muraille rocheuse dont ont
donné tant de preuves ces artistes ingénieux. Ils ont trouvé

l'adaptation de poses heureuses aux accidents de la roche
et ils n'ont jamais négligé d'en tirer parti pour aider à la vérité représentative de leurs figurations zoomorphiques.

Le mérite des paléolithiques peintres et graveurs, si exacts
et si consciencieux, est d'autant plus grand que lorsqu'ils pei-
gnaient ou gravaient, ils n'avaient pas le modèle sous les

Grotte d'Altamira. — Bison peint.

yeux. Ils ne pouvaient pas, le plus à l'ordinaire, faire poser, à
l'endroit même où ils travaillaient, les animaux qu'ils représentaient. Ceux-ci, pour la plupart vivant à l'état sauvage ou
à demi domestiqués, auraient mal supporté, ou même pas du
tout, les séances de pose. On se demande comment ils auraient pu s'y prendre pour faire poser un ours des cavernes
ou un grand félin. De plus il n'est pas possible d'admettre
que de grands animaux tels que le mammouth ou le bison,
aient jamais pu pénétrer dans des galeries basses et, en maints
endroits étranglées. Quant à supposer que l'artiste ait pu

s'inspirer d'un animal mort, il n'y faut pas songer un seul instant. Comment aurait-on pu traîner d'énormes cadavres à travers des boyaux étroits? Et encore comment, en ayant sous les yeux une masse inerte, l'artiste aurait-il pu y saisir un mouvement, une attitude, et cette intensité de vie que nous montre l'art quaternaire? C'est tout bonnement impossible. Il faut donc en arriver à cette conclusion que l'artiste avait une surprenante impression durable de vision et qu'il gravait ou peignait ses œuvres en s'aidant seulement de sa mémoire.

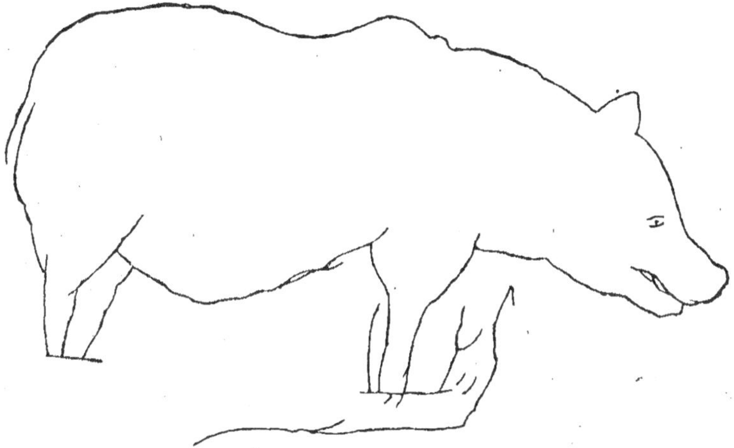

Grotte de Massat (Ariège).
Ours des cavernes gravé sur un galet conservé au musée de Foix.

Au cours de ses chasses et de ses courses, au tran-tran même de la vie courante, il regardait, observait et emmagasinait. Peut-être prenait-il des croquis? Du moins certaines gravures rapides et légères, sur os, sur plaque de schiste ardoisier ou sur galet peuvent le laisser supposer. A l'extérieur d'une grotte décorée des Eyzies, une plaquette a été trouvée reproduisant d'une manière exacte un animal représenté sur une paroi de l'intérieur. D'après le Dr Capitan, ce serait un croquis préparatoire fait en plein air par l'artiste ayant un modèle sous les yeux, avant et en vue de l'exécution définitive de son œuvre sur la muraille souterraine. Cela est d'autant plus probable ou pour mieux dire certain, que l'abbé Lemozi a mis au jour dans une grotte de la vallée de l'Alzou,

la grotte de Murat, près de Rocamadour (Lot), des galets
portant des gravures qui semblent bien ne pouvoir être
interprétées que comme des croquis destinés à aider l'artiste
dans son œuvre à l'intérieur des galeries spéléennes. Lorsque
celui-ci en arrivait à l'exécution dans les galeries de la grotte,
il travaillait en rassemblant ses souvenirs et aussi très vrai-

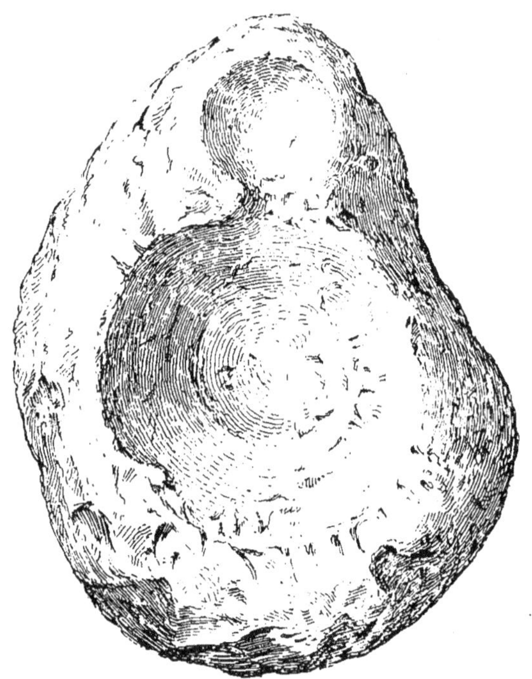

Lampe.

semblablement en s'inspirant des esquisses qu'il avait faites
à l'air libre. Il n'avait, pour s'éclairer, qu'une lampe formée
d'une pierre creusée, où trempait dans la graisse une mèche
faite de poils ou de mousse. Dans le plus grand nombre de cas,
il donnait libre cours à une interprétation poussée jusque
dans les détails et que dirigeait un esprit précis servi par une
mémoire impeccable, mais aussi quelquefois il se laissait en-
traîner par son imagination artistique.

Comment admettre, au surplus, que les paléolithiques
aient procédé autrement lorsque, dans certaines représenta-

tions, on voit, accusés jusqu'à l'exagération outrée, quelques caractères dominants chez plusieurs des espèces animales figurées? Cet hyperbolisme est très nettement démontré surtout dans les gravures et peintures reproduisant des bisons où l'avant-train superlativement massif est certainement plus puissant que chez ces animaux vivants. Il faut voir là le résultat d'une pensée dominante de l'artiste qui, en poussant l'exagération des formes à l'extrême, a voulu donner une impression puissante de la force brutale de l'animal. L'effet doit être produit par l'aspect de l'avant : la tête est petite avec des cornes effilées et bien détachées, solides et prêtes à la lutte, l'œil est farouche et comme ahuri; le poitrail volumineux laisse pendre un fanon charnu et poilu entre des pattes fines faites pour courir et bondir. Par contre, l'arrière-train perd de son importance et devient presque rabougri. Ainsi, l'animal a été « vu » par l'artiste et « compris » et « voulu ». Certainement, il n'aurait pas été aussi puissant et n'aurait pas donné une impression aussi complète de force irrésistible et de sauvagerie si le dessin, qui l'interprète avec cet art d'ampleur, n'eût été qu'une copie servile d'un modèle.

Ainsi les artistes paléolithiques, peintres et graveurs, nous apparaissent comme des maîtres habiles, consciencieux, très réalistes et bien en possession de leur métier. Mais s'ils furent tout cela dans les représentations individuelles pour lesquelles ils étaient supérieurement doués, ils n'allèrent jamais au delà et ignorèrent toujours la composition de scènes aussi bien que la plus élémentaire perspective [1].

En faisant une étude parallèle de la peinture et de la gravure, à l'époque de l'âge du renne, on se rend promptement compte que, tout au début, la peinture est dans un état relatif d'infériorité vis-à-vis de la gravure. Alors que le graveur sa-

1. Nous avons été aidé dans la partie de ce chapitre relative à la technique de l'art tarandien par de très intéressantes notes qu'a bien voulu mettre à notre disposition un jeune savant, M. E. Chazot, attaché au Musée Guimet. Nous lui offrons ici nos plus vifs remerciements.

vait déjà, d'un trait naïf mais assuré, tracer la silhouette d'un

Grotte de Pair-non-Pair (Gironde).
Bouquetin gravé.

bouquetin (Pair-non-Pair), d'un bison (La Grèze), le peintre tentait timidement de former des lignes, d'aligner des points, de figurer des signes assez vagues tectiformes ou de s'essayer dans des pochades à peu près

informes. Ce n'est qu'après cette période première de tâtonnements qu'il est arrivé à faire des ébauches d'animaux, plus ou moins achevées, aux traits mal définis et pâteux. Il paraît rationnel de déduire de cette observation que la gravure a précédé la peinture.

Avant de songer à graver une image sur une pierre ou sur un os, l'homme se servait déjà du burin pour découper en lamelles l'ivoire et l'os et, peut-être, fendre le bois en longueur. Il ne faut pas dire que ces diverses opérations peuvent être considérées comme des travaux en relation directe avec l'art, mais il faut penser qu'elles ont pu contribuer à donner aux Tarandiens l'idée de graver des signes ou marques intaillées sur des silex tels qu'on en rencontre dans les plus basses assises de l'aurignacien, par exemple, à Limeuil (Dordogne). L'homme, avec un burin, a raclé un caillou, une plaque schisteuse ou un os, il a remarqué les traces que laissait l'outil et, peu à peu, son attention de plus en plus éveillée lui a fait tenter de reproduire une chose ou un être qu'il voyait. S'il en a été vraiment

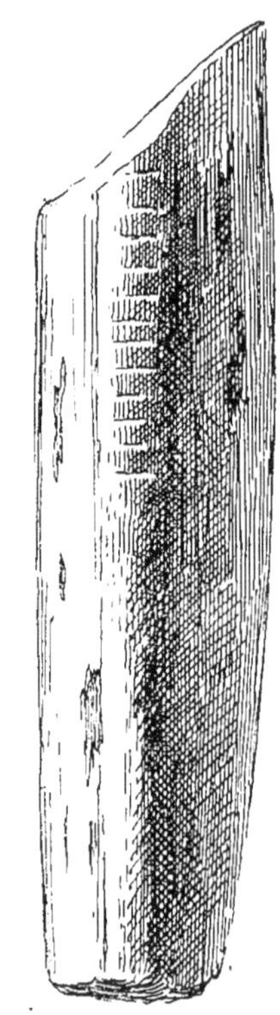

Grotte de Limeuil (Dordogne). — Bâtonnet lithique portant des entailles.

ainsi, ce n'est pas l'art qui créa l'outil, mais l'outil qui créa l'art.

Pour la peinture, il ne put en être de même ; aucun des instruments dont se servait l'homme ne pouvait lui suggérer l'idée de peindre. Comment la peinture est-elle donc née ? C'est une question sans réponse, mais il n'en est pas moins à peu près probable qu'elle ne fut inventée qu'après la sculpture. Il a fallu, d'ailleurs, un certain temps pour trouver les instruments divers dont elle a besoin, tandis qu'un simple burin, voire un silex pointu, étaient suffisants pour la gravure, un couteau et une pointe pour la sculpture. D'abord, il importait de découvrir les minéraux propres à son usage : péroxyde de fer ou sanguine, oxyde de manganèse, terres ocreuses et de se rendre compte de leurs propriétés colorantes. Puis, la manipulation : le raclage, le broyage, le délayage. On dut songer à prendre une omoplate d'un grand animal en guise de palette et à confectionner un pinceau avec les poils d'une bête, d'un sanglier peut-être ou, plus simplement encore, à fabriquer, avec un os, une spatule jouant le rôle de couteau à palette. Tout cela a demandé du temps, et c'est pourquoi il est vraisemblable que la sculpture et la gravure furent antérieures à la peinture.

Mais où fut le berceau de ces arts archaïques ? Pas en Orient, dans l'Asie antérieure qui possède cependant des gisements de l'âge du renne. Jusqu'à ce jour, non seulement on n'a signalé aucune gravure, ni aucune peinture sur

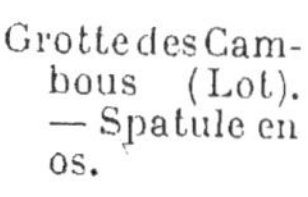

Grotte des Cambous (Lot). — Spatule en os.

les parois des grottes asiatiques, mais aucun des instruments de corne ou d'os qu'on a pu y recueillir ne porte la moindre trace d'un travail artistique.

Ce qui paraît bien être une preuve que l'art paléolithique tarandien est né dans le sud-ouest de la France, c'est qu'il s'y montre dans tous ses différents états échelonnés dans le temps. Sur les murailles rocheuses on voit ses tâtonnements du début, ses premiers essais heureux, son apothéose et son déclin. Le cycle artistique est complet. Nulle autre région ne laisse voir un pareil ensemble de démonstrations successives. N'est-ce pas assez pour démontrer que c'est bien là que fut le berceau de l'art, puisque, nulle part ailleurs, on ne peut découvrir les témoins sériaires d'un semblable déroulement normal?

De ce centre actif l'art rayonna. Peu au nord. Les figurations rupestres, en France, ne se montrent plus au delà du 46° de latitude environ. L'art pariétal est inconnu dans le nord de la France et en Belgique. On découvre bien, dans ces

Renne de Thaygen.

deux régions, quelques rares œuvres, relevant de l'art décoratif sur des objets usuels, mais elles sont de peu de valeur. Vers l'est, l'ornementation des murailles rocheuses n'existe pour ainsi dire pas, mais la décoration des objets par la gravure sur os et corne, ainsi que la petite sculpture sont représentées par des œuvres souvent très finies et d'un beau style : plaques et galets gravés de la Colombière (Ain), admirable renne de Thaygen (près Schaffhouse, Suisse), instruments joliment ornés de la grotte de Kesslerloch (Suisse). Plus loin vers l'est l'art apparaît en Autriche : le gisement de Villendorf a fourni une statuette de femme aux formes rebondies. Plus l'art s'éloigne du foyer aquitanien vers le nord et l'est plus il perd de sa grandeur, périclite et se fait mièvre et rare dans des stations de plus en plus clairsemées.

Vers le sud, l'expansion fut, par contre, considérable. Les

parois des cavernes des Pyrénées se couvrent de décorations ;
les cavernes de Marsoulas, de Niaux, d'Enlène, de Brassempouy, d'Isturitz, d'Arudy livrent, en outre, des statuettes et
des instruments ornés. L'art franchit les Pyrénées et envahit
le nord de l'Espagne : grottes d'Altamira, de Castillo, de
Covalanas. Le reste de la péninsule est encore imparfaitement
exploré. Toutefois, le colonel anglais, Willhaughby Verner, a
découvert dans la caverne de Pileta, en pleine sierra de Ronda
(province de Malaga), toute une série de peintures qui ont été
étudiées par les abbés Breuil et Obermayer. Celles qui
paraissent être les plus anciennes, en rouge, jaune et noir,
représentent des semis de points, des lignes serpentines ou
des méandres dont la signification demeure incompréhensible.
Viennent ensuite des représentations d'animaux divers, dont
une, celle d'un rhinocéros, donne la date de ces œuvres,
puisque ce pachyderme a définitivement disparu de l'Europe
avant la fin de l'âge du renne. La décadence, comme en
France, est indiquée par des figures vagues : quadrillés,
réseaux compliqués, oiseaux stylisés à l'extrême, d'aspect
presque héraldique, certainement des figures cabalistiques.

En Espagne encore, on trouve d'autres peintures rupestres
qui diffèrent totalement de celles qu'on est accoutumé de voir
sur les parois décorées par les hommes de l'âge du renne aussi
bien dans le reste de l'Espagne qu'en France. Ce sont des
fresques représentant de véritables *scènes*. Or, jamais dans les
grottes du sud-ouest français, dans celles des pays cantabriques, de même qu'à Pileta, il n'a été permis de soupçonner
que les artistes tarandiens aient eu la plus fugitive intention
de reproduire une scène. Sur les parois de l'abri d'Alpéria,
près d'Albacia, on voit de petits archers, avec des plumes
dans la chevelure, tirant des flèches sur des cerfs et différents
animaux de chasse et des femmes vêtues de robes assez
longues[1]. A Cogul, près de Lérida, c'est un véritable tableau
de genre : une chasse aux bœufs sauvages, aux cerfs, aux san-
gliers, aux bouquetins et toute une série de femmes portant
des manteaux courts et de longues robes, dont une à raies
rouges, en contemplation devant un petit personnage dont le
sexe masculin est très clairement indiqué. Cette contempla-

---

1. *Communication à l'Acad. des Inscr. et Belles-lettres.* 28 février 1913.

tion, qui ressemble plutôt à un acte de vénération, fait songer à la coutume des femmes de l'Inde qui, dans les rues de Bénarès, allaient baiser, fort dévotement, le phallus des fakirs nu pour faire cesser leur stérilité, et aussi aux femmes romaines qui, dans le même but, s'efforçaient de toucher, au même endroit, les Galles frénétiques, pendant les processions orgiastiques et licencieuses des jeux mégalésiens. Sans aucun doute, jusqu'à plus ample information, il est prudent de mettre en doute l'âge archéolithique de ces peintures. La grande dissemblance qu'elles offrent avec celles de l'âge du renne que nous connaissons, n'est pas en faveur de la contemporanéité des unes et des autres. Les peintures d'Alpéria et de Cogul ne seraient-elles pas d'une époque très postérieure à l'âge du renne, tout en étant le reflet évolué d'un art plus ancien dont les manifestations restent à découvrir?

Les petits archers chasseurs d'Alpéria [1] ont toute l'allure de Boschimans d'Afrique, a-t-on dit. Le petit bonhomme au phallus de Cogul porte au-dessous du genou des manières de jarretières à pans retombants tout comme les sauvages de l'Afrique du Sud. Les peintures elles-mêmes, par leur faire, leur disposition, leur style et par les couleurs employées, rappellent, de façon précise, les peintures que les Boschimans savent peindre pareillement sur les roches des grottes de leur pays. Rappelons que, seules dans le monde, les femmes boschimanes, même dès le bas âge, ont une tendance, presque générale, à avoir les parties fessières excessivement développées, avec cambrure très prononcée des reins. Cette exagération stéatopygique est particulière à la race [2]. C'est exactement la conformation que l'on retrouve dans la statuette féminine de Menton sculptée dans un morceau de roche vitreuse [3].

Faut-il donc supposer, avec certains anthropologues, que les Boschimans, qui, par beaucoup de traits, et notamment, par la teinte jaune de leur peau, se rapprochent davantage des Mon-

---

1. Des figurations de l'art tout primitif égyptien rappellent de façon évidente les peintures de Cogul et d'Alpéria (Voir J. Capart, *Les débuts de l'art en Egypte*).

2. Elisée Reclus, *Géo. univ.* t. XIII, p. 471.

3. E. Piette, *Gravures du Mas-d'Azil et Statuette de Menton*. Extrait du bull. de la Soc. d'Anthrop. de Paris, 1902. Voir figure, p. 134.

goliques que des Africains negroïdes qui les entourent, auraient
été parmi les premiers habitants de l'Afrique, puis refoulés par
tous les envahisseurs, aujourd'hui réduits à n'être plus représentés que par de misérables peuplades éparses un peu partout sur le continent noir, dont les plus pures, au point de vue
de la race, sont confinées dans la partie méridionale de la
colonie du Cap où leurs membres portent le nom patronymique
de San. « Dans les rares occasions, où les autres sud-africains
prennent des Bushmen pour compagnons de chasse, ils leur
cèdent toujours une part de gibier plus considérable que celle
de leurs propres chefs ; cet hommage leur paraît dû aux pro-
priétaires primitifs du sol [1]. »

Si cette hypothèse était vraie, si, véritablement, les San,
avant toute invasion, eussent été des habitants primitifs de
l'Afrique, ce serait donc eux qui auraient taillé les silex du
capsien, eux, si on veut aller plus loin, qui seraient peut-être
venus, pendant l'ère solutréenne, assaillir les peuples pacifiques de l'Europe occidentale? Est-ce encore eux qui bien
plus tard, en Espagne, auraient décoré de fresques polychromes les rochers d'Alpéria et de Cogul? Après les luttes
du solutréen, des rapports auraient-ils donc pu exister entre
les Capsiens d'Afrique et les Magdaléniens d'Espagne? que
de questions actuellement sans réponses positives! Rien n'est
moins démontré que la réalité de ces hypothèses, et cependant elles sont dans les contingences possibles. Elles sont
aussi difficiles à prouver péremptoirement que le synchronisme des industries de l'Afrique et de l'Europe, ce qui ne
contribue pas peu à embrouiller la question. Donc, ici, simplement, un grand point d'interrogation [2].

1. Élisée Reclus, *Géog. univ.*, t. XIII, p. 469.
2. Nous signalions, il y a trois ans, la trouvaille — assez inattendue —
de grottes à peintures faite en Afrique occidentale par M. Fr. de Zeltner
Cette découverte, qui survenait au moment où le prince de Monaco éditait
les superbes peintures des grottes espagnoles, a provoqué quelque étonnement dans le monde savant, par les rapprochements qu'elle suggérait
entre ces deux groupes de représentations, malgré leur éloignement dans
le temps et dans l'espace, et malgré leurs différences d'inspiration et de
technique. Il a fallu néanmoins admettre l'identité de certains signes de
part et d'autre, ce qui ne semble d'ailleurs pas en avoir simplifié l'interprétation. Et l'on se demande actuellement par quels mouvements de races
on peut expliquer ces ressemblances.
Or voici que ce même chercheur nous rapporte aujourd'hui des confins
du Soudan et du Sahara d'impressionnantes séries de gravures sur roches

*
* *

Les artistes tarandiens ne se sont pas bornés à graver et sculpter les parois des grottes et à les orner de peintures, ils ont su aussi modeler [des animaux avec la terre glaise. Le comte Bégouen, dans la caverne du duc d'Audoubert (Ariège), au fond d'une salle profonde très éloignée de l'entrée, plus de 700 mètres, et d'un accès extrêmement difficile, a découvert un groupe de deux bisons mâle et femelle. Ces statues, en argile, mesurent l'une $0^m,61$ et l'autre $0^m,63$. Appuyées contre des blocs de rochers tombés de la voûte, elles se trouvent au milieu de la salle[1]. Avant d'être ainsi placées, ces statues en demi-relief ont été modelées à même le sol argileux de la grotte. Les plaques enlevées ont laissé dans ce sol des excavations vides, de même grandeur que les sujets dressés. Ceux-ci ont été collés contre les rochers éboulés qui forment comme un autel central. On peut voir encore sur la glaise inviolée depuis des temps si longs, l'esquisse tracée au doigt dans l'argile d'un autre bison inachevé et, épars, dans ce

complètement inédites, et pour une part très différentes de ce que l'on connaît jusqu'ici. Ce ne sont plus, comme dans les grottes soudanaises, des schémas plus ou moins heureux de cavaliers et de piétons, encadrés de signes bizarres.

Les graveurs sur roche de l'Aïr étaient de véritables artistes, qui, malgré la difficulté du travail, savaient donner une allure, une vérité surprenantes aux êtres qu'ils représentaient.

Inutile de dire que nous avons là toute la série des animaux sauvages et domestiques : chameau, cheval, bœuf, antilope, autruche, girafe. Quant à la figure humaine, elle est traitée avec un luxe et une exactitude de détails qui montrent l'importance qu'on y attachait. Cette constatation oblige même à en faire un groupe particulier, distinct des gravures sahariennes auxquelles semblerait les apparenter la façon dont sont traitées les figures d'animaux, et où les représentations humaines sont rares et assez négligées.

Quelques gravures rupestres avaient déjà été signalées dans ces régions par Barthe, Nachtigal, Bary, Chudeau, mais en petit nombre. Les séries que nous rapporte M. Fr. de Zeltner constituent donc un ensemble inédit dont l'étude ne peut manquer d'être fructueuse.

(Journal *Le Temps* du 1ᵉʳ juillet 1913.)

1. Comte Bégouen, *Les statues d'argile de la caverne du duc d'Audoubert* (*Ariège*). Antropologie, t. XXIII, 1912. — *Les statues d'argile préhistoriques de la caverne du Tuc d'Audoubert* (*Ariège*). Extrait des comptes rendus de l'Acad. des Inscr. et Belles-Lettres. 1912; p. 532.

sanctuaire esthonien, des rondins de glaise pétris par la main
de l'homme. « Il y a, dans l'ensemble des statues, un souci
de la nature et de la vie, un réalisme et une technique qui indiquent chez les auteurs de cette sculpture une véritable
compréhension artistique. »

Les Tarandiens ont exécuté sur l'ivoire, l'os et la corne des
sculptures et des gravures qui, sans avoir naturellement l'ampleur des œuvres pariétales, donnent cependant une très

La Madeleine. — Bison en corne de renne (fouilles D. Peyrony).

haute idée de leur savoir-faire, de leur adresse, de leur conception adroite et élevée de l'adaptation artistique et de leur
amour du joli. Ils ont su, avec une rare finesse, profiter des
formes naturelles des matériaux qu'ils avaient à leur disposition pour les faire servir aux figurations d'animaux. Ils excel-
laient à adapter les attitudes aux différentes dispositions de
la corne, de l'ivoire ou de l'os. Un artiste moderne, au cou-
rant de toutes les ressources du métier, ne ferait certainement
pas mieux et ne tirerait pas un meilleur parti de la matière.
Cette virtuosité savante qui faisait trouver la pose juste pour
représenter un animal dans des conditions parfois fort difficiles d'emplacement, sans que la conformation de cet animal
soit déformée ou que sa naturelle manière d'être soit forcée
ou négligée, indique une étude très approfondie du mouve-

ment et des attitudes. Les hommes de l'âge du renne, surtout les Magdaléniens, avaient le goût du beau ; ils aimaient à orner les instruments. C'est une preuve évidente de l'élévation de la mentalité non seulement chez l'artisan qui décorait les

La Madeleine. — Animal indéterminé en ivoire (fouilles Peyrony).

nstruments mais aussi chez ceux qui s'en servaient et les désiraient si joliment façonnés.

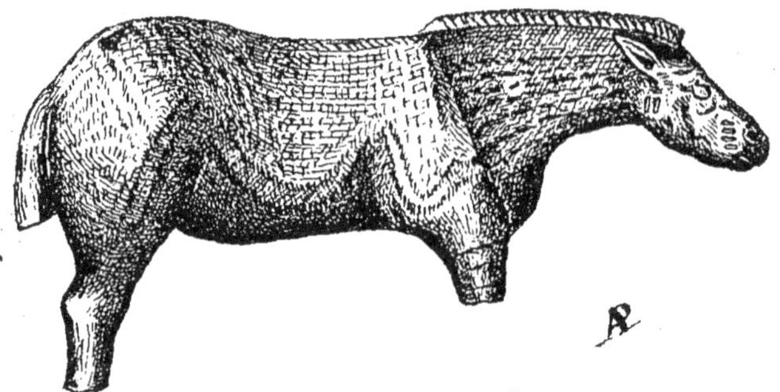

Grotte des Espélugues, à Lourdes.
Figurine en ivoire représentant un cheval.

Nous retrouvons des manches d'outils, des poignards, des propulseurs, des bâtons dits de commandement, des plaquettes sculptés et gravés avec un soin infini. Les instruments usuels eux-mêmes portent des ornementations : lissoirs, harpons, écorchoirs, etc. Ce sont des dessins géométriques, des lignes droites ou serpentines, des quadrillés, des intailles en pyramides

successives ou en cônes étagés.Très souvent plusieurs de ces
motifs, et d'autres encore, sont
réunis pour former un ensemble
harmonieux.

L'art quaternaire a également ex-
cellé dans la sculpture des figurines.
Il est difficile d'imaginer une reproduction chevaline d'une plus
rigoureuse exactitude que celle du
petit cheval en ivoire (0^m,08 de longueur) trouvé dans la grotte des
Espélugues, à Lourdes. L'animal
donne l'impression d'une bête bien
soignée; sa queue n'est pas celle
d'un cheval sauvage, elle est coupée
régulièrement comme celle d'un
poney dont la figurine reproduit
d'ailleurs les formes bien propor-
tionnées. La crinière n'est pas libre
et flottante, elle est taillée en
brosse. Toute une série de dessins,
finement indiqués par le burin, sil-
lonnent le corps. Le cheval portait
donc, au temps aurignacien, une
ornementation à peu près semblable
à celle des vaches bossues du pays
du Mosaï, dans l'Afrique orientale[1].
Il est bien téméraire après cela de
soutenir que les Tarandiens n'aient
pas domestiqué le cheval.

Une autre sculpture, en bois de
renne, de même que celle du petit
cheval, de style arudien, marque
une ingéniosité très remarquable à
adapter une forme animale sur
l'objet à orner en conservant exactement non seulement l'aspect mais
encore une attitude naturelle de la
bête. Un propulseur découvert dans

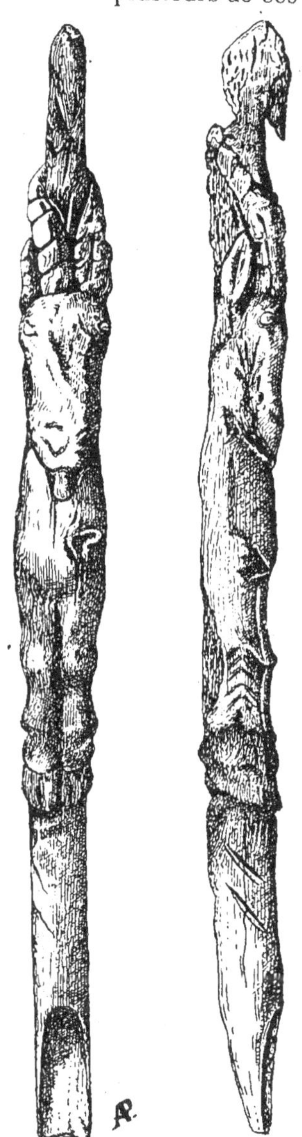

Grotte du Mas-d'Azil. — Propulseur en bois de renne.

1. Élisée Reclus, *L'homme et la terre*, t. I, p. 273.

les foyers de la grotte du Mas-d'Azil montre un bouquetin. De face, les pattes jointes, l'animal raidi pour l'effort semble sur le point de bondir. La tête se dégage avec vigueur, les cornes s'enroulent gracieusement autour du fût de l'instrument. De côté, l'artiste a su tirer profit du peu d'épaisseur de la corne, en donnant à la tête une position *ramassée* comme celle que prend le bouquetin lorsqu'il se prépare à foncer. C'est vraiment une œuvre qui par sa joliesse, l'attitude juste, le fini de l'exécution donne une haute idée du sentiment artistique et du savoir-faire de l'artiste qui l'a conçue et produite.

Une tête de cheval découpée dans l'opercule translucide et brillant d'un grand brochet, est parfaitement rendue avec

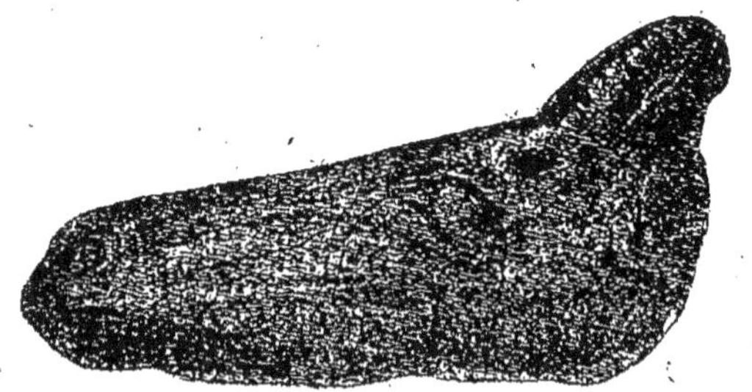

Grotte de Brassempouy (Landes). — Tête de cheval.

tous les détails. Elle offre un intérêt tout particulier, en ce sens qu'elle reproduit, de manière exacte, la tête longue, osseuse et forte des petits chevaux landais qui vivent en liberté dans les *barthes* de l'Adour. Cette pièce provient, en effet, de la grotte de Brassempouy, qui se trouve dans une région peu éloignée du fleuve des Tarbelli.

On pourrait citer et décrire un grand nombre d'autres objets ornementés, tant est riche le bagage de l'homme de l'âge du renne. Toutes les œuvres, celles qui couvrent les parois rocheuses des cavernes, celles qui ornent les instruments, celles qui décorent de dessins les plaquettes, concourent à faire cette preuve que, parmi les primitifs du quaternaire supérieur, se trouvaient de véritables et grands artistes doués d'un rare talent d'observation et d'une maîtrise d'exécution remarquable.

* *
*

Les représentations humaines que les Tarandiens ont laissées sur les parois des grottes, sauf d'excessivement rares
exceptions, sont grotesques et d'une imperfection tout à
fait surprenante. Leur infériorité est telle qu'elle devient un
sujet d'étonnement en face des reproductions animales si
belles et si vivantes. La surprise n'est pas moindre lorsqu'on
fait la comparaison avec plusieurs statuettes féminines très
poussées et traitées avec art malgré une exagération *voulue*
de certains organes. Les attitudes mêmes des personnages

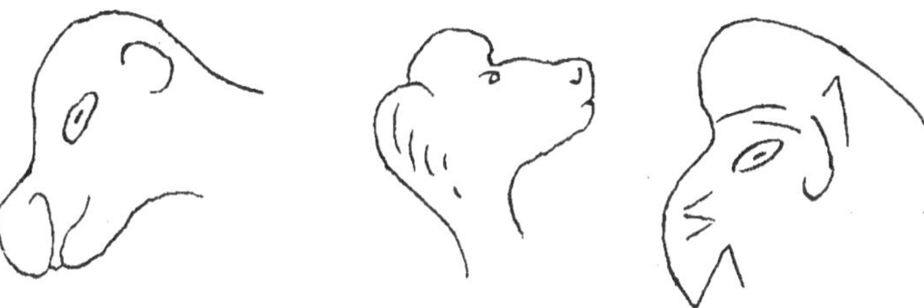

Masques humains.
Les deux premiers des Combarelles, le dernier de Marsoulas.

figurés sont bizarres et font involontairement songer à celles
que prenaient certains prêtres antiques, par exemple, les Koribantes, dans leurs danses épileptiformes et licencieuses. Ces
attitudes recherchées par les artistes tarandiens auraient-elles
eu pour but de reproduire des danses rituelles? Dans tous les
cas, cette opposition entre la malfaçon de la presque totalité
des figurations masculines humaines et la perfection et le fini
d'autres œuvres, souvent sur les parois de la même grotte, est
bien difficile à expliquer.

Les figures, de profil, que présentent les gravures, ne sont
pas moins étranges. C'est à peine si, dans quelques-unes, les
traits humains sont respectés, et encore s'ils le sont à peu près,
ils sont singulièrement exagérés et déformés. Dans d'autres,
on ne peut raisonnablement voir que des mufles, des museaux
ou de vagues têtes d'oiseaux. En somme, on les pourrait

considérer comme des caricatures si la sainteté des lieux où
elles s'étalent ne devait pas faire écarter cette conjecture. Car,
d'après l'opinion autorisée de savants qui ont étudié l'art des
cavernes décorées, entre autres l'abbé Breuil et E. Cartailhac,
ces cavernes auraient servi de sanctuaires.

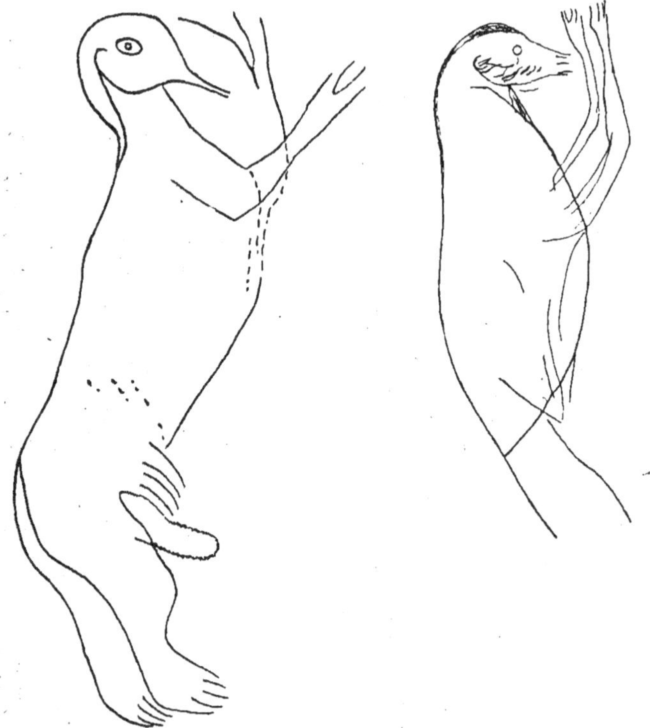

Grotte d'Altamira. — Figures humaines masquées. Gravure 1·

Ces figurations inattendues ne seraient-elles pas simplement des reproductions de masques rituels employés, par des
magiciens archaïques, dans leurs cérémonies religieuses, analogues, d'ailleurs, à ceux que portent, encore de nos jours, les
sorciers de maints peuples sauvages? Chez ces peuples, des
hommes masqués se suivent à la queue-leu-leu, en exécutant

1. La première figuration semble représenter un sujet qui non seulement
a mis sur sa tête un masque imitant une tête d'oiseau mais encore a recouvert son corps d'une dépouille d'ours.

des danses hiératiquement réglées. C'est l'ordre adopté dans la théorie gravée sur le rocher, dans la grotte des Combarelles. Les prêtres des lamaseries du Thibet se masquent quelquefois aussi, par exemple, lors de la procession des péchés où les figurants, le visage couvert de masques hideux, représentant chacun un vice particulier, se livrent à mille mouvements convulsionnaires ainsi que faisaient les Galles de Rome et ainsi que font les moines lamasiques de la Mongolie, pendant la fête du *tsame*. Pendant la célébration des fêtes mystiques de Bacchus, dont le culte prenait alors une allure orgias-

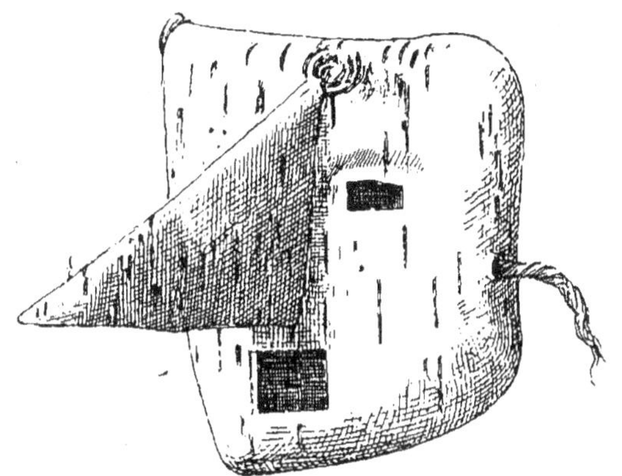
Masque ostiak en écorce de bouleau.

tique, nombre de processionnaires portaient des masques grotesques. Les Ostiaks, dont les pères, sans doute, participèrent à l'exode quaternaire vers l'ouest, se livrent à des danses certainement d'origine hiératique; mais que ce soit la danse du diable poursuivant l'homme, où l'on entrevoit la thaumaturgie initiale, soit la danse du bouleau, soit celle de l'ours, les exécutants sont toujours masqués[1]. Les dieux lares des Vogoules, frères de race des Ostiaks, sont le plus souvent des figurines masquées très grossières. Mais il y a plus démonstratif encore. Dans la caverne des Trois-Frères, à Montesquieu-Avantès (Ariège), explorée par le comte Bégouen et ses fils, on peut voir une peinture représentant un sorcier dont

1. Ch. Rabot, *A travers la Russie boréale*, p. 257.

la tête est ornée d'une ramure de cerf. Voici la description qu'en fait le comte Bégouen[1]. « Ce dessin, malgré l'étrangeté de son attitude, représente, sans doute possible, un homme nu allant vers la gauche. A première vue, cet être semble

Caverne des Trois-Frères (Ariège). — Sorcier masqué et travesti. Peinture et gravure.

marcher à quatre pattes, mais on se rend vite compte qu'il a simplement le corps fortement incliné en avant et les jambes ployées. Ses mains, en effet, n'ont pas le mouvement de la marche, mais bien plutôt esquissent le geste de *faire le beau*, comme on le remarque dans les danses de quelques peuples

1. *Comptes rendus des séances de l'Académei des Inscriptions et Belles-Lettres*, 1920. p. 303.

primitifs. Nous retrouvons cette même position dans les figurations humaines de la grotte de Combarelles. Le bas des reins est orné d'une queue de cheval terminée par une petite rosette de poils. Cette queue n'est pas dans le prolongement de la ligne du dos, comme le serait une queue appartenant à une peau de bête jetée sur le corps ; elle paraît singulièrement fichée à la partie postérieure. La tête est particulièrement étrange : une ramure de cerf la surmonte avec deux oreilles, longues, velues et dressées. Deux yeux, formés de deux cercles concentriques gravés dont l'intervalle est coloré en noir et entourant un gros point noir, sont placés symétriquement de chaque côté du nez dont la partie élargie est marquée par un arceau peint et gravé. La région des pommettes présente des raclages remontant jusqu'aux oreilles. C'est ce même système de nombreux traits parallèles qui a servi à indiquer une barbe élégante et longue de 10 centimètres qui retombe sur la poitrine. Les bras sont mal faits, les mains également, tandis que les pieds ont été dessinés avec beaucoup de soin. La main droite n'a que quatre doigts, si on peut appeler ainsi les espèces de griffes qui en tiennent lieu. Le torse et les membres inférieurs sont cernés de bandes striées qui en délimitent le contour... Sur la nuque, le contour est formé d'un triple rang de hachures obliques ayant l'aspect du poil hérissé d'un garrot. Cela représente sans doute le morceau de toison qui accompagne le masque que porte cet homme, car nous sommes certainement en présence d'un être masqué. »

Le meilleur commentaire que l'on puisse faire au sujet de cette figuration est de reproduire ce que dit le voyageur Pallas : « Je passe aux danses des Ostiaks, qui sont remarquables. Elles sont propres à ce peuple..... Quand on veut représenter l'allure du renne, il faut que la musique varie selon les différents mouvements de l'animal, pour exprimer son pas, son trot et son galop et marquer lorsqu'il s'arrête pour s'assurer de la direction qu'il tient avec le chasseur qui le poursuit. Je n'aurais jamais cru trouver autant d'art chez une nation aussi peu civilisée [1]. »

____

1. *Voy. de Pallas ;* Trad. par Gauthier de la Peyronie, Paris, 1793, t. IV, p. 85-86.

Comme le magicien de la caverne des Trois-Frères, les chamanes tongouses portent, également une ramure de cerf sur la tête. Cette particularité de l'affublement rituel des sorciers tarandiens ne peut-elle pas aider à expliquer la raison pour laquelle le bizarre dieu gaulois Cernunnos a des cornes de cerf plantées sur son front?

Les figurations tarandiennes d'hommes montrent tous les

Chamane tongouse, d'après Witsen.

personnages pourvus d'un appareil viril prêt à l'action. Il y a là, avec évidence, une intention bien définie. Il apparaît bien que l'on doive apparenter de telles figurations, ou tout au moins signaler un rapprochement singulier avec les νευρόσπασα (*nerfs tendus*) que mentionne l'auteur du Traité *de la Déesse de Syrie*? « Les Grecs, écrit-il, dressent des phallus en l'honneur de Bacchus sur lesquels sont représentés de petits hommes sculptés en bois et munis d'énormes priapes. » C'est nécessairement ici une pratique rituelle. Faut-il en chercher l'ori-

gine en remontant jusqu'à l'âge du renne? Peut-être, en considérant quelle est la persistance intense de certaines coutumes
religieuses rituelles.

Si les Tarandiens, dans
leurs gravures et pein-
tures pariétales, n'ont
produit que des œuvres
plus que médiocres lors-
qu'ils ont voulu aborder
la représentation hu-
maine, il n'en a pas été de
même lorsqu'ils se sont
essayés à la sculpture
des statuettes. Il semble

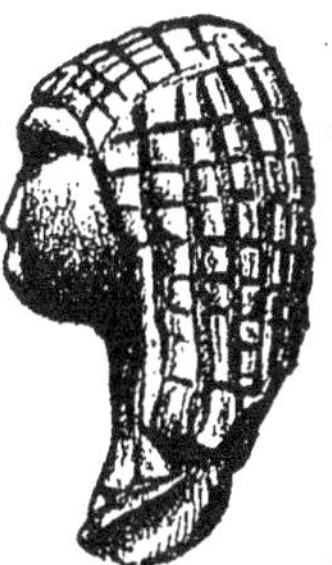

Tête de femme en ivoire de Brassempouy
(Landes).

qu'ils ont donné alors un plus grand essor à leur savoir-faire.
Les statuettes féminines sont franchement humaines, elles

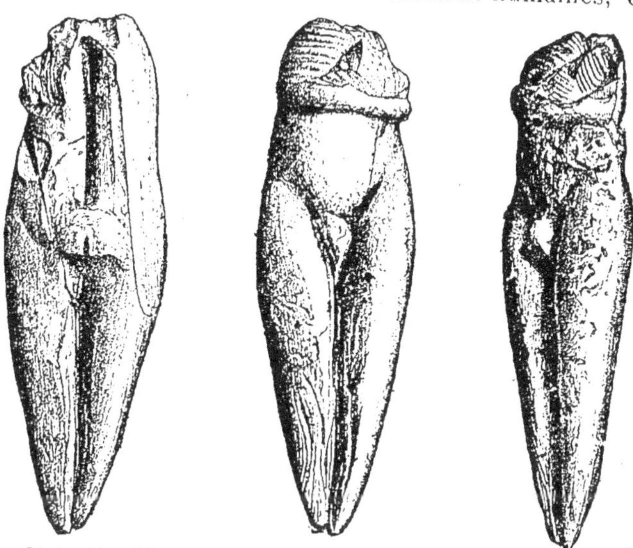

Statuettes féminines en ivoire de Brassempouy (Landes).

reproduisent la nature et ne sont pas d'incompréhensibles caricatures. Sans doute, pour la plupart, elles affectent des formes
rebondies et, pour certaines parties du corps, exagèrent la
réalité : telles les statuettes de Brassempouy et de Villendorf.
C'est une particularité sur laquelle nous reviendrons plus loin.

A. DE PANIAGUA : Age du Renne.   12

Malgré cette exagération, la forme est respectée, les membres

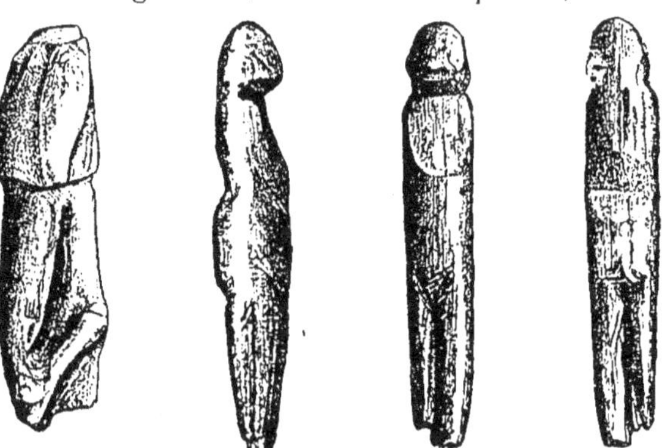

Statuettes féminines en ivoire du Mas-d'Azil.

sont bien proportionnés, la figure est souvent heureuse comme

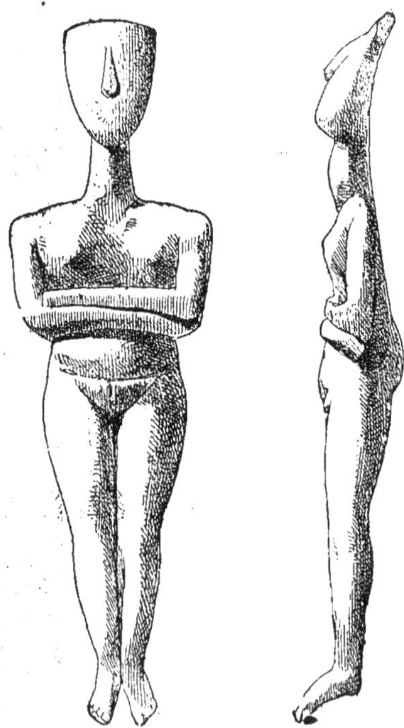

Idoles des Cyclades[1].

dans la jolie tête de Brassempouy avec sa chevelure nattée retombant des deux côtés de la tête et qui fait songer à la coiffure des femmes somalis.

Cette statuaire spéciale eut son apogée à l'aurignacien moyen pour se continuer pendant les deux premiers stades du magdalénien. Les œuvres de ces époques sont d'une bonne allure. Puis vient la décadence qui s'accentue définitivement au déclin de l'âge du renne. Les statuettes du Mas-d'Azil sont traitées avec moins de soin, le détail des formes tend à disparaître, la raideur remplace la souplesse relative des œuvres précédentes.

1. Figure extraite du *Dict. des Ant. grec. et rom.* (Hachette, éditeur).

Déjà, par leurs jambes réunies et étroitement collées l'une contre l'autre et dont la dualité n'est indiquée sommairement que par une rainure médiane, elles font pressentir la gaine des statues protohistoriques et la tête mal détachée et plantée comme une boule sur un corps en fuseau prépare, de loin, le fruste dispositif des xoana des premiers âges de la statuaire grecque, que les anciens attribuaient à Dédale.

Les figurines masculines sont bien inférieures aux féminines. Elles ne dépassent pas l'art grossier et rudimentaire des sauvages. Une figure de la grotte des Fées à Mercamps (Gironde), une autre de la Rochebertier sont d'une facture tout à fait naïve et semblables à celles sculptées par les Kanaques de la Nouvelle-Calédonie et autres insulaires de la Polynésie. Cette insuffisance de l'art tarandien, cependant si élevé, à reproduire les traits masculins alors qu'il réussissait, si parfaitement, à sculpter de fines têtes féminines, comme celles si remarquables de Brassempouy, doit trouver sa raison ailleurs que dans l'inexpérience de l'artiste. Il est apparent que les représentations féminines étaient soignées, étudiées et finies, et il n'est pas moins apparent que les masculines étaient négligées, faites en hâte et sans étude. Peut-être faut-il en chercher la cause dans un souci religieux qui faisait porter tout l'effort artistique vers la représentation d'une grande divinité femelle primordiale et prépondérante? C'est une hypothèse que nous examinerons ultérieurement.

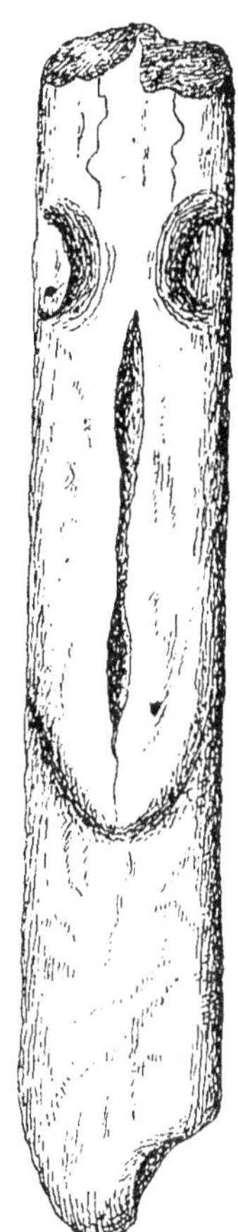

Figuration humaine d'après M. Daleau. — Grotte des Fées à Marcamps (Gironde).

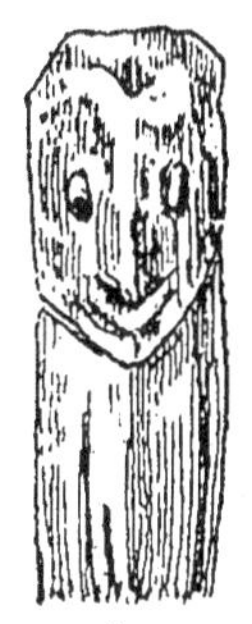

6

Tête humaine gravée sur bois de renne. Rochebertier (Charente).

De tout temps l'homme a aimé la parure. Déjà, dès l'époque chelléenne, ce goût se manifeste. Dans une très intéressante communication faite à la Société préhistorique française, le

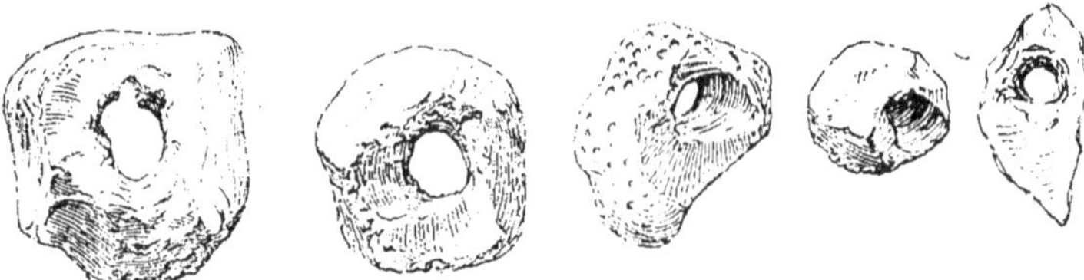

Silex percés naturellement, mais dont le trou est retouché sur les bords.
Balastières de Billancourt (Seine).

Dr Ballet[1] a montré que les Chelléens, prenant de petits silex percés naturellement, savaient abattre, sur les bords exté-

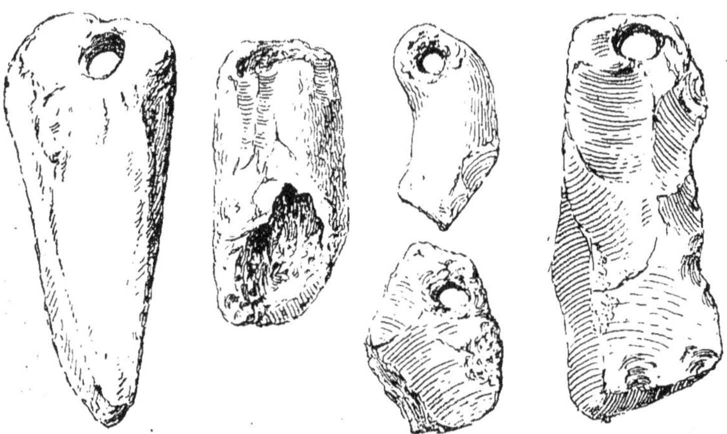

Pendeloques percées naturellement avec retouches intentionnelles.
Balastières de Billancourt (Seine).

rieurs. les aspérités gênantes et retailler les arêtes irrégulières de l'orifice central pour faire disparaître les concrétions et les

1. Dr Ballet, *La parure aux époques paléolithiques anciennes* (Bull. de la Soc. préhist. française. t. XII, n° 2, 1915.)

petites protubérances. Ils obtenaient ainsi des grains de collier et aussi, par un procédé analogue, des pendeloques. Peut-être ont-ils employé les tragos de la craie troués naturellement? Certainement ils se sont servi pour l'usage de la parure de certains fossiles: tubes de dentalium, articulations d'encrine, coquilles des genre *voluta* et *natica*, etc. Le Dr Henri Martin, dans le gisement moustérien de la Quina, a mis au jour des canines portant des traces évidentes de perforation, ainsi que des phalanges de rennes percées. Il s'ensuit donc que les Néanderthaliens aimaient aussi la parure.

Les Tarandiens l'aimaient beaucoup. Ils ont poussé très loin le désir de s'orner de bijoux, tout autant que l'on puisse don-

Dents percées pour collier.

ner ce nom aux objets dont ils se paraient. Ils ont percé des coquillages, des dents de félin, de loup, de renard, d'ours pour faire des pendentifs de collier; ils ont choisi de petits galets, en forme de poire, qu'ils ont perforés à l'usage de pendeloques et qu'ils ont décorés de stries parallèles ou de hachures qui sont peut-être des signes cabalistiques. Ils ont troué de petites porcelaines cypréennes pour les enfiler et en orner des résilles ou les entremêler aux nattes de leurs longs cheveux. Ils en ont fabriqué des bracelets et des anneaux

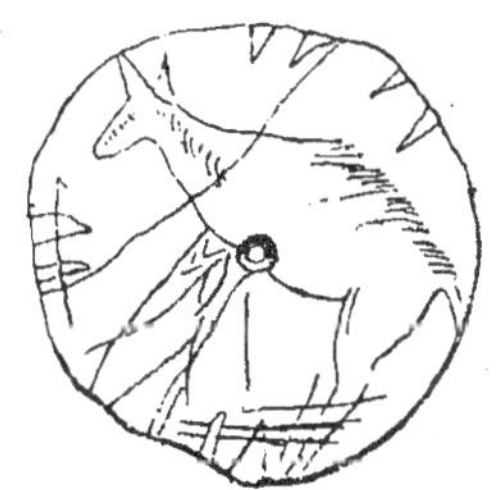

Bouton gravé du musée de Périgueux.

qu'ils portaient aux genoux et aux chevilles. Ils ont aminci et aiguisé de longues lamelles fusiformes en ivoire, en os ou en corne pour retenir leur chevelure.

Ils ont même sculpté des objets de parure avec un art minutieux et merveilleux. Le plus saisissant exemple d'un travail de ce genre est une *cyprea* trouvée par M. F. Daleau. Elle est en ivoire de mammouth et de la grosseur d'un œuf de pigeon. C'est une pendeloque ou, peut-être, plutôt une amulette ; le sommet de la coquille artificielle porte, pris dans la masse ivoirine, un anneau de suspension. Le doute n'est donc pas permis au sujet de la destination de cet admirable objet. L'illusion est complète ; en regardant cette œuvre, on croit voir une véritable cypréa naturelle. Les dentelures qui bordent la valve sont rendues avec une minutie précieuse et une exactitude absolue. L'artiste a copié la nature avec une précision si nette que son œuvre est vraiment un trompe-l'œil. Dans l'antiquité, par suite de sa forme et de l'apparence de sa valve, la coquille porcelaine *cypræa* était un emblème du sexe féminin qui se portait au cou. C'était une amulette.

Pour avoir un tel amour de l'art dans toutes ses branches, il a fallu que les Tarandiens aient eu une mentalité fort élevée. Les hommes qui ont laissé de pareilles preuves de leur talent et de leur goût n'ont pu être des sauvages brutaux. Ils doivent avoir leur place marquée au bon endroit dans l'histoire des premières civilisations.

CHAPITRE V

LES MŒURS ET LA RELIGION

Des différents groupes humains qui ont formé les contingents de la migration qui entraîna des peuples orientaux vers l'occident de l'Europe, le groupe altao-finnois est celui qui paraît avoir imposé l'empreinte la plus définie et la plus profonde sur la civilisation et les mœurs des Tarandiens [1]. Il est cependant certain que les autres groupes ont dû aussi marquer de leur sceau cette civilisation ; mais il est infiniment probable qu'au moment de cet exode, ayant pour point de départ le même centre asiatique, leur culture et leurs habitudes de vie étaient semblables à celles des Altao-finnois. Si ceux-ci, et en particulier les Ostiaks, nous présentent aujourd'hui, ou pour être plus précis, il n'y a pas bien longtemps, au siècle dernier, le tableau de leur génie propre dans son infériorité, tel qu'il devait être à l'âge paléolithique, c'est que ce génie, à l'état stagnant, est resté cristallisé sur place. Au contraire, celui d'autres groupements originaux s'est modifié, transformé et développé au contact des civilisations, à ce point qu'il n'est plus possible de le reconnaître maintenant en le mettant en parallèle avec l'idiosyncrasie tarandienne, tant au point de vue industriel qu'aux points de vue moral, religieux et social.

Élisée Reclus dit [2] : « Ainsi que le fait remarquer Polakow, le pays d'Obdorsk, centre principal des tribus ostiakes, représente exactement, aussi bien au point de vue de l'anthropologie qu'à celui de la géographie physique, les conditions dans lesquelles se trouvait l'Europe occidentale à l'époque du renne.

---

1. Ch. Rabot, *A travers la Russie boréale*, p. 209 : « Avec les Ostiaks nous arrivons au chapitre initial de l'histoire de l'homme. »
2. Elisée Reclus, *Géo. univ.*, t. VI, p. 680.

Les Ostiaks, comme les Européens de cet âge de l'humanité,
mangent les animaux carnivores de même que les frugivores ;
les renards et d'autres espèces rapprochées sont la nourriture
favorite de l'Ostiak ; il dévore la viande crue, comme le faisaient les troglodytes de la Vézère et commence toujours par
le morceau qui semble le plus délicat, les intestins. La pierre,
mais surtout la corne et l'os, lui servent encore à la fabrication de la plupart des ustensiles parfaitement semblables à
ceux des anciens habitants des grottes européennes. » Le
Dr Hamy partage la même opinion [1] : « Tout ce matériel si
particulier que l'on a exhumé des stations de France, de Belgique, de Suisse, du Wurtemberg est encore usité aujour-
d'hui chez les Hyperboréens avec des différences peu sensibles
qui sont d'ailleurs presque toujours en faveur des anciens
habitants de notre sol. » Une théorie, à peu près semblable,
fondée sur l'étude comparative des crânes, a été soutenue par
de nombreux savants : Prüner-bey, Serres, de Quatrefages,
Le Hon, Carter-Blake. Ainsi donc l'industrie des Ostiaks,
pour ne parler que de celle de ce peuple, est absolument identique à celle des Tarandiens. Les Ostiaks, aujourd'hui refoulés et décimés [2], jadis bien plus nombreux [3], peut-être les
derniers descendants des Tchoudes mystérieux qui résidaient
dans la Scythie touranienne alors que le mammouth y vivait
encore, ont gardé, par suite de la cristallisation de leurs
mœurs, et en raison de leur éloignement de tous les foyers
des civilisations subséquentes, leurs procédés industriels dans
leur pureté primitive et des habitudes radicalement immuables. Cette similitude complète de leur industrie avec
celle des occidentaux de l'âge du renne, aussi bien que les
rapprochements dans la manière de vivre entre ces deux
groupes pourtant si éloignés l'un de l'autre, quand on peut

---

1. Dr Hamy, *Précis de Paléontologie humaine*, p. 359.

2. « Les Ostiaks sont des Finnois Ougriens proches parents des Hongrois
et des Finlandais venus comme eux de l'Altaï ». (Ch. Rabot, *A travers la
Russie boréale*, p. 210.)

3. « Les Ostiaks sont une des premières nations de la Sibérie qui ayent
été découverts et soumis par les Russes. Ainsi que tous les peuples de
cette région, ils sont devenus moins nombreux depuis la conquête, la
petite vérole et d'autres maladies qui leur étaient anciennement inconnues
ont fait de grands ravages parmi eux. » (*Voy. de Pallas* ; Paris, 1793,
t. IV, p. 52.)

les établir, amènent à cette conclusion que les Tarandiens étaient en Occident des allogènes migrateurs issus du tronc ethnique altao-finnois.

Les Ostiaks et les Vogoules leurs frères [1] sont d'un tempérament doux et pacifique ; ils sont hospitaliers et honnêtes [2]. Ces qualités, reconnues par tous ceux qui les ont visités, remettent en mémoire ce que les auteurs anciens rapportent des peuples hyperboréens vertueux, hospitaliers, amis de la justice [3].

L'outillage laissé dans les grottes et les abris de l'Occident par les Aurignaciens et les Magdaléniens, dénote des mœurs tranquilles qui, naturellement, devaient être le résultat d'un caractère doux et pacifique. Pas un instrument laissant soupçonner une destination guerrière, tandis que ceux ayant pour but la pratique des arts et des œuvres de paix abondent. Puis ce sont des armes de chasse et des outils de pêche. Rien dans tout cet attirail ne peut faire supposer des habitudes de violence ou un amour de la lutte. Par induction, en face de cette preuve matérielle, on doit conclure que les Tarandiens, comme les Ostiaks, avaient un tempérament peu enclin à la violence.

Encore, d'après l'outillage paléolithique des gisements de l'Occident où se montrent en nombre les instruments de pêche et de chasse, on doit induire que les hommes de l'âge du renne, pour une bonne part des besoins de la vie courante, étaient chasseurs et surtout pêcheurs. C'est encore un trait de plus qui les rapproche des Ostiaks. Ceux-ci sont chasseurs et surtout pêcheurs. Le poisson est leur principale nourriture [4]. Pour établir leurs demeures « iourten », ils choisissent le bord des cours d'eau [5]. Ne retrouvons-nous pas, d'une façon à peu près générale, les stations aurignaciennes et magdaléniennes à proximité de rivières ou d'importants ruisseaux. Ch. Rabot dit : « Les Ostiaks sont un peuple de

1. « Les Vogoules et les Ostiaks sont de même race, formant un seul groupe ethnique. Ces dénominations n'ont qu'une valeur locale d'après Müller. » (Ch. Rabot, *A travers la Russie boréale*, p. 214.)

2. *Voy. de Pallas*. Paris, 1793, t. IV, p. 52. — A. Hovelacque, *Précis d'anthropologie*, p. 441. — Elisée Reclus, *Géo. univ.*, t. IV, p. 676.

3. Pomponius Mela, *De situ orbis*, liv. I, par. 19. — Homère, *Illiade*, ch. VIII, v. 420. — Pline, liv. IV, ch. XII. — Orphée, *Argo.* — Diodore de Sicile, liv. III, par. 36. — Philostrate, *Vita Apol. Thya*, liv. IV, 6.

4. *Voy. de Pallas*, Paris, 1793, t. IV, p. 57. — A. Hovelacque, *Précis d'Antrop.*, p. 441. — Ch. Rabot, *A travers la Russie boréale*, p. 209.

5. Pallas, *loc. cit.*, t. IV, p. 58.

chasseurs et de pêcheurs. La vie de ces pauvres gens est une représentation exacte de l'existence de nos ancêtres préhistoriques [1] ».

L'état nomade, avec la liberté de courir à travers les grands espaces sur une terre qui appartient à tous, n'engendre pas la passion des conquêtes, surtout lorsque la population est peu dense et que les troupeaux peuvent facilement trouver à paître sur une terre vierge et plantureuse. L'état purement sédentaire produit les haines, les convoitises et les compétitions qui se donnent libre carrière lorsqu'une loi sociale ne les refrène pas. Tous veulent posséder la terre la plus riche et le mieux située ; la prolification devient plus active, les appétits se font plus impérieux, les aspirants à la propriété sont plus nombreux. L'époque du renne ne nous laisse pas entrevoir des cycles de luttes pendant les périodes aurignacienne et magdalénienne. D'où il ressort que de fragiles pointes suffisaient fort bien à un peuple, surtout pécheur, qui s'en servait principalement pour transpercer les poissons des rivières près desquelles il aimait à habiter. Peut-être même le Tarandien était-il peu chasseur, car il n'avait pas à rechercher beaucoup, sinon pour les grands festins funéraires, la chair des animaux sauvages, les rennes et les chevaux apprivoisés et réunis en troupeaux, lui fournissant la viande et le lait en abondance. La sagaie devenait entre ses mains principalement un instrument de pêche, et c'est la raison probable pour laquelle on trouve dans les grottes qu'il a occupées, à côté de nombreux harpons, des pointes fines en os, suffisantes pour percer un saumon ou un gros poisson quelconque, mais, pour ainsi dire, sans effet contre une bête moyenne à fourrure. Les rares pointes en silex sont certainement plus fortes, mais n'indiquent pas, par la faible puissance de pénétration qu'elles pourraient avoir, que la population qui en faisait usage pût être un peuple guerrier.

Les Ostiaks sont d'une malpropreté extraordinaire; ils ne se lavent jamais [2]. Crasseux et couverts de vermine [3], ils

---

1. Ch. Rabot, *loc. cit.*, p. 223.

2. A. Hovelacque, *Précis d'anthrop.*, p. 441. — *Voy. de Pallas*, Paris, 1793, t. IV, p. 53, 59, 61.

3. A rapprocher de ce peuple phthirophage du haut Caucase, dont parle Strabon (liv. XI, ch. ii, par. 19).

habitent des huttes où règne une saleté révoltante. Tous les
détritus jonchent le sol et s'y accumulent : entrailles des
élans et d'autres bêtes, débris de poissons, ordures de toutes
sortes. « On se fera facilement une idée, dit Pallas, de la
puanteur, des vapeurs fétides et de l'humidité qui règnent
dans leurs *iourtens*, lorsque l'on saura que les hommes, les
femmes, les enfants et les chiens font leurs besoins partout
et que personne n'a soin de les enlever [1]. » Il devait en être
absolument de même dans les demeures des Tarandiens.
Quelle est donc la composition du magma qui emplit les
cavernes et les abris dans lesquels ces hommes ont habité ?
L'analyse de ces dépôts indique qu'ils se composent de
toutes les ordures domestiques, débris de cuisine et de
repas et de matières fécales, formant maintenant un conglomérat où sont épars des instruments que la négligence des
primitifs a laissés à l'abandon, des déchets de fabrication et
de nombreux os d'animaux les uns intacts, les autres brisés
pour en extraire la moelle. Nous retrouvons donc ici, une
fois de plus, les habitudes des Ostiaks.

Ce peuple a une existence moitié nomade, moitié sédentaire [2]. De même les Tarandiens. On en trouve la démonstration dans la stratigraphie de ces mêmes dépôts spéléens
où des couches successives contenant les témoignages d'une
habitation plus ou moins longue, suivant leur épaisseur,
sont séparées entre elles par des strates stériles. Les Tarandiens chasseurs et pêcheurs, et aussi, bien probablement
pasteurs, s'établissaient sur un point à leur convenance et
dans les environs duquel ils pouvaient trouver la forêt qui
leur fournissait le gibier, le cours d'eau qui leur donnait le
poisson, les pâturages qui nourrissaient leurs bêtes et les
gisements qui leur fournissaient les silex pour la fabrication
de leurs instruments. Mais il arrivait que ces pâturages
s'épuisaient, que le gibier traqué devenait plus rare ; la fantaisie même pouvait jouer un rôle ; le désir de changer
d'habitat pouvait hanter l'esprit de ces demi-nomades. Un
déplacement s'imposait alors ; le gîte était abandonné. Puis,
la nature et le temps accomplissaient leur œuvre, des sédi-

---

1. *Voy. de Pallas*, Paris, 1793, t. IV, p. 60.
2. A. Hovelacque, *Précis d'anthrop.*, p. 441.

ments se déposaient sur le sol de l'habitation délaissée, le
vent y poussait des poussières, le ruissellement des pluies y
accumulait les limons, des éboulis recouvraient les derniers
débris de l'occupation. La strate stérile était ainsi constituée·
Mais les herbages repoussaient plus drus, le gibier désormais tranquille se multipliait, le poisson moins méfiant pul-
lulait et il arrivait un moment où une nouvelle horde venait
s'installer sur les lieux jadis occupés. Ainsi est expliqué, très
naturellement, par le simple jeu des habitudes moitié séden-
taires et moitié nomades, le système stratigraphique qui,
dans les sédiments du plus grand nombre des grottes et
des abris, fait succéder, à plusieurs reprises, des couches
stériles à des couches riches en objets d'une industrie procé-
dant d'une même culture. Il arrive même quelquefois dans
un gisement présentant dans son ensemble l'industrie d'une
même période, qu'une strate supérieure contient des instruments dont la technique est manifestement moins évoluée
que celle des instruments de la strate immédiatement sous-
jacente. C'est là une preuve évidente que toutes les tribus
tarandiennes ne suivaient pas un rythme évolutionnaire identique dans le temps. Il y avait donc, comme aux époques
historiques, des groupes dont le degré de civilisation industrielle était assez élevé et d'autres, au contraire, qui restaient
en retard bien qu'appartenant à la même race et sensiblement
à la même époque.

De ce que c'est surtout dans des cavernes et des abris sous
roche que l'on a rencontré les témoins de l'industrie et de
l'art des Tarandiens aussi bien que les vestiges osseux de leur
race, on en a tiré la conclusion qu'ils étaient un peuple de
troglodytes.

Tout d'abord, il est important de signaler que des stations
en plein air existent, notamment aux lieux dits Gabastou, à
Montfaucon (Dordogne) et à Casevert à Blasimont (Gironde),
pour ne citer que celles que nous connaissons *de visu*, d'une
manière particulière. Mais, en outre, on a la preuve évidente
que la masse de la population tarandienne habitait dans des
huttes. Nous pouvons, aujourd'hui, nous rendre exactement
compte de ce qu'étaient, du moins extérieurement, les habitations des hommes de l'âge du renne, habitations dont les
parois de certaines grottes décorées nous ont conservé le

modèle, on pourrait même dire, le plan en façade. Ces figurations tectiformes ne peuvent être évidemment des fantaisies imaginatives des très sincères artistes paléolithiques qui reproduisaient, avec un art fait pour nous confondre, les choses et les êtres qu'ils voyaient et nulle autre chose. La conséquence est que ces figures gravées ou peintes sont bien la reproduction des huttes où résidait la plus grande partie de la population. Il faut donc abandonner la thèse qui fait des Tarandiens des troglodytes habitant exclusivement des abris rocheux et des cavernes. Sans doute beaucoup d'abris

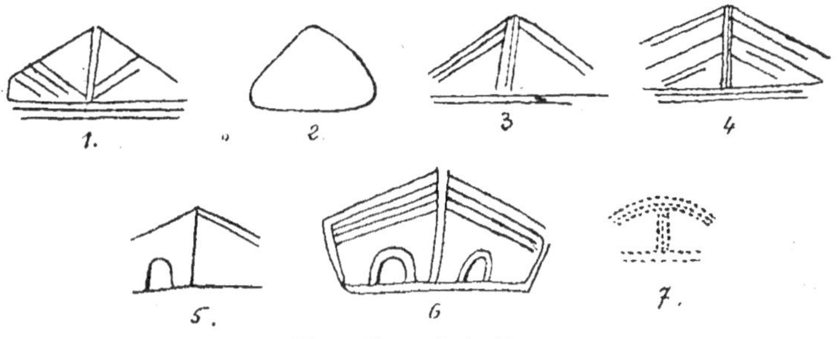

Figurations de huttes.
Gravure : 1 et 2, Les Combarelles ; 3 et 4, Bernifal.
Peinture : 5, 6 et 7, Font-de-Gaume.

et de cavernes ont été occupés à l'époque du renne, mais en voyant la reproduction des huttes archaïques, on doit entrevoir un régime social particulier et il n'est nullement risqué, semble-t-il, d'avancer que si certains individus, certains clans peut-être, avaient pour demeures et ateliers les abris sous roche et les grottes, la plus grande partie de la population habitait dans les huttes [1] dont l'image est parvenue jusqu'à nous empreinte sur les murailles des galeries chthoniennes des Combarelles, de Font-de-Gaume, de Bernifal, d'Altamira et d'autres encore [2].

[1] « L'homme de l'âge du renne n'était pas exclusivement troglodyte. On a découvert en effet, dans le Périgord et ailleurs, de nombreuses stations humaines de l'époque à ciel ouvert, adossées aux falaises des vallées et dans le voisinage des cours d'eau. De là il est permis de supposer, que l'homme du renne savait s'abriter sous des huttes ou des cabanes. » (J. Bourlot, *Hist. de l'homme préhist.*, p. 36.)

[2] Si les déductions, que nous exposerons plus loin, faisant des chamanes tarandiens des princes théocratiques conducteurs des tribus,

Encore une fois, en considérant les figurations représentant ces huttes paléolithiques, nous pouvons saisir de nouveau l'influence de l'import asiatique. Elles reproduisent, on

Hutte ostiake.

peut dire, trait pour trait, la hutte sibérienne des Ostiaks appelée par eux *sasskol*.

*
* *

L'homme de l'âge du renne a-t-il possédé des animaux domestiques?

On peut répondre, tout d'abord, à cette question, qu'il est

peuvent être acceptées comme probables, il n'y aurait pas une présomption excessive à concevoir qu'ils eussent monopolisé la fabrication des instruments en silex, en ivoire, en corne et en os. Les maîtres possesseurs de secrets pour la taille du silex et de procédés particuliers pour l'accommodement des autres matériaux de l'industrie de l'âge du renne, secrets et procédés gardés jalousement, instruisaient peut-être dans leur art des ouvriers libres ou des esclaves qui travaillaient sous leur direction et à leur profit. Le mythe grec d'Héphaistos, maître des Cyclopes fondant et martelant l'airain dans les *antres* des Monts cérauniens ne serait-il pas un reflet d'un premier état réglementant l'industrie de la pierre? Des cyclopes tout primitifs, véritables artisans hiérodules, avant que leurs successeurs mythologiques fassent rougir à la forge le bronze et le fer des armes des héros et des dieux, auraient donc, dans d'autres cavernes des temps quaternaires, taillé le silex et ciselé la corne et l'os?

bien difficile d'admettre que cet homme, qui, dans ses repaires, a laissé des quantités si considérables d'ossements de rennes, n'ait pas su soumettre ce cervidé qui lui fournissait l'os et la corne pour l'industrie, et dont, plus que probablement, il utilisait les tendons comme liens, la peau pour les vêtements, les chairs et les moelles pour se nourrir et qui, domestiqué, lui aurait donné son lait. L'exemple des Ostiaks, grands éleveurs de rennes, apporte à cette supposition très vraisemblable une force sinon directement probante du moins très puissamment corrélative.

On a invoqué l'absence des vestiges du chien (*Canis familiaris*) dans les gisements du paléolithique supérieur comme une contribution à la négation de la domestication du renne. En effet, le chien serait indispensable pour la garde des troupeaux de rennes. Son absence indiquerait clairement que ces animaux n'ont pu être domestiqués à cause de leur indépendance d'humeur qui, pour être réprimée, aurait besoin d'un gardien vigilant. C'est l'opinion de G. de Mortillet[1] qui cite Carl Vogt à l'appui de cette manière de voir : « Écoutons M. Carl Vogt, témoin oculaire : quiconque a vu une seule fois un troupeau de rennes aura compris immédiatement que leur garde serait impossible sans le chien dressé *ad hoc*. C'est une bête tellement indocile, stupide et de mauvaise volonté et le retour à l'état sauvage lui est si facile et s'accomplit si promptement que l'homme ne saurait suffire à la tâche de le garder sans le secours du chien[2] ». Pour un témoin oculaire, Carl Vogt paraît avoir bien mal vu : « Les pasteurs de rennes Tchouktches savent se faire aimer de leurs animaux : Palander raconte comment le tchouktche trouve devant lui, au sortir de la tente, après le sommeil de la nuit, tout son troupeau de rennes rangé en bon ordre, précédé par un vieux mâle à grandes cornes, et comment chaque bête vient, à son tour, passer devant son maître et se frotter le mufle contre ses mains[3]. » A côté de cette assertion, que devient celle de Vogt affirmant l'indocilité, la stupidité et la mauvaise volonté du renne ?

1. G. de Mortillet, *Le préhistorique*, p. 386.
2. Carl Vogt; *Bull. de l'inst. genevois*, 1869, vol. **XV.** *Introd. à la description d'objets trouvés à Veyrier.*
3. Elisée Reclus, *Géo. univ.*, t. VI, p. 800.

Déjà il semble bien que l'on puisse saisir une preuve de la domestication du renne dès l'époque du Moustier confinant à l'aurignacien. Le Dr Henri Martin, dans le gisement de la Quina qu'il a entrepris de fouiller avec la plus minutieuse méthode scientifique, a trouvé très souvent des vertèbres cervicales de renne et surtout des axis portant des intailles transversales vers la partie supérieure du corps de l'os, intailles évidemment produites par un silex tranchant. On a donc cherché à tuer l'animal en sectionnant la moelle épinière, à peu près de la même manière que procède le *cachetero* qui vient achever le taureau frappé par l'espada dans les corridas espagnoles. Les intailles qui se voient sur les vertèbres des rennes paléolithiques ne peuvent être que le résultat des coups portés à faux. L'opérateur voulait introduire la lame de silex, par un mouvement transversal, soit entre l'axis et l'atlas, soit entre deux autres vertèbres supérieures de façon à atteindre la moelle épinière et la trancher. Ce n'est vraiment pas là la besogne d'un chasseur qui tue avec un javelot, assomme avec une massue ou étrangle avec un lasso. C'est le travail d'un *carnifex* qui, après avoir terrassé la bête, la sacrifie en tranchant la moelle et pour cela cherche à trouver l'intersection de deux vertèbres, manque souvent son coup et laisse sur l'os les traces de ses tâtonnements. Une telle opération suppose un animal domestique et pas une bête sauvage et indomptée, qui, dans son indépendance, lutterait et rendrait presque impossible la mise à mort dans de pareilles conditions. On peut même avancer que le renne tué de la sorte devait être entravé ou, dans tous les cas, fortement maintenu et rendu immobile. Tout cela ne peut être une action de chasse.

L'abondance des ossements de rennes dans les gisements tarandiens indique certainement de grandes agglomérations localisées de ces animaux dans des sites définis et cela n'a pas lieu de surprendre puisque nous savons combien sont nombreux les troupeaux qu'entretiennent encore les populations boréales. Ces ossements sont toujours accumulés dans les stations que l'homme a occupées. Les cas de trouvaille isolés sont excessivement rares. Cette accumulation d'os de rennes en des points précis ayant été habités fait supposer justement que la bête si utile était domestiquée par des hommes qui buvaient son lait, mangeaient sa chair, faisaient

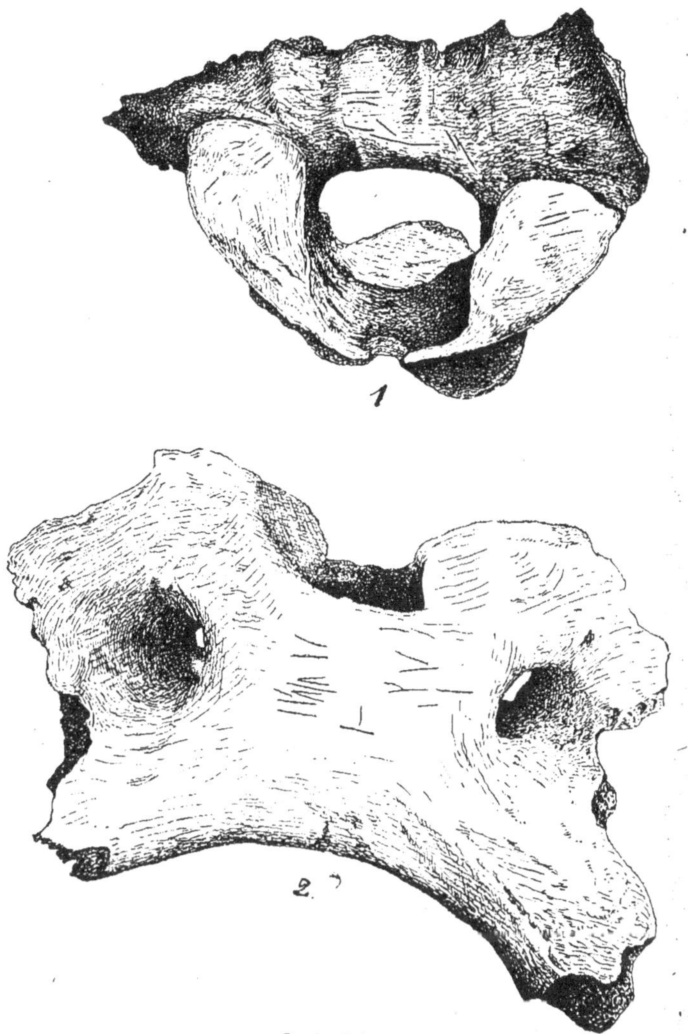

Os incisés.

1, Renne : région basilaire du crâne occipital avec son trou et ses deux
condyles. — 2, Renne : atlas, face antérieure [1].

1. Dr Henri Martin, *Des articulations de quelques régions chez les rumi-
nants et le cheval à l'époque moustérienne. Bull. de la Soc. préh. française,*
t. VI, n° 6, 1909, p. 303 et suivantes.

A. DE PANIAGUA : Age du Renne.   13

des lanières, des sacs, des vêtements, des couvertures de
huttes avec sa peau, aiguisaient, taillaient, ciselaient ses os
etses ramures et l'utilisaient, sans doute, comme bête de
somme, toutes choses que pratiquent encore les Hyperboréens de l'Europe septentrionale et de la Sibérie. Les restes
des animaux véritablement libres et sauvages qui ont dû tomber sous les coups des chasseurs tarandiens sont relativement
en petit nombre. Cette. disproportion entre les débris des
bêtes qu'on peut supposer avoir été chassées et ceux des bêtes
que l'on peut croire réduites en servitude est de nature à
retenir l'attention et à faire adopter une conclusion en faveur
de la domestication du renne.

On trouve encore dans les gisements ossifères de l'âge du
renne, les restes de deux animaux qui ne se montrent qu'à
cette époque : ce sont l'antilope saïga (*saïga tartarica*) et le
spermophile (*spermophilus citillus*). Or, ces deux sujets sont
originaires de l'Orient européen et de l'Asie septentrionale où
ils vivent encore. Le saïga vague en troupe dans les steppes
du midi de la Pologne, dans l'Ukraine et surtout dans la
Russie d'Asie. Le spermophile, véritable marmotte à abat-
joues, vulgairement appelé *souslik*, est répandu depuis la
Bohême jusqu'en Sibérie. Leurs ossements fossiles sont, au
demeurant, peu nombreux, à ce point qu'on peut être tenté
de faire cette supposition qu'ils étaient, pour les hommes qui,
selon toute vraisemblance, les ont importés dans les pays
d'Occident, des animaux de curiosité ou retenus en captivité
afin de fournir des morceaux de choix pour les grands festins[1]. Quoi qu'il en soit sur ce point, n'est-il pas singulièrement intéressant de constater que trois animaux caractéristiques de l'époque où on peut entrevoir la venue en Occident
de races allogènes, habitent encore, justement, les régions
d'où provenaient, selon toutes les probabilités, ces races, et
pour le renne, en particulier, qu'il est domestiqué chez les
Ostiaks dont l'industrie est, en tout, identique à celle des
hommes occidentaux de l'âge tarandien ?

Le gisement de la Quina, appartenant, comme nous l'avons
déjà dit, au moustérien supérieur, a fourni une indication

---

1. « Chez les Ostiaks comme chez les Finnois de la Volga, les grandes
cérémonies religieuses consistent en un repas sacré. » (Ch. Rabot, *A travers la Russie boréale*, p. 237.)

précieuse en ce qui a trait à la domestication du cheval. Le
Dr Henri Martin a découvert des dents de cheval usées d'une
façon tout à fait anormale. Les vétérinaires des écoles d'Al-
fort et de Toulouse consultés ont été unanimes à reconnaître, dans cette usure hors nature, le fait du tiquage. Le
Dr Henri Martin a minutieusement poursuivi une enquête
serrée et a été jusqu'à demander aux gauchos américains des
pampas argentines si le cheval libre pouvait contracter l'habitude de tiquer. Il lui a été répondu que *jamais* le cheval
libre ne tiquait et que pour prendre cette habitude il fallait
qu'il soit attaché. Or, le cheval moustérien de la Quina
tiquait, du moins quelques sujets. Les dents chevalines trouvées, avec une usure symptomatique, le prouvent. Donc il
était attaché *habituellement*. La conséquence est immédiate et
découle du fait même du tiquage : s'il était attaché, il était
donc domestiqué[1].

Si le cheval était déjà réduit en servage à l'époque du
Moustier, il n'y a rien de plus rationnel que d'admettre sa

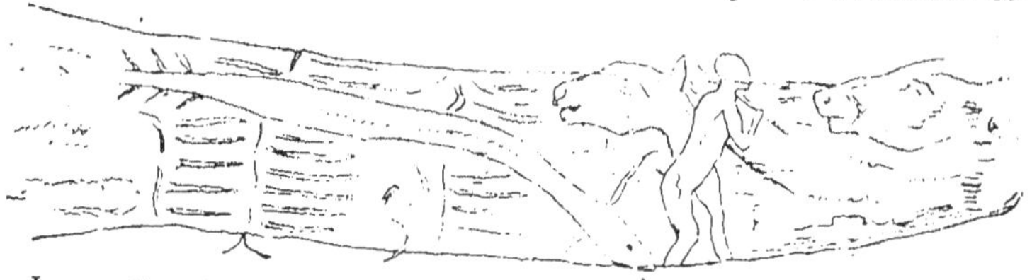

Le gardien de chevaux, gravure sur bois de renne de la Madeleine.

domestication à l'âge du renne. Et, en effet, une gravure de
la Madeleine, sur un bâton dit de commandement, nous offre
le tableau d'une scène pastorale représentant un homme dans
une attitude placide, un bâton sur l'épaule, surveillant des

1. M. Edmond Hue, vétérinaire-major, au cours de la dernière guerre, a
été chargé d'une mission dans l'Amérique du Nord en vue d'acheter des
chevaux pour la remonte de la cavalerie et de l'artillerie. Il a examiné
seize mille bêtes. Sur ce nombre, étant données les conditions de garde
des chevaux américains qui ne sont jamais attachés, il n'a trouvé que
deux tiqueurs qui d'ailleurs avaient été traités et gardés dans des conditions particulières qui expliquaient le *tic*. Sur cinq mille chevaux des
ranchs, qui vivent à l'état tout à fait libre, M. Ed. Hue n'a pas trouvé un
seul tiqueur, et il formule, en conséquence, cette conclusion : *les chevaux
vivant à l'état sauvage, ne tiquent pas.* (Ed. Hue, *Note sur le tic chez les
chevaux américains. Bull. de la Soc. préhist. française*, décembre 1915,
p. 454 et suiv.)

chevaux tranquilles. Le document semble probant : on ne garde pas des chevaux sauvages. Si l'*equus caballus* n'eut pas été réduit en domesticité, la gravure de la Madeleine deviendrait incohérente et incompréhensible.

D'ailleurs, cette démonstration n'entraîne pas la déduction que tous les chevaux qui vivaient en Occident, à l'âge du renne, fussent domestiqués. L'accumulation des carcasses chevalines au Cro du Charnier, à Solutré, fait supposer qu'elles sont les dépouilles de chevaux libres et sauvages qui, pourchassés sur le plateau supérieur, sont venus s'abattre au pied de la falaise où ils ont été achevés et dévorés par l'homme. Il devait en être, à l'époque tarandienne, pour la domestication du cheval, comme il en a été jusqu'au siècle dernier, dans les Landes de la Gascogne où une race, presque sauvage et de tempérament farouche et indépendant, vivait, et vit même encore dans les *lèdes* des régions forestières et dans les *barthes* de l'Adour. Ces bêtes allaient en pleine liberté et, lorsque l'on voulait en avoir, il fallait les capturer de vive force ou par ruse. On arrivait à les dompter assez facilement par la faim et avec l'aide d'autres chevaux déjà apprivoisés. Le cheval des Landes est encore tel qu'il était au paléolithique supérieur. Sa tête actuelle est exactement celle qui est gravée et découpée sur un os operculaire de brochet trouvé à Brassempouy et conservé au musée de Mont-de-Marsan.

Le cheval de l'âge du renne diffère du cheval véritablement occidental, cheval de Saint-Prest, cheval de l'Arno (*equus arnensis*) descendant de l'hipparion du miocène. Alors ne serait-il pas un équidé d'importation étrangère, arrivé avec les émigrants allophyles des steppes de l'Altaï. Le cheval landais rappelle étrangement le cheval asiatique que décrit Pallas. L'un et l'autre ne seraient-ils pas frères ? M. de Quatrefages exprime cette vue que le cheval est originaire de l'Asie, ayant peut-être pour ancêtre le koulane qui, suivant le Dr Sven Hédin, se rapproche beaucoup du mulet par la forme.

De ces diverses observations il semble devoir ressortir avec évidence que les hommes de l'âge du renne avaient domestiqué le cheval, comme il est probable qu'ils avaient fait pour le renne. Tout en étant pêcheurs et chasseurs, ils devaient être des pasteurs galactophages se nourrissant non seulement de la chair, mais encore du lait des rennes comme les Ostiaks et les Tchouktches [1], et de celui des cavales comme les vertueux hippémolges de la Scythie [2] et comme les Kir-

Cheval sibérien, d'après Pallas.

ghises et les Kalmouks des steppes caspiens, araliens et altaïques [3].

Peut-être même ont-ils employé les rennes et les chevaux comme animaux de bât, ainsi que font les peuples asiatiques

1. Elisée Reclus, *Géo. univ.*, t. VI, pp. 539 et 685.
2. Hérodote, *Melpomène*, § 2.
3. Les Kirghises habitent des régions situées au nord et à l'est de la mer Caspienne. Ceux qui résident au nord de cette mer, les Kirghises Kaïsaks, sont dits de la petite horde ; ceux de la horde du milieu et ceux de la grande horde vaguent dans les plaines de l'est, autour du lac d'Aral. Les Kalmouks dressent leurs tentes de feutre à l'ouest du grand massif thibétain, vers les monts Altaï et l'Irtisch et jusque dans les régions à l'est de la Volga (*Voy. de Pallas*; Paris, 1793, t. I, p. 609; t. II, p. 421 ; t. I, p. 485 à 521).

que nous venons de citer. S'il en a été vraiment ainsi, les Tarandiens trouvaient en cela un double avantage pour leurs déplacements dont il est bien difficile d'admettre qu'ils n'aient pas su profiter : ils avaient de la sorte un moyen facile de transport et un autre moyen de ravitaillement ambulant. Et pourquoi non? Est-il donc si hasardé de supposer que des hommes qui savaient sculpter la frise de Laussel et peindre les fresques du plafond d'Altamira, pouvaient aussi se hausser jusqu'à placer une charge sur le dos d'un renne ou d'un cheval et traire les femelles de ces animaux, alors que celles-ci offraient à leurs regards des pis gonflés de lait, aliment naturel dont ils avaient pris le goût en tétant les seins de leurs mères.

La peinture si suggestive, découverte dans la grotte David à Cabrerets (Lot) par l'abbé Lemozi, est véritablement la reproduction d'une pratique de magie invocatoire. Elle montre, comme sujet principal, deux chevaux *encapuchonnés* portant sur le flanc des signes croisés qui pourraient bien être des soi-disant bâtons de commandement ou, bien mieux des *litui* magiques schématisés. Partout sont semés des ocelles, tantôt noirs, tantôt de couleur ocre comme les signes croisés. Le tout est encadré par quatre mains se détachant en blanc sur fond ocre. Quelques lignes rouges et sur le dos d'un cheval un énorme brochet ou une grande anguille de même couleur. Il est difficile d'interpréter cette scène. Sans doute, les ocelles, les signes croisés et les mains sont des figurations cabalistiques. Mais les capuchons qui recouvrent la tête des chevaux et les aveuglent? Ne serait-ce pas la figuration d'un usage pratiqué pour le dressage des chevaux sauvages? C'est encore une pratique courante de couvrir la tête d'un cheval ombrageux pour lui faire franchir un obstacle devant lequel il recule. Dans ce cas, la fresque de Cabrerets représenterait une scène propitiatoire pour assurer la domestication de chevaux capturés. (*Voir* APPENDICE, p. 289.)

Les préhistoriens, et notamment Carthailhac, l'abbé Breuil, le Dr Capitan qui ont fait une étude spéciale et approfondie

Fresque de la grotte David à Cabrerets (Lot). D'après un dessin de l'abbé Lemozi reproduit par *L'Illustration*.

des cavernes décorées, sont d'accord pour reconnaître qu'elles ont été des sanctuaires. De là, par une résultante déductive et inéluctable, il faut admettre que ces temples avaient des prêtres. Mais quels étaient ces prêtres? Des magiciens sans aucun doute, en même temps, serviteurs de la divinité, intermédiaires entre elle et la foule des adorateurs et directeurs suzerains des hordes et des clans.

A l'aurore de toutes les sociétés humaines, on voit apparaître la théocratie qui, au point de vue religieux, se manifeste par la magie. « Par tous les pays et dans tous les temps qu'il nous est donné d'atteindre, les pratiques magiques se ressemblent à un degré si étonnant qu'on ne peut se défendre de les croire empruntées de peuple à peuple, par transmission ou lente et invisible infiltration[1]. » La superstition des primitifs s'alliait forcément à la magie dont elle était une conséquence, magie évidemment pratiquée par des sorciers qui avaient le plus grand intérêt, tant du point de vue spirituel que du point de vue temporel, à entretenir et surexciter cette superstition afin d'asseoir et de fortifier le pouvoir surnaturel qu'ils s'attribuaient et aussi, bien sûrement, leur puissance théocratique qui en découlait. La magie s'impose aux peuples enfants par le savoir plus élevé et l'adresse plus avisée de ceux qui en sont les maîtres et qui, faisant à propos intervenir les dieux, savent, à leur gré et à leur profit, épouvanter, consoler et séduire les masses simples et crédules, par leurs sortilèges, leur mise en scène thaumaturgique, leurs incantations, leurs oracles et leurs douces et adroites paroles. « Quand les Muses, filles de Zeus, chante Hésiode[2], veulent faire honneur à un *roi vénérable nourri par Zeus*, elles mettent sur sa langue une douce harmonie et les paroles suaves coulent de sa bouche et les peuples le regardent tous. »

Il n'est pas à croire, cependant, que ces sorciers des premiers âges aient été de simples charlatans trafiquant de leurs dieux. Ainsi que les *saka* de la Mélanésie, « qui croient réellement en leur pouvoir tout autant que les gens aux dépens desquels ils l'exercent[3] », il est probable que les magiciens

---

1. Victor Henry, *La Magie dans l'Inde antique*.
2. Hésiode, *Théogonie*.
3. R. H. Codrington, *La magie chez les iusulaires mélanésiens*. Trad. par E. Gammaerts (Publications de l'Université libre de Bruxelles, n° 8).

tarandiens étaient persuadés de l'efficacité de leurs jongle-
ries, et vénéraient en toute sincérité les divinités que l'homme
avait inventées et pensaient naïvement être les dispensateurs
des forces de la nature et des volontés divines [1].

Leur œuvre, lors de l'enfance de l'humanité, a été féconde.
Ils s'élevaient au-dessus de la foule par leur savoir, ils la sub-
juguaient par leurs connaissances faites de réalités, d'observations empiriques et de secrets déconcertants pour les âmes
simples. La soif de la domination leur inspirait des idées civi-
lisatrices de méthode et de règle sociale qu'ils devaient savoir
adapter à leur profit mais qui, en définitive, profitaient à tout
le monde. Ce furent, certes, des civilisateurs égoïstes mais
qui, en agissant, dirigeant, commandant, firent une besogne
commune pour le bien de tous. Comme le philosophe sans le
savoir de Sedaine, ils étaient des éducateurs bienfaisants de
l'humanité sans s'en douter. Ils pensaient travailler pour leur
seule grandeur, alors qu'ils travaillaient aussi pour celle des
groupes humains qu'ils tenaient craintifs et courbés sous leur
férule sacerdotale. Ils étaient, d'ailleurs, étant les plus aver-
tis et les plus sagaces, l'élite des tribus et jusqu'à un certain point, en laissant de côté les abus de pouvoir inévitables
qu'ils ont dû commettre, on peut dire qu'ils furent très grands.
La civilisation dont ils furent les propagateurs, avec son cor-
tège d'arts étonnants, le prouve. Ces juges et ces chefs,
δικασταί καὶ ἄρχωντες, maîtres et pasteurs des peuples aux âges
archaïques, ont été les pionniers ardents d'une civilisation va-
gissante et l'humanité leur doit d'avoir pu, grâce à leur activité, se débarrasser de plus en plus de la gangue de la bestialité.

1. « Les chamanes de Sibérie, dit Wrangel (*Sibéria*, p. 124), ne sont
certainement pas des imposteurs ordinaires. Ils constituent, pourrais-je
dire, un phénomène psychologique qui mérite l'attention. Chaque fois que
je les ai vus opérer, ils m'ont fait une sombre impression qui s'est longtemps continuée. Le regard égaré, les yeux sortant de la tête, la poitrine
soulevée par une respiration haletante, la parole brève et convulsive, la
distension qui semble involontaire de la face et de tout le corps, les cheveux hérissés, le son même du tambour, tout contribue à produire un
grand effet et je me rends parfaitement compte que le spectateur sauvage soit persuadé qu'il assiste à l'œuvre du mauvais esprit. » (Lubbock,
Orig. de la civil., p. 249). — Voir le *Voyage en Laponie* de Regnard au sujet d'une scène de sorcellerie (Edition des Bibliophiles, Jouaust, p. 87 et
suiv.).

Nous pouvons, peut-être, nous rendre compte de ce qu'ont
pu être ces ouvriers de la première heure en considérant ce
que sont les chamanes sibériens, leurs frères de race qui ont
gardé dans leurs mœurs religieuses stagnantes les traditions
et les rites des plus anciens temps. « C'est aux divinités inférieures que l'Ostiak sacrifie des rennes et des moutons et qu'il
fait des cadeaux de pelleteries, d'andouillers et d'autres objets précieux : c'est à elles qu'on l'a vu parfois se sacrifier
lui-même. Toutefois le chamane seul peut faire agréer ces
présents, lui seul peut se faire entendre du dieu par ses
chants et ses roulements de tambour : un ruban tenu au bout
d'une perche devant la bouche de l'idole indique par ses fré-
missements le sens de la réponse divine. Seul aussi le chamane peut accomplir des miracles..... Chez la plupart des
Sibériens de vieille souche, aussi bien que chez les allogènes
de race mongole, turque ou mandchoue, les chamanes sont
des espèces de demi-dieux, gouvernant les forces mystérieuses de la nature ; ils conjurent les éléments, guérissent
les maladies, connaissent les secrets de l'avenir, parlent fami-
lièrement aux esprits bons et mauvais de la terre et du ciel.
Au héros la force brutale, mais au chamane les paroles qui
donnent la force ; au héros l'arc et la flèche, mais au chamane
de faire que la flèche tombe ou manque le but, que la blessure tue ou ne tue pas. Au héros le bruit et la fanfare, ce
qu'on voit et ce qu'on entend, mais au chamane ce qu'on ne
voit ni n'entend, le savoir religieux, la science des causes
et la connaissance des choses [1]... La magie des chamanes
est une véritable science, en ce sens qu'elle apprend à connaître certains phénomènes physiologiques pour les mettre à
profit [2] ».

On ne peut guère se figurer d'autre façon ce qu'ont pu être
les magiciens chamanes tarandiens qui procédaient à la préparation de leurs terrifiantes cérémonies dans les profondeurs
des sanctuaires chthoniens [3].

---

1. Élie Reclus, *La littérature turkmène,*
2. Élisée Reclus, *Géo. univ.*, t. VI, p. 684.
3. Une scène de chamanisme, chez les Groënlandais, rapportée par
Graah (*Voy. to Greenland*, p. 123) peut donner une idée de ce que devaient
être les séances fantastiques que donnaient les antiques sorciers dans les
sanctuaires chthoniens. « L'angekok arriva le soir, puis les lampes
éteintes, et des peaux tendues devant les ouvertures, car il préfère l'obs-

*
* *

Toutes les cavernes occupées par l'homme de l'âge du renne ne sont pas décorées. Celles où n'existe aucun ouvrage d'art étaient de simples habitations ou des ateliers ; celles qu sont ornées, et il y en a un nombre relativement assez appréciable, étaient des temples. Il semble qu'il ait fallu qu'elles présentassent certaines dispositions spéciales pour être choisies comme lieux de culte. Cela est surtout frappant à l'époque magdalénienne, alors que la religion avait eu le temps de s'établir sur des bases plus fixes, de se condenser et de se réglementer.

Vers l'entrée des grottes, que l'on peut supposer avoir été des sanctuaires, on ne remarque le plus souvent ni peintures ni gravures sur les parois. Cette entrée, formant pour ainsi dire antigrotte, était l'*atrium* ou le πρόναος, où, sans doute, les profanes étaient admis. Ce n'est que plus profondément, dans les parties plus reculées que se découvrent sur les murailles les peintures et les gravures. Pour accéder dans cette seconde partie décorée, il est à noter qu'il faille quelquefois dépasser un pas ou un rétrécissement qui constitue comme un défilé plus ou moins difficile à franchir suivant les dispositions naturelles de la caverne, et qui interdisait sans doute l'entrée de

curité la plus complète, il s'assit sur le sol auprès d'une peau de veau marin desséchée, l'agita, tout en battant du tambourin et en chantant. Tous les indigènes présents chantaient avec lui. De temps en temps, ce chant était interrompu par le cri de « goie, goie, goie, goie ! » dont je ne comprenais pas la signification et qui partait tantôt d'un coin de la hutte, tantôt de l'autre. Puis tout retomba dans le silence et l'on n'entendit plus que la respiration haletante de l'angekok qui semblait lutter avec quelque chose de plus fort que lui. On entendit bientôt un bruit ressemblant à celui des castagnettes ; alors recommença le même chant et le même cri perçant de « goie, goie, goie ! » Une heure s'écoula de cette façon avant que le magicien pût forcer le *torngak* ou esprit à obéir à son appel. Cependant il vint enfin, annonçant son arrivée par un bruit étrange, ressemblant beaucoup au bruit que ferait un gros oiseau en volant au-dessous du toit. L'angekok chantant toujours, lui fit des questions auxquelles l'esprit répondit d'une voix tout à fait étrangère à mes oreilles, mais qui semblait provenir du *passage à l'entrée duquel* l'angekok était assis . » (Lubbock, *Orig. de la civil.* p. 338.)

l'adyton aux profanes non initiés. Cet obstacle, étranglement ou dénivellement, sépare la seconde partie profonde de la partie antérieure ou vestibule. A partir du défilé les orne-

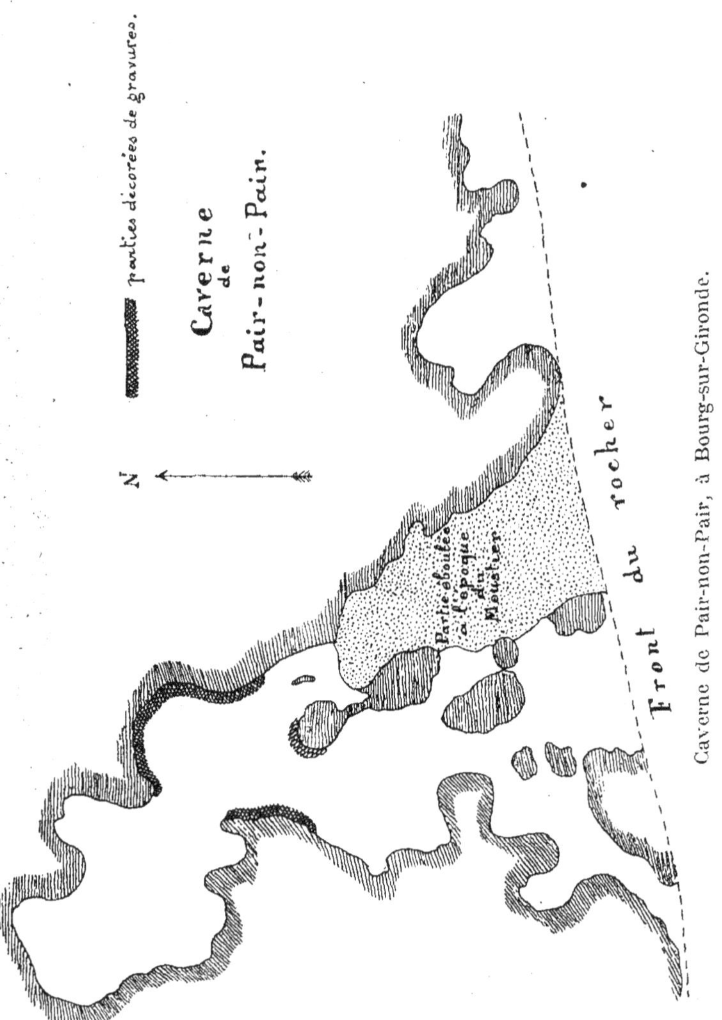

mentations commencent à se montrer ; c'est là que sont les belles décorations, comme si on avait voulu embellir les boyaux et les salles réservées aux arcanes du culte des

divinités. Cette arrière-caverne profonde et cachée dans le
mystère sacré des entrailles de la terre était le *sacrarium*, le
ἱεροφυλάκιον.

La découverte faite par le comte Bégouen dans la caverne du
Tuc d'Audoubert paraît bien indiquer que là, dans une salle
terminale, archaïque exemple du θάλαμος du temple de la déesse
syrienne [1], au bout de galeries souterraines enténébrées et
superposées, se trouvait l'emblème du principe divin, endroit
sacro-saint et redoutable où seuls les magiciens chamanes pouvaient avoir accès. Cette interdiction, qui paraît avoir été absolue pour les profanes de pénétrer dans les parties sacrées
des temples spéléens, si elle a vraiment existé, pouvait avoir
deux buts : cacher à la masse des fidèles l'image des dieux
rendus, par cela même, plus mystérieux, donc plus aptes à
inspirer la crainte et le respect et aussi préparer, loin des
regards indiscrets, la mise en scène des cérémonies chamanesques. A tous les âges de l'humanité, les procédés de sug-
gestion religieuse destinés à produire des effets semblables de
terreur et de dévotion sur l'esprit des croyants fanatisés ont
été à peu près identiques, car on ne peut produire un état
d'âme voulu et défini dans le sens de l'imposition d'une
croyance superstitieuse, que par des moyens qui ne peuvent
guère varier, la crédulité humaine, en son genre, ne variant
pas elle-même. Un mystère profond, enveloppant de ses voiles
la divinité, augmente sa grandeur et sa majesté. L'homme
amplifie l'être supérieur qu'il adore mais qu'il ne peut voir et
ce sentiment d'adoration pour l'inconnu puise un aliment plus
puissant encore dans l'invisibilité de l'effigie, ce qui laisse
le champ libre à toutes les exagérations. C'est un énergique moyen d'action dont toutes les religions antiques ont
usé.

A Font-de-Gaume, vers le milieu, la galerie se rétrécit, ne
laissant entre les deux pans du rocher qu'un étroit passage où
un homme peut se couler avec effort et assez difficilement.
On a donné à ce rétrécissement le nom de Rubicon. Ce n'est
qu'après l'avoir franchi qu'il est donné de voir les décorations
qui ornent les parois de la partie la plus reculée de la grotte.
A Bernifal, la grande salle, formant vestibule, n'est pas déco-

____

1. Lucien ; *De dea syria.* 31.

rée; les décorations sont visibles seulement plus à l'intérieur.

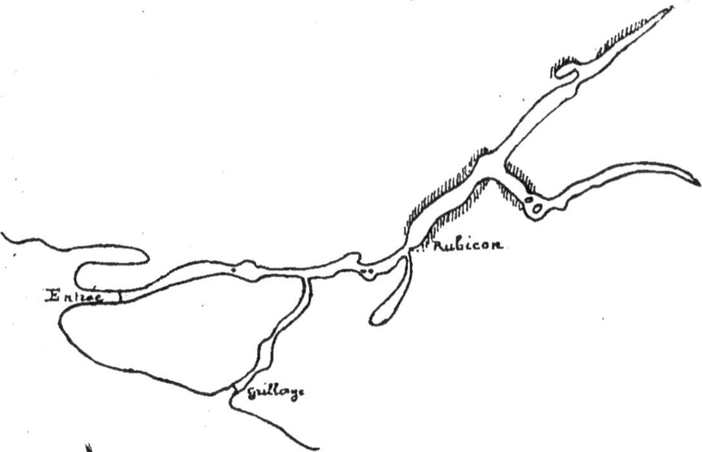

Grotte de Font-de-Gaume, d'après D. Peyrony.

Pour les rencontrer, il faut suivre un couloir qui, partant de

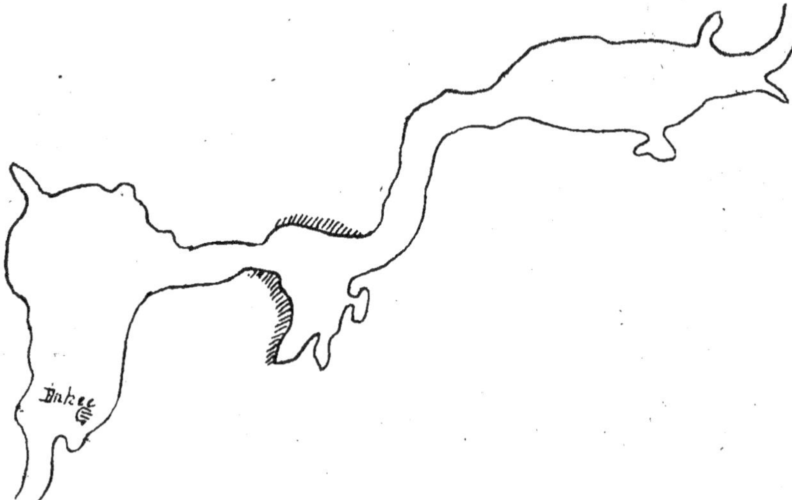

Grotte de Bernifal, à Vieil-Monly, près des Eyzies, d'après D. Peyrony.

la grande salle d'entrée, débouche dans une deuxième salle plus petite où sont les gravures. A Altamira, pas d'étrangle-

ment, le couloir est large dans toute la longueur de la caverne, mais, sur le flanc gauche de l'atrium, se creuse une
salle semi-circulaire où sont les plus belles figurations. Ce
renfoncement fait songer à une chapelle latérale comme on
en voit dans le chœur de nos cathédrales. Plus loin, toujours
du même côté, un diverticule dont les parois sont aussi ornées. A Marsoulas, à **36** mètres de l'entrée, existe un

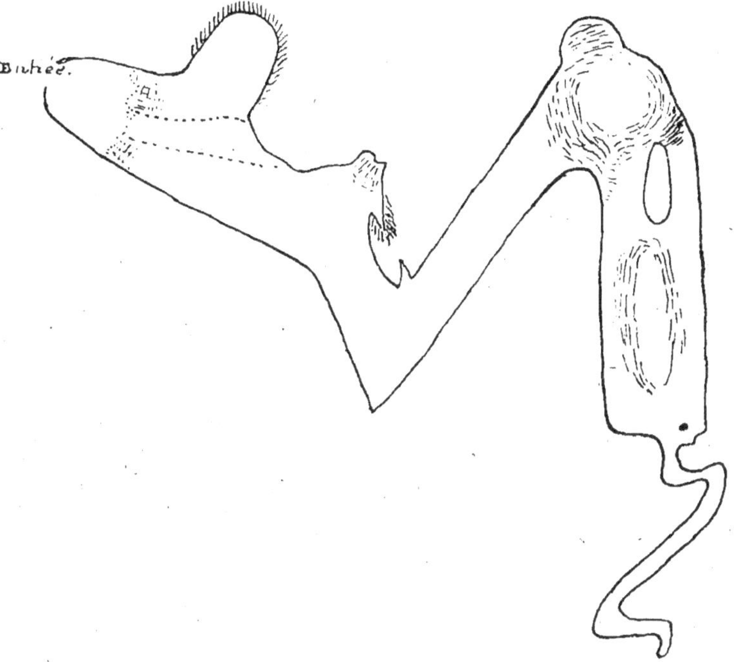

Caverne d'Altamira. Plan relevé par M. Harlé en 1903.

détroit comparable à celui du Rubicon de Font-de-Gaume,
détroit qui divise la grotte en deux sections. Ce n'est qu'à
partir de ce défilé que commence à se montrer une véritable
ornementation pariétale. La grotte de Niaux (Ariège) est une
très longue galerie sur laquelle s'ouvrent de nombreux diverti-
cules et d'autres galeries secondaires plus ou moins profondes.
Mais, au quart environ du développement de ce long boyau
se présente un étranglement. Ce n'est encore qu'un peu plus
loin, en profondeur, à l'endroit où une partie de la voûte ou-

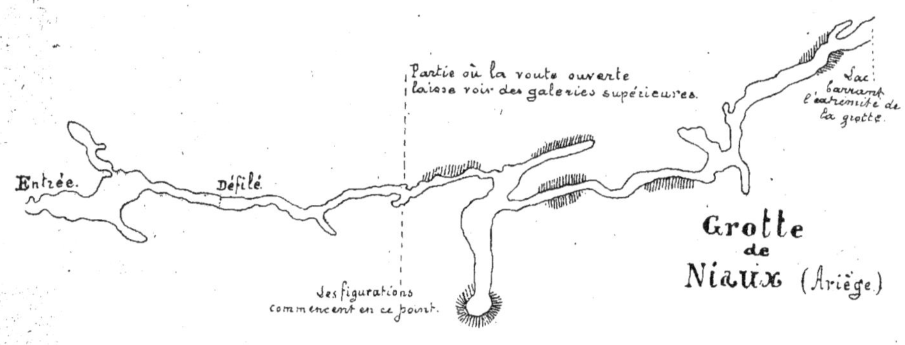

Grotte de Niaux (Ariège).

verte laisse voir des galeries supérieures, que commencent
les figurations : d'abord sur la paroi de gauche, puis le long
d'une galerie qui vient s'embrancher sur l'artère centrale,
un peu plus loin et toujours à gauche. Vis-à-vis, sur la droite,
est un boyau qui se termine en cul-de-sac, par une rotonde
très décorée sur tout son pourtour. La voie médiane s'arrête
à un lac terminal barré par la voûte rocheuse qui s'abaisse
presque au niveau de l'eau, ne laissant qu'un passage très peu

Grotte des Combarelles près des Eyzies (Dordogne).

élevé à un ruisseau souterrain ; cette voie jusqu'à son termi-
nus, porte, à droite et à gauche, des gravures multiples.

La curieuse caverne du Tuc d'Audoubert est bien plus com-
pliquée. En l'explorant, on a l'impression de se trouver dans
l'intérieur d'une pyramide d'Égypte où les obstacles étaient
accumulés pour cacher aux profanateurs la véritable route
qui conduisait à la mystérieuse chambre mortuaire d'un pha-
raon. L'entrée de la grotte est défendue par un petit lac qui
est alimenté par un cours d'eau, en certains points profond
de 2 mètres, cours d'eau qui sort de terre et débouche
sur la droite de la galerie souterraine d'accès, à environ
100 mètres dans l'intérieur. Jusqu'en cet endroit il faut une
barquette, mais après, un sursaut du sol rocheux, d'à peu
près 2 mètres, permet de pénétrer, à pied sec, plus avant.
Sur la gauche, à 150 mètres de l'entrée, on rencontre un
petit enfoncement où l'on voit les *premières* gravures. Le

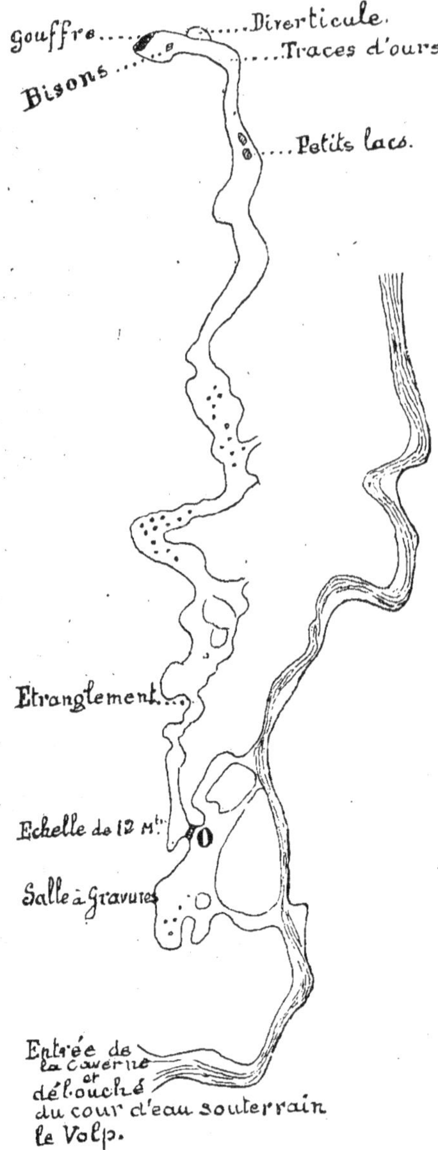

Caverne du Tuc d'Audoubert (schéma d'après le levé de l'abbé Breuil et le plan de l'étage supérieur levé par le lieutenant Octobon). — En O commence le plan de l'étage supérieur.

couloir se continue avec des galeries latérales sur les murs desquelles le comte Bégouen et ses fils ont relevé de nombreuses gravures [1]. On pénètre ensuite dans une première salle où se dresse une stalagmite *ancienne* affectant vaguement une forme humaine ; à la partie supérieure, figurant la tête, deux taches faites intentionnellement aux temps archaïques, avec une couleur rouge, indiquent nettement les yeux. Enfin on arrive dans une deuxième salle. Presque à l'entrée, sur la droite, s'ouvre près du sol, une cheminée d'abord droite et s'achevant en spirale, qui fait communiquer le rez-de-chaussée de

1. Comte Bégouen, *Une nouvelle grotte à gravures dans l'Ariège.* Congrès intern. d'Anthrop. et d'Archéol. préhistoriques. — XIVe session, Genève, 1912.

la grotte avec une galerie supérieure, à 12ᵐ,50 de hauteur. L'ascension très difficile de cette cheminée étant faite au moyen d'une corde, on se trouve dans un couloir étroit et accidenté où sont gravées quelques figures d'animaux dont deux, la gueule ouverte, semblent être des manières de dragons défendant l'accès du réduit sacré. Puis une petite salle, à plafond bas, aussi décorée de gravures et dans laquelle bée l'entrée d'une galerie s'enfonçant encore. Cette entrée était obstruée par des piliers de stalactites qu'il a fallu briser pour aller plus avant. Cette dernière galerie très basse est couverte sur sa route de dessins pectiformes dont l'intention cabalistique paraît évidente. Ne doit-on pas penser que l'on se rapproche du *sacrarium* abscons et mystérieux de ce temple chthonien ? En effet, on parvient tout aussitôt dans une salle qui est le fond de la caverne. Là, au centre de cet *adyton* inaccessible au vulgaire, un bloc de rocher tombé de la voûte se dresse comme un autel. Sur une face de ce bloc sont collées deux statuettes modelées en argile : un bison et sa femelle [1], symbolique emblème des principes masculin et féminin, agents primordiaux de la création. Ce sanctuaire profond, à l'accès défendu par tant d'obstacles, est exactement à 645 mètres de l'entrée de la grotte. Les magiciens tarandiens cachaient bien leur divinité dualiste.

Une petite salle est située à quelques mètres avant d'arriver aux statuettes. Ne serait-elle pas comme la *sacristie* de ce temple souterrain ? Voici ce qu'en dit le comte Begouen [2] : « Le plafond est bas, on ne peut se tenir debout, Le sol est très uni ; un lacis incompréhensible de courbes parcourt toute la surface, sur laquelle se voit l'empreinte très profonde d'une quarantaine de talons, sans que nous ayons vu jusqu'ici aucune empreinte de doigts de pied Une très légère couche de calcaire s'écaillant facilement s'est formée sur cette argile, moulant avec finesse la trace de ces talons, au point de nous montrer les callosités de la peau. Mais pourquoi

---

1. Comte Bégouen, *Les statues d'argile de la caverne du Tuc d'Audouberg (Ariège)*. Anthropologie, t. XXIII, 1912.

2. Comte Bégouen, *Les statues d'argile préhistorique de la caverne du Tuc d'Audouberg (Ariège)*. Comptes Rendus de l'Acad. des Inscrip. et Belles-lettres, 1912, p. 532.

Groupe des bisons dans la salle terminale de la caverne du Tuc d'Audoubert.

n'y a-t-il que le talon ? A cela je ne vois guère qu'une réponse possible, et c'est à l'ethnographie que nous allons la demander. Dans bien des cérémonies magiques, en Australie, des initiés prennent des positions spéciales, marchent selon des prescriptions rituelles bien déterminées. Ne pourrait-on supposer que nous voyons ici les traces d'une habitude analogue ? »

« Ce n'est certainement pas pour obéir à une préoccupation artistique que l'on fit jadis, au plus profond de cette caverne, des statuettes d'argile que l'on plaça ensuite sur cette sorte d'autel que forme le rocher au milieu de la salle. Il faut y voir un autre mobile, sans aucun doute religieux ou magique. Cet antre obscur et mystérieux ne fut d'ailleurs pas très fréquenté. Il ne dut pas servir d'habitation, et les vestiges que nous y rencontrons n'indiquent pas qu'il y eut jamais foule. Ce fut quelque sanctuaire, quelque antre de sorciers, où, la veille d'une chasse, une tribu anxieuse d'échapper à la famine vint se livrer à quelque incantation. »

Les statues modelées en terre glaise de la caverne du Tuc d'Audoubert ne sont plus actuellement les seules connues. Un courageux explorateur, M. Norbert Casteret, en a découvert aussi dans la caverne de Montespan (Haute-Garonne), et, tout dernièrement, l'abbé Lemozi en a découvert, à son tour, dans la curieuse grotte David à Cabrerets (Lot). A Montespan, nombreux sont les modelages d'animaux, surtout de chevaux et de félins, enfin, le plus intéressant et le mieux conservé, celui d'un ours. Cette statue en ronde bosse représente l'animal accroupi ; il n'a pas de tête et, certainement, n'en a jamais eu. La section nette du cou est patinée comme le reste du corps et aucune trace de décollement n'est visible, contrairement à ce qu'on peut constater, sur d'autres statues de la même caverne, notamment sur celles représentant des tigres ou des lions.

Au sujet de ces animaux modelés M. Norbert Casteret écrit : « En somme, on peut avancer sans crainte que nos lointains ancêtres recherchaient les grottes les plus profondes pour y graver ou sculpter les animaux qu'ils chassaient et que là, au cours de cérémonies qui resteront toujours probablement mystérieuses, ils traçaient des blessures sur les animaux, les tuant en effigie, pour s'assurer la capture réelle de l'animal ainsi envoûté, le jour de la chasse.

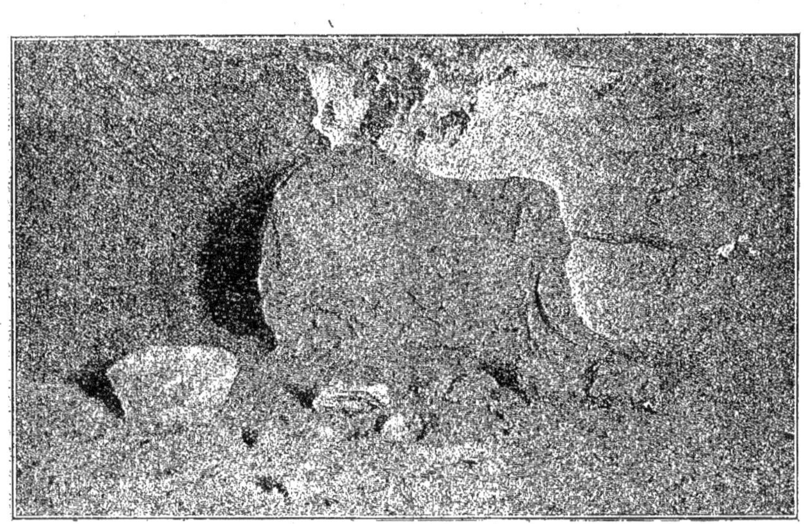

Ours acéphale de la caverne de Montespan (Haute-Garonne).

Ainsi s'expliquent les signes profonds qui se voient sur plusieurs animaux gravés de Montespan. Mais cette théorie paraît surtout incontestable quand on considère les tigres et l'ours en argile qui sont criblés de coups de lance et de flèche, lesquels ont été portés avec précision dans les parties vitales et avec tant de violence que parfois la statue s'est écroulée sous les coups. Cette théorie est encore renforcée par l'interprétation du crâne d'ourson trouvé au pied de la statue acéphale de l'ours en argile. Pour donner plus de portée à l'envoûtement et pour que le « double » de l'ours fût aussi ressemblant que possible, les sorciers magdaléniens avaient modelé un ours en argile sans tête et avaient planté sur cette statue une tête d'ours naturelle. La section du cou de la statue porte en effet un trou qui, très vraisemblablement, a été fait par la cheville qui maintenait la tête. On peut même supposer que la dépouille entière de l'ours recouvrait la statue et que c'est sur ce mannequin d'ours que se faisaient les conjurations et le simulacre de combat [1]. »

La découverte récente de l'abbé Lemozi semble bien confirmer cette manière de voir. Dans la partie reculée de la grotte David, deux stalagmites réunies par une masse d'argile pétrie et travaillée de main d'homme, forment le corps d'un animal trapu qui a toutes les apparences d'un ours. Ainsi qu'à Montespan, cette statue n'a pas de tête et encore, comme à Montespan, le rite magique se précise, toutefois avec une variante qui en augmente la valeur. Autour de la statue s'élèvent de petits monticules de terre argileuse, évidemment façonnés par l'homme. L'abbé Lemozi a fouillé deux de ces petits tertres et dans chacun d'eux a trouvé un crâne d'ours. L'intention magique est manifeste ; Cabrerets corrobore Montespan.

* *

De grands fragments de corne de renne travaillés ont été trouvés dans des gisements du paléolithique moyen. Ils

---

1. Norbert Casteret, *Comment j'ai découvert les plus vieilles statues du monde* (*Petit Parisien*, 19 avril 1924).

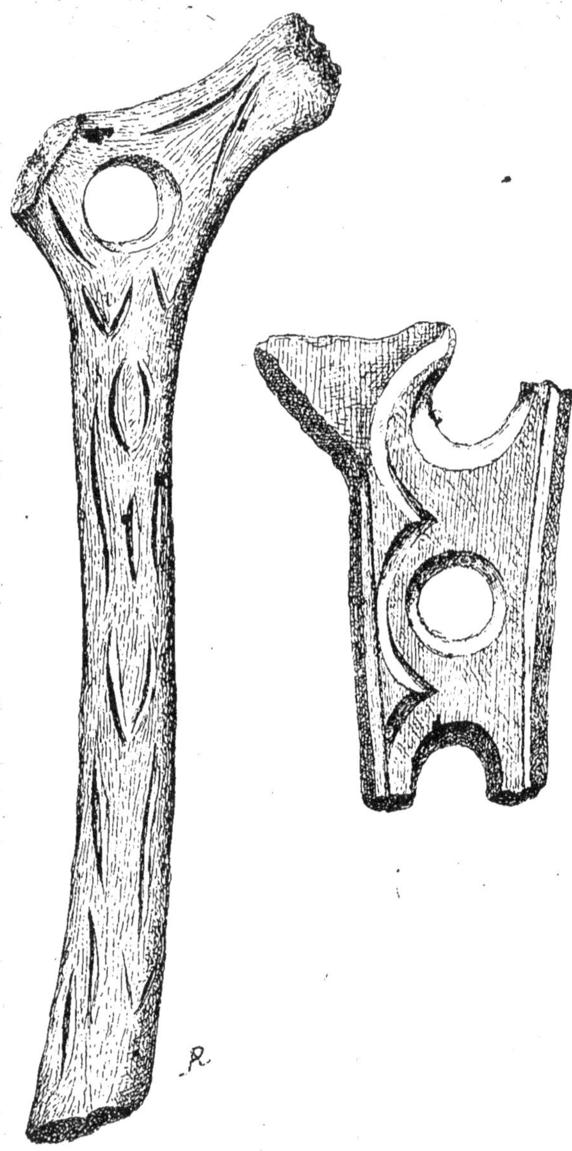

Bâtons dits de commandement. — Grotte de la gare de Conduché
et abri des Cambous.

sont constitués par la base d'une corne avec, le plus souvent, sa couronne d'insertion sur laquelle vient se brancher l'andouiller basilaire, conservé plus ou moins long. Quelquefois, mais assez rarement, la base manque et ce n'est plus qu'un simple andouiller. L'extrémité la plus forte est percée d'un ou plusieurs trous. Nombre de ces instruments ne portent aucune ornementation, et par contre, plusieurs sont artistement décorés.

Ces objets, auxquels E. Lartet a donné le nom de « bâtons de commandement », ont dû être, en effet, des insignes de chefs. Mais, comme ces chefs dirigeant les tribus étaient aussi des prêtres magiciens en vertu du régime théocratique qui devait régner dans la société tarandienne, ces bâtons étaient surtout des bâtons magiques. Ils étaient des sceptres, emblèmes du pouvoir temporel des chamanes suzerains et des manières de crosses hiératiques, emblèmes du pouvoir spirituel. Ils étaient sans ornements ou bien plus ou moins décorés, selon la fantaisie de leur propriétaire, ou, ce qui est plus probable, suivant le rang qu'occupait celui-ci dans la hiérarchie politique et religieuse, ou encore, en raison de l'importance et de la puissance de la tribu. Peut-être même pourrait-on envisager pour certains de ces instruments l'éventualité d'une figuration héraldique reproduisant le totem du clan ou du chef ?

Ils étaient percés d'un ou de plusieurs trous. Un seul trou servait sans doute à laisser passer une courroie qui ceignait la taille et serrait l'instrument contre le corps du chamane débarrassé ainsi de la gêne d'avoir à le tenir continuellement en main. Des bâtons de commandement trouvés dans l'abri aurignacien Blanchard, aux Roches (Dordogne), sont percés d'un trou à la partie supérieure ; « ce trou, ovale, porte des traces

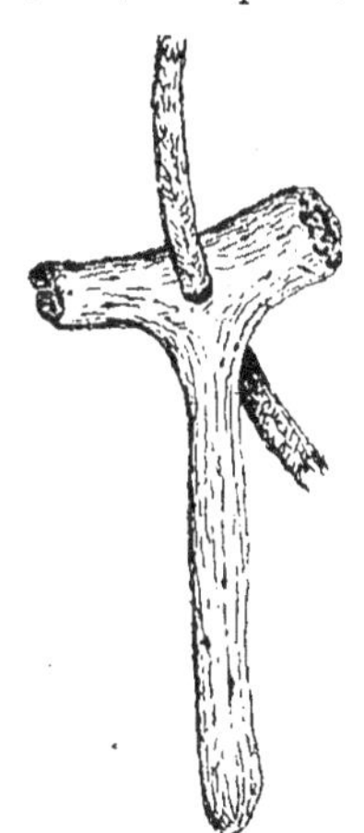

Manière hypothétique de porter le bâton de commandement.

d'usure très caractéristiques aux rebords extérieurs longitudinalement opposés. Cette usure a été causée par le frottement *en sens inverse*, d'une corde ou d'un objet rigide [1] ». Les

---

1. L. Didon, *L'abri Blanchard, des Roches, commune de Sergeac (Dordogne)*, p. 12.

autres trous, quand il y en avait plusieurs, étaient, peut-être,
utilisés pour suspendre des ornements, probablement des
queues d'animaux qui, par leur nombre ou leur nature animale, étaient le signe de la qualité ou du degré d'autorité du
possesseur. Cette hypothèse est, d'ailleurs, celle qui a été envisagée par E. Lartet.

En définitive, le bâton de commandement était surtout un

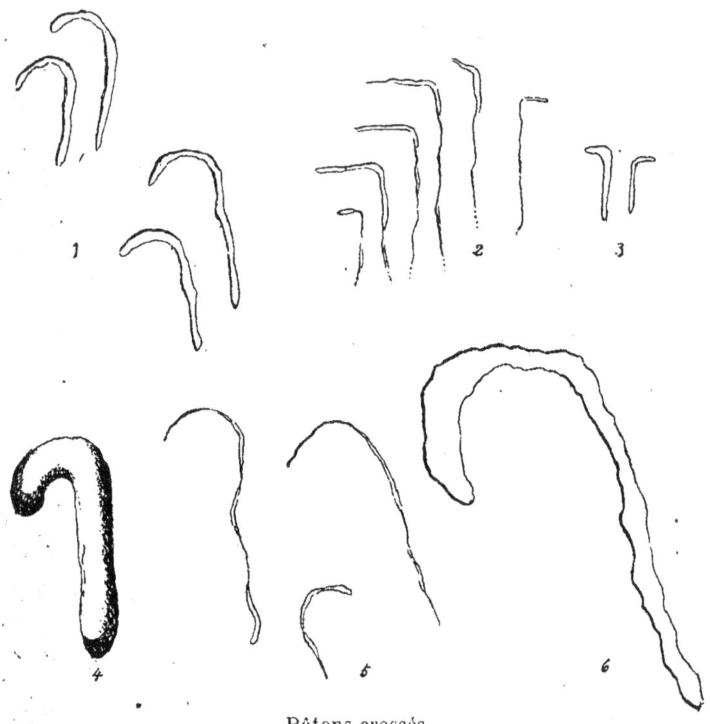

Bâtons croisés.

1, dolmen de Mein-Drein (Locmariaker); — 2, dolmen de Kérogille
(Plouharnel); — 3, dolmen de Mané Lud (Locmariaker); — 4, menhir
de la Boulaie (Le Moustoir); — 5, dolmen de Petit-Mont (Arzon);
— 6, dolmen de Bo-er-Groah (Locmariaker). D'après L. Davy de Cussé.

lituus. Les Néolithiques l'ont fabriqué en bois et reproduit sur
les parois des dolmens à Mein-Drein et à Bé-er-Groah, près
Locmariaker, sur le menhir de la Boulaie, au Moustoir, enfin,
en séries étagées sur la grande dalle-stèle conique de la Table
des marchands. On trouve encore le lituus sur la pierre princi-

pale du dolmen de Kivik, en Suède. Le caducée de Mercure,
dieu des sorciers, n'était pas autre chose qu'un lituus ailé.
Cette crosse augurale était l'instrument magique indispensable aux Lucumons d'Étrurie et aux augures de Rome. C'est
avec un lituus, qui était un bâton recourbé par le bout : *bacu-
lus sine nodo aduncus* [1], que Romulus désigna et consacra les
différents quartiers de la ville qu'il fondait [2]. Ce bâton vénérable était conservé, à Rome, dans le *sacrarium* d'un édifice
spécial, sous la garde des prêtres

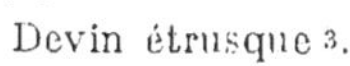

Devin étrusque [3].

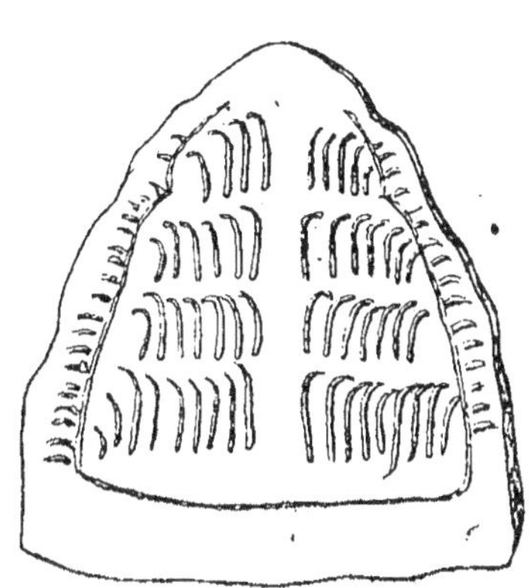

Support-stèle de la *cella* du dolmen
de la Table des Marchands (Locmariaker).

saliens de Mars. Un incendie détruisit l'édifice, mais, sous les
décombres, on retrouva le bâton tout à fait intact.

Il y a ainsi des survivances, inhérentes aux objets mêmes,
qui ne périssent pas. Ne pourrait-on pas citer des superstitions et des pratiques subsistant encore de nos jours, et qui
remontent, sans conteste, au plus profond des temps préhistoriques ? Bon nombre font intervenir des instruments aujour-
d'hui cabalistiques qui étaient autrefois sacrés.

En parlant des bâtons de commandement, G. de Mortillet
fait une remarque très judicieuse et fort intéressante : « Dans
toutes les pièces que j'ai été à même de voir, au nombre d'une

1. Servius, *Ad Æneid.*, VII, v. 187.
2. Ciceron, *De divinatione*, liv. 1, par. 17.
3. Figure extraite du *Dictionnaire des Antiquités grecques et romaines*.
Hachette, éditeur.

cinquantaine au moins, l'extrémité supérieure de la corne
était cassée assez irrégulièrement. En a-t-il toujours été ainsi?
Si cette partie était travaillée avec soin, comment se fait-il
qu'il n'en soit pas parvenu d'échantillon jusqu'à nous [1] ». Cette
brisure par écaillements irréguliers ne peut provenir que de
heurts sur un corps dur. La conséquence est que ces bâtons
devaient servir à frapper des coups sur un instrument résis-
tant, au cours des cérémonies chamanesques, si notre interprétation faisant des bâtons de commandement des *litui*
magiques est exacte. « Chez les Ostiaks, le chamane, dit
Élisée Reclus, peut seul se faire entendre des dieux par ses

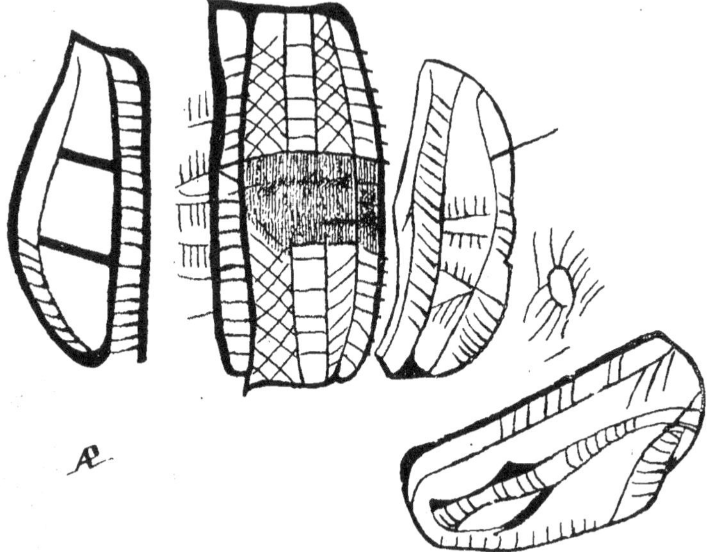

Figures scutiformes peintes dans la galerie terminale de la caverne
d'Altamira.

chants et en frappant sur un tambour [2]. » Les prêtres lapons,
d'origine finnoise, se servent aussi de l'indispensable tambour
pour invoquer le dieu [3]. La baguette qui sert à frapper est en
os, le tambour est de forme oblongue [4]. Les sorciers yakoutes

1. G. de Mortillet. *Le préhistorique*, p. 407.
2. Elisée Reclus, *Géo. univ.*, t. VI, p. 684.
3. Regnard, *Voy. en Laponie*. p. 87.
4. Ch. Rabot, *A travers la Russie boréale*, p. 232, note 1.

tapent aussi sur des tambourins au cours de leurs incantations.
Et les chamanes tongouses font de même. Ne serait-ce donc
pas en tapant sur une sorte de tympanon de bois que le sorcier
tarandien, invoquant les esprits, aurait brisé, par martelle-
ment, l'extrémité de son bâton sacré? Cela est d'autant plus
probable que sur les parois de la grotte d'Altamira sont des

Chamanes des Tatars Saïgaks.

figures qui paraissent bien représenter des tambourins oblongs,
tels, au surplus, que ceux dont se servent, en Sibérie, les sorciers des Tatars Saïgaks, et en Laponie, les magiciens lapons [1].
La forme est franchement celle d'un bouclier long et, peut-

1. « Le principal instrument des sorciers araucans et le plus important
de tous — et sans lequel aucun *machi* (sorcier médicastre) ne commence-
rait ses opérations — est le *ralicultrun* ou tambour, à l'intérieur duquel
sont introduites de petites pierres blanches (*lican*) auxquelles est attribué
le pouvoir de guérir. »(J. Nippgen, *La religion, etc. des Araucaniens* ; extrait
de l'*Ethnographie*, 15 juillet 1914.)

être, au début, le tambourin de bois était-il, en même temps, une arme défensive ? Les Kurètes, pour empêcher le vorace Khronos d'entendre les cris de Zeus enfant, frappaient à grands coups sur leur bouclier. Le bouclier de bois primitif pouvait très bien être aussi un tambourin rigide. Dans un autre ouvrage, nous avons écrit au sujet des figurations scutiformes de la galerie couverte des Pierres-Plates [1] : « M. de Closmadeuc a été frappé de l'aspect scutiforme de certaines figurations gravées sur diverses pierres du dolmen des Pierres-Plates. Il est difficile, en effet, de ne pas voir, dans ces intailles, la reproduction de boucliers. La forme est celle d'un écu allongé ; les rebords renflés sont indiqués ; l'arête médiane, formant dos, l'est également. » Ces figurations res-

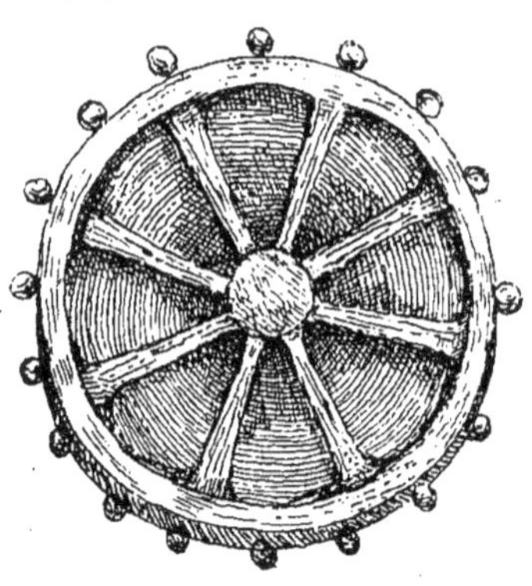

Tambourin et bâton magique
des chamanes Yakoutes.

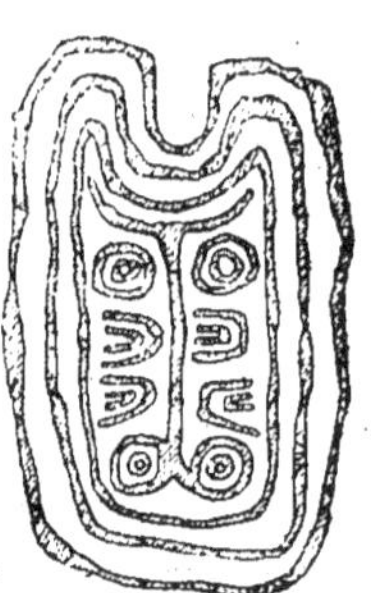

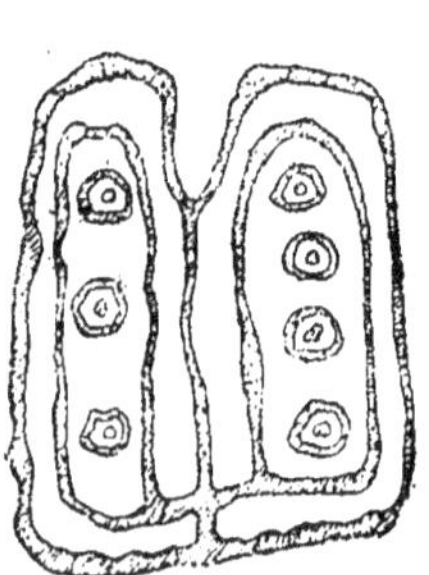

Signes scutiformes de l'allée couverte des Pierres-Plates (Locmariaker).

semblent étonnamment à celles d'Altamira, et on a de la peine à ne pas les considérer comme similaires. De plus, dans l'antiquité, le bouclier fut un objet sacré, notamment à Platée et à

1. A. de Paniagna. *Les monuments mégalithiques*, pp. 18 et 19.

Thèbes de Béotie. A Rome, un bouclier, l'encile, tomba, a-t-on dit, du ciel, et les oracles y attachèrent les destinées de la ville éternelle. Un bouclier d'or était aussi tombé du ciel en Colchide, patrie des magiciens, d'après les traditions des Bohémiens Roms. « J'ai mangé du *tambour* et bu de la cymbale ; » était la phrase conventionnelle que prononçaient les initiés aux mystères d'Éleusis pour se reconnaître entre eux, faisant ainsi allusion aux instruments rituels de la thaumaturgie primitive, traditionnellement en usage dans les cérémonies ésotériques, lesquelles reflétaient les pratiques religieuses des anciens jours, perpétuées avec un soin jaloux de conservantisme hiératique. Le tympanon, aussi, a été un instrument liturgique ; les Koribantes mythologiques portaient le bouclier ; un monument antique nous les fait voir assistant Cybèle et Attis, et ayant au bras le bouclier rituel, et leurs successeurs historiques, pendant leurs cérémonies orgiastiques, dansant comme des forcenés, tapaient sur des tambours et faisaient résonner des cymbales[1]. A Rome, les Galles, continuateurs dégénérés des antiques magiciens, frappaient sur des tympanons avec un fouet à triples lanières garni d'osselets[2], fouet qui était l'insigne du grand-prêtre archigalle[3]. L'instrument changeait, le fouet ayant remplacé le lituus, mais le geste restait le même. En Grèce, le tympanon était l'insigne du chef des prêtres Koribantes. Ne trouve-t-on pas un rapprochement singulièrement démonstratif à faire entre le bouclier-tambourin et le bâton-lituus des anciens jours et le tympanon et le fouet de l'archigalle ? Ce dernier instrument remplaçait la crosse de corne primitive, tout comme à Dodone, où placé dans la main d'une statue d'enfant, il frappait de ses tiges de fer agitées par le vent des boucliers d'airain en forme de bassins lesquels, alors, rendaient des sons qui, interprétés par les prêtres, étaient prétexte pour ceux-ci à rendre des oracles. Le bouclier et le lituus étaient associés, chez les Romains, dans les conjurations magiques : le dieu fatidique

---

1. Plutarque, *Amator*, 16. — Lucien, *Dial. deorum*, 12. — Properce. XVII, 37.

2. Muratori. *Inscrip..* I, 31.

3. Winckelmann, *Mon. inéd.*, t. I, pl. 8 et t. II, pl. 7 ; d'après un bas-relief du Musée du Capitole.

du Latium, Ficus avait pour attributs le bouclier et le lituus :

> Ipse quirinali lituo parvaque sedebat
> Succinctus trabea, lœvaque encile gerebat
> Picus [1].

Ce qui peut amener à penser que les premiers tympanons étaient bien en bois, c'est que, en latin, le vocable *tympanum* désignait, en même temps, un tambourin et une roue pleine en bois, sans rayons. Il y a là une corrélation qui, bien qu'absconse, n'en paraît pas moins démonstrative.

« Certes, ces rapprochements se rapportent à des superstitions et à des pratiques bien postérieures, mais, dans cet ordre de faits, tout s'enchaîne et les traditions et les gestes originels survivent malgré tout, à travers les siècles entassés, sous des formes souvent bien dénaturées et obscures, toutefois, au demeurant, pas assez défigurées pour que l'on ne puisse entrevoir la base primitive [2]. » Il est aussi une prédilection atavique et persistante pour des instruments et des actes qui ont eu des destinations sacrées, allégoriques ou positives, dès le principe des religions, tant est profondément enracinée dans l'esprit de l'homme la tendance au conservantisme religieux. Les civilisations se succèdent, transformant l'industrie, modifiant les mœurs, inventant de nouveaux dieux, mais il est un fonds de superstitions qu'il semble qu'elles ne peuvent atteindre.

Pallas dit [3] : « Les Ostiaks vénèrent aussi certaines montagnes et des arbres qui ont frappé leur imagination, ou qui ont été déclarés sacrés par leurs devins..... Les Ostiaks ont différentes marques, pour ne point s'égarer dans les contrées dédiées à leurs idoles, telles que les fleuves, les ruisseaux, etc. ; ils n'y fauchent aucune herbe, n'y abattent aucun arbre, ils n'y chassent point, n'y pèchent point, ils n'osent même pas y boire de peur de déplaire à leurs divinités. » Le voyageur

---

1. Virgile, *Æneïdos*, liv. VII, v. 188 et suiv.
2. A. de Paniagua, *Les monuments mégalithiques*, p. 19.
3. *Voy. de Pallas*. Paris, 1793, t. IV, p. 79-84.

Ch. Rabot, décrivant les mœurs des Ostiaks, raconte [1] : « Sur les cours d'eau, les caps et les baies des rivières habitent des esprits auxquels les Ostiaks ne manquent jamais de sacrifier lorsqu'ils passent. » Ce sont principalement les esprits des eaux qui sont le plus vénérés. On retrouve cette vénération en Occident, chez les Gaulois et qui s'est perpétuée jusqu'à nos jours, sur la terre de France où l'on trouve encore de nombreuses sources et fontaines miraculeuses. Camille Jullian, analysant la religion primitive des populations de l'Occident de l'Europe, et, en particulier, de celles qui résidaient sur les terres des Gaules, écrit [2] : « Quand les premiers Méditerranéens pénétrèrent sur les terres des Celtes, ils trouvèrent un sol encombré de génies et des âmes encombrées de prières, et ils jugèrent ces hommes les plus superstitieux des êtres, ne sachant rien faire sans les dieux. »

De tout cela, à soutenir que telles devaient être les superstitions des hommes de l'âge du renne, la distance peut sembler grande et surtout osée. Peut-être pas autant qu'on le peut croire. Tout se lie intimement dans l'existence sériaire de groupes humains même divers, vivant sur un même sol défini, bien que chacun y soit venu à des époques différentes. La succession des immigrations subséquentes n'entraîne pas l'oubli des vieilles croyances indigènes, au contraire leur souvenir est conservé et entretenu par les anciens habitants vaincus ou assimilés, jamais complètement, qui le passent aux nouveaux arrivants. Ceux-ci sont successivement les héritiers de leurs devanciers et conservent, comme un legs précieux, un bloc de superstitions qui semble faire partie de la terre même qu'ils occupent à leur tour. Avant les invasions des Celtes néolithiques et, bien longtemps après, des Kymris, les régions qui devinrent la Gaule et la France furent, à un moment, occupées par une nouvelle population foncière qui prit les allures de l'indigénat et qui ne peut avoir été autre que la population tarandienne. Les envahisseurs néolithiques et kymriques ne l'ont pas supprimée, et même il est à supposer qu'ils se sont, sur beaucoup de points, fondus en elle : c'est la loi historique de la fusion ethnique. En s'amalgamant, les

1. Ch. Rabot, *A travers la Russie boréale*, p. 239.
2. Camille Jullian, *Les anciens dieux de l'Occident;* Leçon d'ouverture au Collège de France; 3 décembre 1913.

A. DE PANIAGUA : Age du Renne.   15

envahisseurs et les envahis s'empruntèrent mutuellement leurs croyances et leurs superstitions et le temps fit qu'elles ne formèrent plus qu'un ensemble, dans lequel il est, peut-être, possible de reconnaître l'apport tarandien par des ressemblances très apparentes avec les imaginatives religieuses des Hyperboréens que nous connaissons. Les Celtes venus des mêmes contrées orientales que les migrateurs de l'âge du renne étaient, en son substratum, imprégnés du même esprit religieux. Et il en fut de même pour les Kymris, eux aussi venant de cet inépuisable réservoir d'hommes que fut l'Orient. Les uns et les autres ayant pris leurs superstitions dans le même fonds commun que les Tarandiens devaient avoir les mêmes conceptions. Les différences et les transformations qui avaient pu se produire sous l'influence du temps, des milieux, des idées nouvelles, s'estompèrent à mesure qu'une fusion de plus en plus complète se fit entre les Tarandiens occidentaux et leurs envahisseurs. Il résulte de ce double phénomène religieux et social que les superstitions des Gaulois ne sont, pour la plus grande part, que le reflet de celles des Tarandiens. Et que l'on ne dise pas qu'elles n'ont pu se soutenir pendant de si longs temps ; considérons ce qui se passe de nos jours, nous y trouvons une démonstration sans réplique possible de la force invincible des survivances religieuses.

Ne rendons-nous pas un culte inconscient au Feu et au Soleil en allumant les feux de la Saint Jean au solstice d'été ? Nos campagnes ne sont-elles pas peuplées de génies très antiques, les Lutins, les Korigans, les Kairions et tant d'autres ? Les sorciers loups-garous, comme les Neures scythiques [1], ne continuent-ils pas à courir, la nuit, à travers les champs et les futaies ? Les Bretons, les Béarnais et d'autres encore vont invoquer les mégalithes. Des femmes, pour faire cesser leur stérilité, vont en pèlerinage auprès de certains arbres dont le fruit affecte une forme phalloïde : tels le chêne vénéré par les Druides, le noisetier dont une baguette faite de son bois fait découvrir les sources souterraines et les trésors cachés. N'est-ce pas la continuation du vieux culte ithyphallique ? En face de pareilles constatations positives, comment ne pas

---

1. Hérodote, *Melpomène*, par. 105.

admettre les mêmes et d'autres survivances opiniâtres dans l'antiquité historique bien plus près des sources par le temps et en raison d'une mentalité moins travaillée par le progrès. La superstition est le dernier trait des legs ancestraux dont se débarrasse définitivement l'âme des peuples. L'homme a l'amour inné du passé, surtout lorsque ce passé est fait des souvenances obscures et mystérieuses de ce qui a terrorisé, bercé, consolé ou apaisé son âme aux temps lointains de l'enfance de la race. D'ailleurs, la transformation des croyances laisse toujours subsister une armature solide et cachée, faite justement des vieilles erreurs et des vieux rites, à laquelle s'accroche l'esprit des foules fidèle aux errements du passé, malgré tous les raisonnements des philosophies et les doctrines des religions qui ont succédé, à travers les siècles, aux croyances de nos ancêtres paléolithiques.

La religion des Tarandiens ayant pour prêtres des magiciens chamanes devait nécessairement avoir pour base la magie. Cette religion était le chamanisme.

Excepté dans quelques cas, assez rares, où les gravures et les peintures pariétales peuvent être interprétées comme des décorations des temples, toutes les autres figurations animales peuvent être comprises comme étant des sortes d'*ex-voto* propitiatoires destinés à faire que les grandes expéditions de chasse soient heureuses et aussi comme des images invocatoires appelant la protection de la divinité sur les troupeaux. Sur de nombreuses figures, des sagaïes sont plantées dans le corps de l'animal, notamment au Mas-d'Azil et au Tuc d'Audoubert. Lorsque la bête est redoutable et puissante, le nombre des dards magiques augmente en proportion des difficultés et des dangers qu'il y aura pour l'abattre. Dans un petit diverticule de la grotte du Tuc d'Audoubert, le comte Bégouen a relevé le dessin d'un grand félin, d'aspect farouche dont le corps est transpercé de plus de quinze javelots. Ces figures révèlent des pratiques qui se rattachent à l'envoûtement et qui paraissent avoir été générales à l'âge du renne. Elles expliqueraient, dans une certaine mesure, la superposition si fréquente des figurations. Le chamane sollicité d'accomplir le rite propitiatoire, ou bien le rite invocatoire, s'embarrassait peu de tracer une figure nouvelle qui lui procurait un profit sur une figure ancienne dont le pouvoir et le rendement étaient périmés. Cette habitude d'invoquer la divinité pour la rendre favorable aux chasseurs est une habitude suivie par les Ostiaks qui inaugurent la saison des grandes chasses par des cérémonies superstitieuses, célébrées aussi par leurs frères de race, les Vogoules. « Lorsqu'ils partent pour la chasse des élans, des zibelines, etc., ils invoquent des divinités particulières et immolent *de ces animaux* devant leurs idoles ou figures. Il existe près de la Sosva, à côté du iourten d'un riche Vogoul, nommé Dénichkin, une figure de pierre grossièrement taillée, représentant un jeune élan ; on fait des fables sur cette merveilleuse pétrification. On a construit un iourten particulier pour renfermer cette figure. Des Vogouls y viennent de très loin y faire des prières, des sacrifices et de petites offrandes pour être heureux dans leurs chasses [1]. »

Que si quelques doutes pouvaient subsister sur la signifi-. cation cabalistique des figurations d'animaux, il n'en saurait être de même pour les signes, le plus souvent incompréhensibles, que l'on voit gravés ou peints sur les parois des grottes. Leur destination magique est indéniable. Tels sont des dessins en rouge, bandes en forme de rubans scalariformes, points, circonférences, angles, barres courtes inégales, quelquefois croisées. Ces dessins ne se ressemblent jamais et, par conséquent, écartent toute idée de caractères épigraphiques. Quelques-uns paraissent bien avoir l'intention de représenter une image schématique, mais il faut, souvent, faire un réel effort d'imagination pour arriver à les identifier. Et encore est-on loin d'avoir la certitude d'une véritable et juste interprétation. D'autres figures sont plus complètes : telles les tectiformes d'Altamira, des Combarelles, de Font-de-Gaume, de Marsoulas, représentant la hutte tarandienne mise sous la protection du dieu par une consécration figurée dans le temple. Puis ce sont, à Marsoulas, des croissants noirs, peut-être invocations au dieu lunaire si antique ; des peignes à quatre ou cinq dents, peut-être des pirogues avec des pagayeurs debout ; des palmes de forme arborescente, des pointillés, des croix. Au Mas-d'Azil, des dessins en rouge sur des cailloux figurant des séries de raies diversement disposées ; peut-être des *tabellæ devotionis* ou des tablettes-amulettes

---

1. *Voy. de Pallas*; Paris, 1793, t. II, p. 370

médicales comme en distribuaient les prêtres d'Esculape à
l'Asklepéion d'Athènes. Enfin des mains blanches, aux doigts
écartés, sur un fond de couleur. On peut supposer qu'elles
sont les symboles de grands serments prêtés devant les dieux
pour affirmer la vérité d'une déclaration, la sincérité d'une
promesse, la sûreté d'une alliance. On est même en droit de
se demander si ce n'est pas de là que vient la coutume de lever
la main en faisant un serment. Certains de ces signes se
retrouvent à l'époque néolithique dont ils constituent, à peu
près, tout le bagage artistique. Si l'art est perdu et dédaigné
à une époque guerrière, la superstition plus vivace ne disparaît pas et se maintient victorieuse pendant les temps les plus
troublés. Elle est une survivance d'une énergie incomparable.
L'âme humaine a toujours été et est encore portée, de façon
irrésistible, à se repaître du surnaturel. Elle s'entête obstiné-
ment à arracher à l'inconnu un impossible secret ; elle cherche
avec une ardeur jamais lassée à se rendre propices des divinités redoutables et les êtres mystérieux de l'au-delà par des
incantations impressionnantes ou des thaumaturgies puériles
qui la terrifient ou l'apaisent. L'*ex-voto* est de tous les temps ;
l'esprit des vieux chamanes tarandiens flotte toujours dans
l'air que nous respirons comme une buée fantomale qu'aucun
vent de raison ne peut faire évanouir.

*
* *

« La principale divinité de l'Occident est toujours la Terre-
Mère. Des Colonnes d'Hercule sur la Méditerranée aux plages
de l'ambre sur la Baltique, elle règne encore en souveraine,
elle réside dans l'ombre des bois les plus fameux... Cette
gloire de la Terre-Mère, en des noms différents, brillait sur
l'Occident tout entier... La vertu propre, l'essence, la raison
d'être de cette mère divine était alors la maternité. Ces deux
mots de Terre et de Mère ne se séparaient point l'un de l'autre.
Le mystère de la création, de la naissance, voilà ce qui élevait
les âmes vers la pensée du principe divin [1]. » Dans sa *Theo-*

1. Camille Jullian, *Les anciens dieux de l'Occident*. Leçon d'ouverture
faite au Collège de France, 3 décemdre 1913.

gonie, qui n'est, dans son début, qu'une « reproduction informe de l'idée primitive [1] », Hésiode chante la splendeur de la Terre unique et isolée, il en fait une divinité tout à fait primordiale, le principe fondamental de la création, la mère des choses, des hommes et des dieux : « avant toutes choses, dit-il, fut Khaos, puis Gaïa au large sein. » Les Vogoules Sibériens, qui sont de la même famille humaine que les Ostiaks, ont pour grande divinité la « Vieille d'or [2] », dont le sanctuaire, jalousement caché, se trouve au dire des chasseurs, dans une des hautes vallées de l'Oural, au milieu des marécages, dans la profondeur de sombres forêts [3]. Cette divinité d'*or* fut adorée par à peu près tous les peuples ouralo-altaïques de souche finnoise ; son culte fut en honneur chez les Ziranes et chez les Permiens, populations asiatiques égarées en Europe.

Si le Soleil, maître du Ciel, fut le grand dieu du midi qu'enfanta l'esprit ardent des *Souryavansi*, « enfants du soleil », la Terre fut la grande déesse touranienne du nord que conçurent les *Tchandravansi*, « enfants de la lune », suivant les expressions imagées et vraies des Védiques.

Le Dr Lalanne pourrait bien avoir découvert, à Laussel, l'effigie de cette grande divinité tellurique des premiers âges. C'est un bas-relief représentant une femme aux formes extrèmement rebondies, le bras droit replié et soutenant une corne. Cette corne ne peut être un instrument destiné à produire des sons, puisque la partie évidée où devrait se trouver l'embouchure est en opposition avec la face de l'effigie dont la tête est figurée dans le sens contraire. La couronne basilaire de la corne est tournée vers la tête de la femme ; on ne souffle pas dans une corne par la grosse extrémité ; le bras tenant l'instrument est à droite de la sculpture, le profil est franchement à gauche. Si l'artiste eut voulu représenter une femme prête à emboucher un olifant, il n'aurait pas mis la bouche

---

1. Max Muller, *Essai sur la myth. comp.*

2. « Dans la langue finnoise les expressions *or* et à un degré moindre, *argent*, sont synonymes de beauté, d'amabilité, de richesse, de splendeur ; de même que les mots *feu*, *flamme* signifient grandeur, activité, puissance. Une chose d'or ou d'argent est aussi une chose chérie à laquelle on tient par le cœur. » (Léouzon-Le Duc, *Le Kalévala*, p. 15, note 1.)

3. Elisée Reclus, *Géogr. univ.*, t. IV, p. 676.

de cette femme d'un côté et l'embouchure de l'instrument de

Bas-relief de Laussel représentant une femme tenant une corne.

l'autre côté. On ne peut donc voir dans cette corne qu'un attribut. Or, la corne d'abondance, dans l'antiquité, est l'attribut essentiel de la Terre. Il est à peu près certain, d'après ces prémisses, que la sculpture de Laussel est bien réellement une représentation de la plus antique des divinités, soit la grande déesse Terre-Mère.

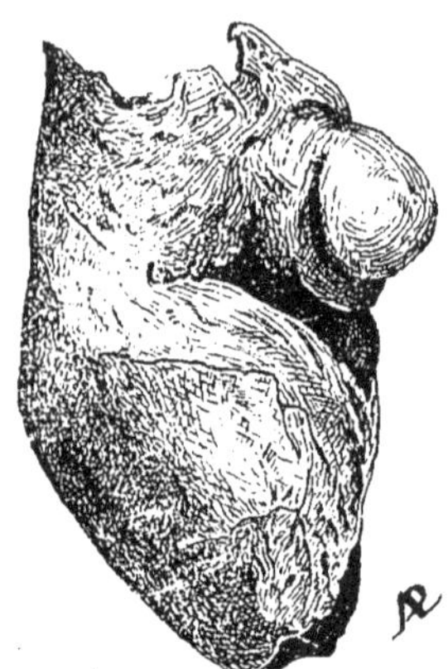

Fragment d'une statuette féminine en ivoire provenant de la grotte de Brassempouy (Landes).

On a prétendu que ce bas-relief tarandien figurait une femme stéatopyge. C'est plus qu'improbable. Tout d'abord, pour que l'exagération des parties fessières soit établie, pour qu'une callipygie analogue à celle si particulière des femmes boschimanes puisse être constatée, encore faudrait-il pouvoir s'en rendre exactement compte en voyant la partie postérieure du corps. Or, cette sculpture est un haut-relief de face qui ne laisse voir que le devant du sujet. Supposer que le derrière offre une conformation affectant les surabondances de la stéatopygie caractérisée est une hypothèse pure. Si on se reporte au fragment de statuette de femme en ivoire provenant de Brassempouy, statuette reproduisant, dans ses parties existantes, les formes et le style du bas-relief de Laussel, il est tout de suite facile de constater qu'aucune exagération fessière n'existe. Bien au contraire, comparativement aux autres parties du tronc, visiblement grasses et rebondies, les fesses sont petites et très peu saillantes. Une autre statuette en calcaire, complète, celle de Willendorf[1] dont l'abbé Breuil a

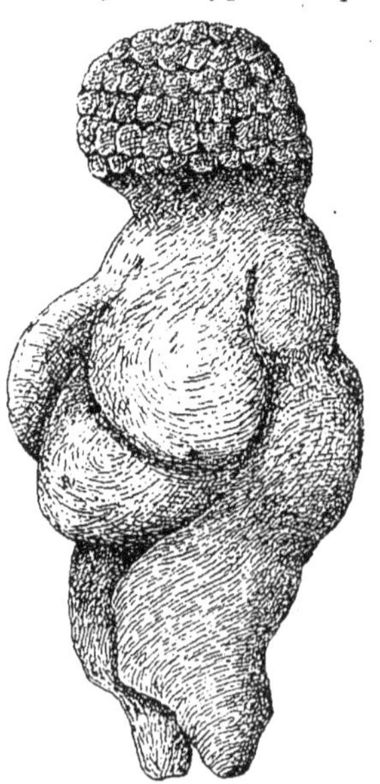

Vénus de Willendorf.

1. Szombathy, *Die aurignacienschichten im Loss von Willendorf*. — *Korrespondenzblat*, XL, n° 9/12, 1909. — La statuette de Willendorf est en calcaire

dit « qu'on ne pouvait, à son sujet, parler de vraie stéatopygie »,
est si bien traitée dans la même manière que le bas-relief de
Laussel, que l'on pourrait croire qu'elle en est une réplique,
d'après l'adoption d'un type uniforme pour les reproductions
d'un être spécial, sûrement divin. Dans cette figurine, comme
dans celle de Brassempouy, les fesses sont normales et en
parfaite concordance avec la structure générale. Les statuettes de Villendorf et de Brassempouy, aussi bien que le
bas-relief de Laussel, représentent une femme certainement
très grasse mais nullement stéatopyge, en donnant à ce mot
la signification d'une exubérance outrée des parties fessières
et d'une cambrure anormale des reins telle que la présentent
les femmes boschimanes[1].

Une autre statuette féminine, en ivoire de mammouth, dé-

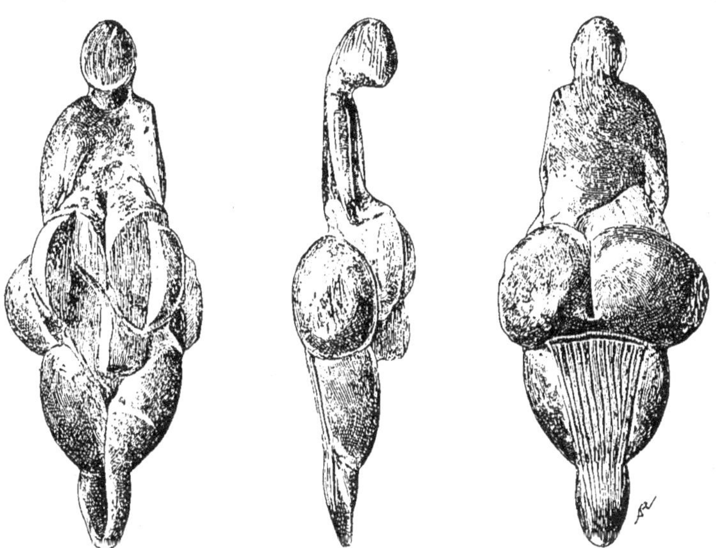

Statuette féminine en ivoire de mammouth de la grotte de Lespugue
(Haute-Garonne).

couverte par le Dr R. de Saint-Périer, dans la grotte des
Rideaux, à Lespugue (Haute-Garonne) présente, pour cer-

oolithique à grains serrés. Elle montre encore des traces mal conservées
de peinture rouge. Elle mesure 11 centimètres de hauteur.
1. Voir fig., p. 123.

taines parties du corps, l'exagération outrée que l'on constate habituellement dans les figurations sculptées féminines de l'âge du renne. La tête est petite sans indication des traits de la face ; seuls les cheveux sont marqués tombant sur le haut du visage et, en arrière, jusqu'au niveau des omoplates. Le cou est mince, le torse est grêle ; les bras détachés du corps viennent s'appuyer sur deux seins monstrueux qui, pendant du maigre thorax comme deux outres, tombent jusque sur le ventre qu'ils repoussent en avant. L'adiposité poussée à outrance des organes se reliant à la fonction de la maternité est complétée par le développement prononcé du bassin. Les cuisses sont grosses, les fesses aplaties sont énormes, mais la cambrure accentuée des reins particulière aux femmes stéatopyges boschimanes n'existe pas [1].

Toutes les grandes déesses des mythologies antiques étaient belles ; leurs adorateurs leur donnaient toutes les marques de la beauté telle que les concevait l'esthétique des divers groupements humains. L'indouiste Laxmi, épouse de Vischnu, dont le nom védique signifie « splendeur », déesse de la beauté et de la prospérité, possède les trente-deux signes de la beauté physique. Les Grecs parent leurs divinités féminines : Junon aux traits purs et réguliers a les grands yeux pensifs de la vache ; Minerve, vierge sévère et pure, a l'œil glauque céruléen et la sœur de Laxmi Vénus Aphrodite, génitrice inspirant les désirs amoureux, principes éternels de la reproduction des races, a en apanage toutes les beautés et toutes les séductions.

Chaque race a donné à ses premières divinités ce qu'elle considérait être le suprême état de la splendeur matérielle. « Les paysans finnois apprécient singulièrement l'embonpoint et les formes saillantes chez les femmes », dit Léouzon-le-Duc [2]. La mère de la jeune vierge Aïno dit à son enfant : « Ne pleure point, ma fille, ne sois point triste, tendre fruit de ma jeunesse ! Mange du beurre salé pendant un an : tu deviendras plus grasse que toutes les autres jeunes filles ; mange de la chair de porc pendant une seconde année : tu deviendras plus charmante que toutes les autres jeunes filles ; mange des

---

1. Voir *Bull. de la Soc. préhist. franç.*, t. XXI, 1924, n° 3, p. 81.
2. Léouzon-Le Duc, *Le Kalévala*, p. 33, note 1.

gâteaux de crème pendant une troisième année, et tu deviendras plus belle que toutes les autres jeunes filles [1] ».

C'est dans le goût des peuples finnois pour les formes féminines rebondies à l'extrême[2], qu'il faut trouver la raison de l'obésité des statuettes tarandiennes représentant la femme et l'explication de l'opulence corporelle que souligne le bas-relief de Laussel. Cet embonpoint marqué, de façon si délibérée, tend à démontrer que l'on est bien en présence de représentations divines. Nous l'avons dit, l'homme a toujours cherché à parer de toutes les caractéristiques de la beauté l'être supérieur dont il créait l'image, d'après la conception personnelle qu'il se faisait de cette beauté[3]. Toujours il s'est évertué à faire beaux et belles les dieux et les déesses qu'il adorait. Pour le Finnois tarandien, comme pour le runoia finlandais, la beauté consistait principalement dans la grosseur des organes, aussi sculptait-il des effigies sacrées d'une divinité aux formes plantureuses. L'exagération même de certains organes, exagération voulue, est une indication paraissant bien prouver que les statuettes féminines de l'âge du renne représentent une divinité, qui ne peut avoir été autre que la Terre-Mère nourricière et génitrice[4]. La gorge forte aux mamelles énormes gonflées de lait ou tombantes, comme étant celles de l'éternelle mère fatiguée par tous les allaite-

---

1. *Kalévala* : Trad. Léouzon-Le Duc, IV Runo.

2. Encore de nos jours, les paysans du Périgord disent d'une femme au corps ordinaire et au visage régulier qu'elle est *jolie* ou *charmante*, mais d'une femme aux formes opulentes, qu'elle est *belle*.

3. Le meilleur commentaire de cette inclination invétérée chez l'homme à donner aux grands dieux qu'il crée les formes qu'il estime être les plus parfaites et le plus en rapport avec l'idée qu'il peut se faire du beau, est ce passage de la quarante-septième lettre persane de Montesquieu : « Il me semble, Usbek, que nous ne jugeons jamais des choses que par un retour secret, que nous faisons sur nous-mêmes. Je ne suis pas surpris que les Nègres peignent le Diable d'une blancheur éblouissante, et leurs Dieux noirs comme du charbon ; que la Vénus de certains peuples ait des mamelles qui lui pendent jusqu'aux cuisses ; et qu'enfin tous les idolâtres ayent représenté leurs Dieux avec une figure humaine et leur ayant fait part de toutes leurs inclinations. On a dit fort bien que si les triangles faisaient un dieu, ils lui donneraient trois côtés. »

4. En étudiant la statuette de Willendorf, l'abbé Breuil arrive à cette conclusion : « L'artiste qui a modelé cette figurine a fait preuve d'une grande habileté, d'un réalisme audacieux, poussé jusqu'à l'horrible. Il s'est évidemment complu dans l'exagération des organes de la fécondité et des régions qui les avoisinent ».

ments de la création, sans cesse renouvelés, définit naïvement
le rôle maternel et nourricier que les primitifs attribuaient à
la Terre féconde. Elle a des seins puissants parce qu'elle était
la déesse « au large sein », suivant la juste expression hésio-
dique. C'est la même idée qui a guidé le burin de l'artiste
tarandien et le ciseau du sculpteur ionien qui a accumulé les
mamelles sur la poitrine de l'Artémis πολύμαστος d'Éphèse[1].
Sur beaucoup de figurines féminines du paléolithique supérieur, les parties secrètes sont singulièrement indiquées avec
force. C'est pour préciser par là, de façon réaliste, la mission
génitrice d'une déïté mère des humanités premières. C'est
encore l'idée de génération et de fécondité sans trêve de cette
entité divine qui a conduit l'homme de l'âge du renne à la
représenter quelquefois, par exemple sur la plaque de Laugerie-Basse, en un état bien apparent de grossesse, pour bien
indiquer la continuelle gestation tellurique.

Certains peuples historiques ont continué la tradition. Les
kaldéens et les Susiens représentaient la déesse de la fécondité Nana-Astarté avec des seins très proéminents, gonflés
de lait et des cuisses énormes par rapport aux autres parties
du corps. Les Aryens de l'Inde figurent la déesse de la
beauté et de l'amour. Laxmî[2], également avec des seins
très gros et un bassin très développé[3]. Sans doute, pour ces
représentations d'Astarté et de Laxmî, la technique primitive
de l'âge paléolithique est modifiée et surtout perfectionnée ;
mais l'intention essentielle est visiblement la même que celle

---

1. A Éphèse, la première statue de Diane-Artémis était un grossier
xoanon de bois. (Xénophon, *Anabase*, v. 3, 12. — Vitruve, II, 9, 13.)

« L'Artémis d'Éphèse n'est plus une vierge, c'est une mère, ou plutôt
une nourrice dont le sein est hérissé de mamelles sans nombre. C'est l'universelle nourricière des êtres. » (P. Decharme, *Mythologie de la Grèce
antique*, p. 144.)

2. *Laxmî* vient de la racine *lax* « signe ». Cette déesse possède, en effet,
les trente-deux signes de la beauté physique, qui s'expriment en sanscrit
par le mot *laxana* au pluriel.

3. Dans le drame indien, *la reconnaissance de Sakountala* attribué à
Kalidasa, l'auteur dépeint la démarche de l'héroïne qui est le type de la
beauté indienne : « Une trace de pas toute fraîche, élevée en avant, profonde en arrière, *à cause de la pesanteur des hanches*, est visible à l'entrée
du bosquet. » Et le traducteur ajoute que cette pesanteur doit être attri-
buée au genre de beauté qui distingue la Vénus callipyge. (*La reconnaissance de Sakountala*. Trad. F.-E. Foucaud ; collection Jeannet 1874 ; p. 53
et p. 182, note *Sakountala*).

qui a guidé la main de l'artiste tarandien. A deux époques
bien éloignées dans le temps, l'homme, dans les œuvres
religieuses de la statuaire, a voulu, inspiré par un sentiment
rituel enraciné et tenace, symboliser le rôle nourricier et
producteur de la divinité génitrice par l'exagération de certaines parties du corps féminin et justement celles qui sont
liées étroitement aux fonctions de la maternité et de l'alimen-

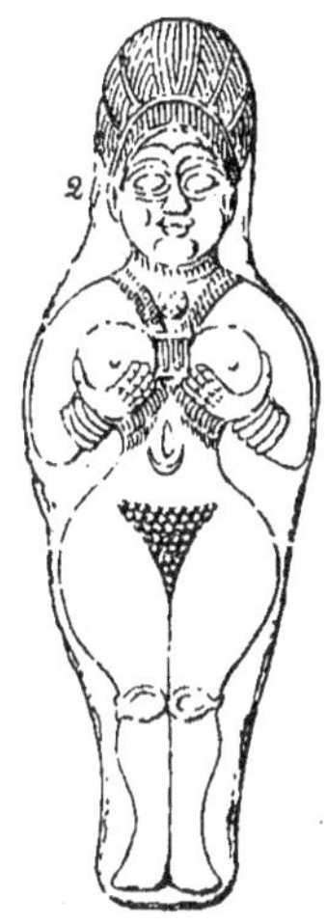

Nana-Astarté.
Déesse de l'amour
et de la
fécondité.

Laxmi.
Déesse de la beauté
et de la fortune dans
l'Inde brahmanique.

tation. Et même l'art grec si pur n'a-t-il pas produit la Vénus
callipyge?

Il serait tout à fait oiseux de chercher à expliquer les figurations paléolithiques relevant de l'ithyphallisme par une
série de considérations érotiques. Et d'ailleurs, cela serait
une erreur. La pudeur n'existait pas pour les primitifs qui
n'avaient pas eu le temps encore d'inventer toutes les hypo-
crisies sociales. Ils étaient comme Adam et Ève qui ne se
rendaient pas compte de leur nudité avant qu'ils eussent
écouté les conseils perfides du serpent et goûté au fruit défendu. Si l'artiste tarandien a imaginé de représenter les
parties intimes de la femme en les exagérant, c'est qu'il
voyait en cela un symbole qui répondait à une idée abstraite.

On ne peut admettre que le sculpteur barbare ait fait œuvre
d'art pure, avec la seule intention de produire une telle
œuvre dans le simple but d'une représentation quelconque.
L'homme de cet âge devait obéir à une nécessité et, par conséquent, devait, dans ses œuvres faites pour une fin déterminée, vouloir synthétiquement condenser et matérialiser
des idées générales par une image acceptée par tous et com-
prise sans effort. On ne peut saisir qu'une seule idée répon-
dant à ce postulat, c'est celle inspirée par le besoin d'une
représentation religieuse. Chercher une autre cause serait,
nous semble-t-il, bien mal comprendre l'essence intime de
la conception artistique que pouvait posséder un homme à
peine né à une civilisation rudimentaire et imbu encore de
toutes les croyances de l'enfance de l'humanité, croyances
non discutées, possédant toute leur force originelle. On ne
comprendrait pas, au surplus, que ce fût une habitude chez
les hommes de l'âge du renne de représenter des organes
obscènes exagérés à outrance et aussi des femmes enceintes,
pour leur simple plaisir. La nature leur offrait bien d'autres
modèles qu'ils ont su copier. Il faut donc chercher une autre
explication qu'un érotisme artistique impossible à supposer
dans l'esprit des primitifs, et il apparaît bien qu'on ne la puisse
trouver, en face de cette affirmation brutalement poussée à
l'extrême limite de l'impudicité, que dans un symbolisme
évidemment grossier, mais aussi rationnel et hiératique,
représentant sous l'aspect le plus hardi et le plus cru les
parties de la femme qui servent à la reproduction de l'espèce.

« La Terre-Mère ne pouvait, immuable, rester longtemps
dans son isolement divin. L'âme inductive de l'homme ne
pouvait, sans fin, s'accommoder d'une divinité qui représentait les effets mais non la cause. Dans sa solitude, la neutra-
lité féminine devenait une énigme. Il fallait un moteur qui
éveillât sa passivité. L'action motrice devait être associée au
résultat. Ce raisonnement était simple comme la mentalité
des hommes primitifs qui le faisaient en prenant dans leur propre
nature les éléments du concept religieux : une femme ne peut
enfanter sans l'aide déterminante de l'homme ; donc la Terre
pour produire devait avoir un époux. Elle le créa elle-même[1]. »

1. A. de Paniagua, *La Divinité néolithique.*

La scène mystérieuse de cette parturition genésiaque et divine est figurée sur un autre bas-relief trouvé dans l'abri de Laussel, lequel, par son ornementation recherchée et par les effigies des divinités qu'il contenait, paraît avoir été un sanctuaire vénéré dédié aux plus grandes entités divines des premières époques. « On voit, près de la Lobra, au-dessus du ruisseau de Schaïtanka, une grotte remplie d'ossements de victimes. Cette grotte est dans une montagne calcaire et on la regarde comme un temple vogoul. On y trouve des *images de dieux* [1]. » On revient ainsi vers les origines orientales.

Le bas-relief de Laussel est confus. Cependant ceux qui l'ont étudié, et le Dr Lalanne qui l'a découvert, croient y voir une scène d'accouchement. C'est aussi notre avis. Il est remarquable que le corps et la tête de l'enfant naissant soient de la même dimension que celle du corps et de la tête de la mère. Et cependant cela est conforme au mythe, si c'est bien à la naissance d'un dieu parèdre que nous assistons. Ce dieu doit être égal en force et en grandeur à celle qui le met au monde, parce qu'il est son égal en divinité et aussi et surtout parce qu'il est son époux. L'artiste magdalénien a poussé le symbolisme jusqu'à faire violence à la nature, pour mieux exprimer et faire comprendre, par une saisissante anomalie, la grandeur d'un enfantement qui donnait le jour à un nouveau dieu nécessaire à une humanité travaillée par le désir d'accorder la conception qu'elle se faisait de la création avec la réalité de ce qu'elle pouvait saisir. De plus, ce dieu ne devait-il pas, dès sa naissance, être pareil à celle qui, de par sa volonté souveraine, « sans s'être unie d'amour », le créait pour qu'il fût son compère divin? Le vieil Hésiode donne l'interprétation vraie du sens symbolique de la sculpture de Laussel en disant : « Et d'abord, Gaïa enfanta *son égal en grandeur*, l'Ouranos ἀστερόεις « étoilé » afin que, plein d'un désir d'amour, il la *couvrit* tout entière [2]. »

---

1. *Voy. de Pallas*. Paris, 1793, t. II, p. 370.
2. Hésiode, *Théogonie*, v. 127. La réplique indienne d'Ouranos est *Varuïa*, nom qui vient du sanscrit *uru* pour la forme archaïque védique *varu* de la racine *var* « couvrir ». La base initiale se trouve dans le dravidien tamoul, *uru* signifiant « passer dessus, couvrir » avec l'idée de « venir d'en haut ». Le védique *uru* « air, atmosphère » répond à ce sens. L'Ouranos grec personnifiant la voûte céleste est le vaste ciel qui est

Bas-relief de Laussel représentant probablement une scène de parturition.

Un troisième bas-relief de Laussel, assez mutilé, représente
un être masculin. Peut-être est-ce le fils et l'époux de la
Terre, l'ancêtre tarandien du grand dieu Tourm ou Touroum
des Ostiaks, « qui trône dans le septième monde, revêtu de la
lumière de l'aurore et parlant avec la voix du tonnerre et des
tempêtes [1], si grand que nul ne doit l'invoquer, frère du Tora
des Tchouvaches, du Tor des Scandinaves et du Tarann des
Gaulois. Sa replique grécisée fut Ouranos, dieu essentiellement touranien que les Héllènes, fils d'Hélios, dédaignèrent
et que les Pélasges italiotes d'origine scythique tinrent en
honneur. Replaçons devant le nom du dieu Οὐρανός, un T
tombé et ne tenons pas compte de la terminaison grecque ος,
nous trouvons Τουραν-ος en tout conforme, philologiquement,
à Touroum, etc. Οὐρανός pour Τουραν-ος a pour première racine le finnois tè, tùli, « feu » et pour deuxième ran « faire
du bruit », qui, d'après Hallenberg, est une racine d'origine
asiatique [2]. Le nom divin signifie donc le « feu tonitruant ».
C'est une dénomination particulièrement bien trouvée pour
le dominateur du ciel étoilé maître des éclairs et du tonnerre
qui parle par la voix des ouragans.

Ne peut-on même soupçonner que les hommes de l'âge du
renne aient conçu la dualité divine, en l'envisageant comme
une connexion intime des deux facteurs féminin et masculin,
passif et actif, moteurs de la création universelle, fusionnés
en une seule entité, montrant, par l'effet d'un réalisme simpliste, les marques des deux sexes? Cette conception tendait vers un monothéisme brutal. Décrivant les statuettes de
Menton, E. Piette dit : « Un autre fragment de statuette
n'est pas moins intéressant, mais c'est à un autre point de
vue. Il est peu décent. En matière scientifique, je ne pense
pas que l'on doive s'arrêter à de semblables considérations...
La statuette de Menton que je vais décrire représente un

---

au-dessus, Οὐρανὸς εὐρὺς ὕπερθεν. La base étymologique du nom du dieu
grécisé n'est pas, comme nous l'exposons, la même que celle du dieu
indouiste. Mais les Grecs ignorant les origines du nom du dieu du Tou-
ran donnèrent à sa dénomination un sens contraire à la réalité étymologique et adoptèrent la signification que comportait le nom du dieu indien.
Le sens de « couvrir » se substitua à celui de « feu tonitruant ».

1. Élisée Reclus, *Géo univ.*, t. VI, p. 683.

2. Hallenberg, « *In linguis orientalibus, nomen soni atque clamoris ex-
pressum fuit litteris rn, rnh, rnn.* »

Bas-relief de Laussel représentant un homme.

hermaphrodite. Les seins sont aussi amples que ceux d'une femme... Les bras appliqués contre le corps sont à peine indiqués. Des saillies presque informes semblent être des mains. Enfin, au bas du ventre, est un énorme phallus érigé, dont les bourses sont enfermées dans un suspensoir en filet attaché à des fils formant ceinture... La statuette est très mal faite. Les proportions ne sont nullement gardées dans la représentation des organes sexuels. Assurément cet hermaphrodite glyptique, si grossièrement sculpté, ne peut être comparé, sous le rapport de la perfection de la forme, à ceux des sculpteurs grecs. Ce n'en est pas moins un hermaphrodite [1] ». Constatons, une fois de plus, la similitude de l'idée qui se retrouve chez les Tarandiens de l'Occident et chez les Orientaux. Pallas rapporte que la plus grande divinité des Ostiaks est *une* idole à deux corps jumelés dont l'un est habillé en homme et l'autre en femme [2]. Cette idée de dualité et de fusion des grands principes créateurs est à la base des mythes grecs chez les personnalités divines du commencement. Protogonos, le *premier né* est « aux deux sexes ». De même Dionysios *premier né* dieu farouche « aux deux sexes », et Adonis, « nourriture universelle, vierge et jeune homme [3] », tous deux liés de façon étroite à la Terre-Mère primordiale. Ce principe fondamental s'est perpétué à travers tout le paganisme. En Phrygie, il trouva son expression aussi crue que sincère

Aureus d'Uranius Antoninus montrant la pierre du dieu Elagabale d'Emèse drapée et ornée (agrandissement).

dans l'idole du dieu Élagabale d'Émèse dont un empereur

---

1. E. Piette, *Gravures du Mas-d'Azil et statuettes de Menton*, p. 8. Extr. des Bull. de la Soc. d'Anthrop. de Paris. nov. 1902.

2. *Voy. de Pallas*, Paris, 1793, t. VI, p. 80.

3. Orphée, *Les Parfums*, hym. V. XXIX, LIII.

éhonté transplanta le culte obscène dans une Rome en décadence, folle d'orgie et de débauche. Ainsi s'est perverti un
concept sain qui, pur en sa naïveté première, se contamina
et devint, au cours des âges, l'agent de toutes les licences [1].

Mais n'est-il pas abusif de faire intervenir la mythologie
pour essayer de fournir la signification d'une sculpture remontant à l'âge du renne ? Une telle prétention peut paraître excessive, mais cependant elle semblera, sans doute, moins téméraire si l'on veut bien tenir pour acquis que les Tarandiens
étaient venus de cet Orient où se manifestèrent les prodromes
des croyances primitives propres aux races hyperboréennes
dont ils étaient issus. Ces mythes d'une humanité posant à
peine le pied sur le seuil d'une civilisation embryonnaire lorsqu'elle les enfanta par l'action d'une causalité naïve et simpliste en même temps que rationnelle, étaient déjà très vieux
aux temps d'Hésiode qui les relata confusément et pêle-mêle.
Le récit théogonique, par cela même, s'enlise en plein, par ses
racines, dans les profondeurs mouvantes et obscures d'un très
lointain préhistorique. La tradition mythique est le reflet, plus
ou moins estompé, des croyances premières, tout d'abord
claires en leur nudité, mais que cette tradition de moins en
moins distincte dans la pénombre du temps, habille, par la
suite, suivant son goût et bien souvent travestit. Elle est, elle-
même contaminée, adaptée, transformée par les exagérations
de l'esprit, par les déformations de la tradition orale, par l'orgueil national des peuples, par les intérêts des prêtres et des
dirigeants, par le besoin d'amplifier les choses mystérieuses,
par l'inclination à se rapprocher du divin en le modelant d'après
les conceptions ambiantes du moment. Que de causes dirimantes de sophistication! Mais si on parvient à déchirer tous
les oripeaux et à arracher tous les voiles, on peut voir apparaître la vérité dans sa simplicité, dans sa pureté originelle.

---

1. Bardésane, hérésiarque syrien du IIe siècle, vit, dans une caverne profonde de l'Inde, une statue qui, en un seul corps, représentait l'homme et
la femme, une moitié était masculine, l'autre était féminine. Les brah-
manes racontaient que la divinité primordiale avait donné cette statue
hermaphrodite à son fils pour qu'il puisse créer le monde. Elle était le
symbole du principe actif et du principe passif. Porphyre dit que les
philosophes de l'Inde enseignaient que cette image des deux sexes figurait la génération universelle [Porphyre, *de Styge* (*Mém. de l'Acad. des
Inscrip. et Belles-Lettres*, t. XXXI, p. 136)].

S'il était permis aux anciens et surtout aux Grecs, mal préparés pour faire la dissection des traditions mythiques, de se complaire dans un état poétique qui flattait leur imagination vive et amoureuse des fables éclatantes, il n'est plus permis aujourd'hui de marcher rêveurs, dans un jardin de féerie, à des modernes qui se targuent de rechercher l'*initium* des choses. C'est pourquoi, quand la donnée précise fait défaut, il importe, par une analyse sévère et déductive, d'arriver à former un faisceau de vraisemblances tellement voisines de la vérité qu'elles finissent par se confondre avec elle. Certes, une telle méthode pour l'étude des événements et des croyances des temps primitifs est préférable à celle qui consiste dans la simple nomenclature de faits tellement précis qu'ils ne donnent que des indications très vagues et ne nous instruisent, pour ainsi dire, pas sur la mentalité et sur le régime social et religieux de nos. pères des âges lointains. D'un côté, des éléments rationnels de reconstitution déduits de documents connus et conduisant à des probabilités tirées de l'ethnographie comparée, de la tradition conservée par les auteurs anciens de la première heure historique, de l'interprétation des documents lithiques et des faits avérés, de l'autre côté, une constatation aride dont on s'obstine à ne faire jaillir aucune conclusion. Ici, la vie reconstituée des ancêtres avec leurs gestes, leurs passions et leurs superstitions, là un catalogue sec de leurs œuvres. La première de ces façons d'étudier la préhistoire nous conduit dans un pays nouveau où à chaque tournant de route on peut découvrir un horizon inattendu, tandis que la seconde nous fait marcher péniblement à travers un désert, maintenant très exploré et rempli de pierres mesurées sur toutes leurs faces.

C'est le cas pour l'étude des bas-reliefs de Laussel. Si vraiment, selon toutes leurs vraisemblances, c'est bien une scène de parturition que l'un d'eux représente, il est difficile, pour en donner une explication plausible, de conclure autrement qu'en le considérant comme le plus antique monument figurant le plus vieux et le plus profond des gestes divins imaginés par l'homme, geste posant la première assise d'une religion qui pendant tant de siècles a bercé une grande partie de l'humanité avec ses illusions sacrées.

Les deux grands agents, l'un féminin primordial, l'autre
masculin succédané, ayant été instaurés comme les facteurs
divins de la création, leurs inventeurs voulurent qu'ils fussent
représentés par des symboles rendant visible et immédiatement compréhensible l'idée de la fécondation universelle. Le
Tarandien était encore un sauvage, il procéda, dans ce but,
avec le réalisme brutal et précis du sauvage. La base de la
religiosité est l'ignorance des causes. L'esprit inquiet et
chercheur du primitif ne pouvait laisser sans réponse les
interrogations qu'il faisait. Incapable d'expliquer des effets
sans faire intervenir un principe moteur, il lui fallut l'inventer. Les secrets de la nature étaient encore trop profonds
pour lui pour qu'il puisse les pénétrer; il coupa au plus
court, il imagina l'action d'entités supérieures créant les
êtres et les choses. C'était simplifier le problème. L'homme
s'acharna à cette conception qui devint un dogme fondamental fournissant en même temps une explication et un apaisement [1].

Dans son désir de symboliser les dieux qu'il s'était donnés,
poussé par un impérieux sentiment d'anthropomorphisme
réaliste, l'homme de l'âge du renne agit de manière simple et
rationnelle. Comme il se rendait compte qu'il ne pouvait créer
aucun objet existant, être ou chose, et comme dans la nature
entière il ne pouvait saisir l'apparence du moteur naturel, il
se replia sur lui-même, interrogea son être et, ignorant les
mystères de la génération, crut avoir trouvé le principe énigmatique dans les appareils de la reproduction.

L'entité féminine fut symbolisée par la *vulva*, emblème impudique et sacré que les Grecs devaient désigner sous le nom
de μυλλός. M. Didon, de Périgueux, a découvert dans l'abri

---

1. « L'homme, dès qu'il se distingua de l'animal, fut religieux, c'est-à-
dire qu'il vit dans la nature quelque chose au-delà de la réalité. Ce sentiment, pendant des milliers d'années, s'égara de la manière la plus étrange. »
(Renan, *Vie de Jésus.*)

aurignacien Blanchard, aux Roches (commune de Sergeac, Dordogne), toute une série de pierres gravées où la *vulva* divine est figurée : « Dès le début de l'aurignacien moyen, la

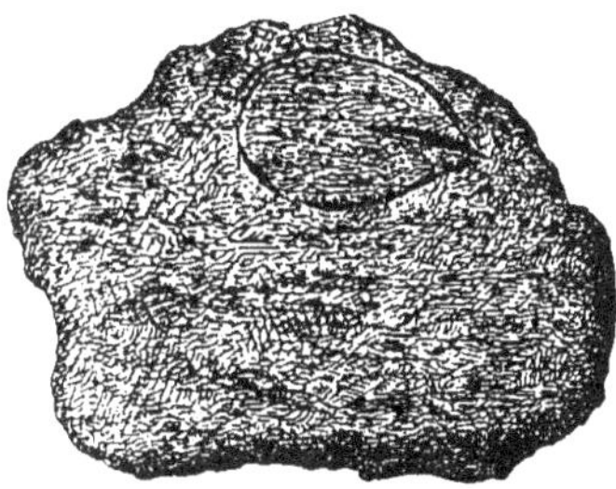

Pierres gravées de l'abri Blanchard, des Roches, représentant les symboles des parties féminines.

représentation de la vulve était courante dans la vallée de la Vézère. Elle était souvent seule, mais elle se trouvait aussi associée à d'autres dessins avec lesquels elle formait un tout symbolique ou qu'elle servait à caractériser [1] ». Le comte Bégouen, dans la grotte du Tuc d'Audoubert, a trouvé une pendeloque-amulette percée d'un trou de suspension, représentant de façon très apparente une *vulva*. « C'est une pendeloque en bois de renne qui provient de mes fouilles dans la caverne du Tuc d'Audoubert. Cette pièce énigmatique, mesurant environ 4 centimètres, affecte la forme d'un triangle. allongé, à base incurvée. Elle est percée, à sa partie supérieure, d'un trou rond d'environ 8 millimètres, d'où part, sur une des faces,

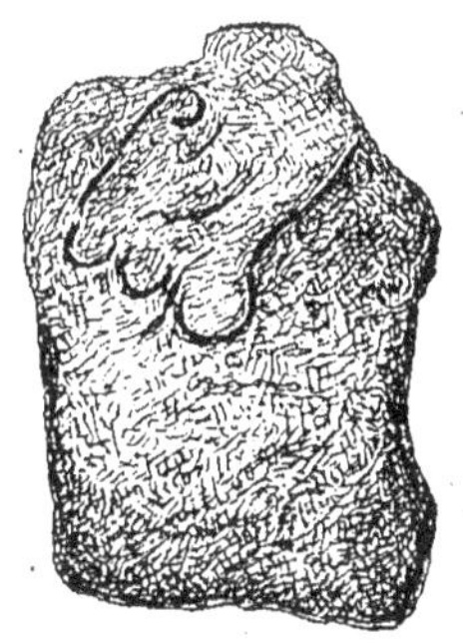

Phallus gravé sur dalle d'après une photographie de M. L. Didon et provenant de l'abri aurignacien Blanchard, à Sergeac (Dordogne).

un profond sillon qui s'élargit vers son centre et aboutit à la base de la pendeloque. Toute la surface est striée de lignes courtes allant de droite à gauche et pouvant figurer

1. *Les origines de l'art à l'aurignacien moyen ; la Ferrassie*, par le Dr Capitan et D. Peyrony, *Rev. d'anthropologie*, n° 3-4, mars-avril 1921.

des poils. Sur l'autre face, qui est restée fruste, le trou de suspension est entouré d'une sorte de bourrelet [1]. »

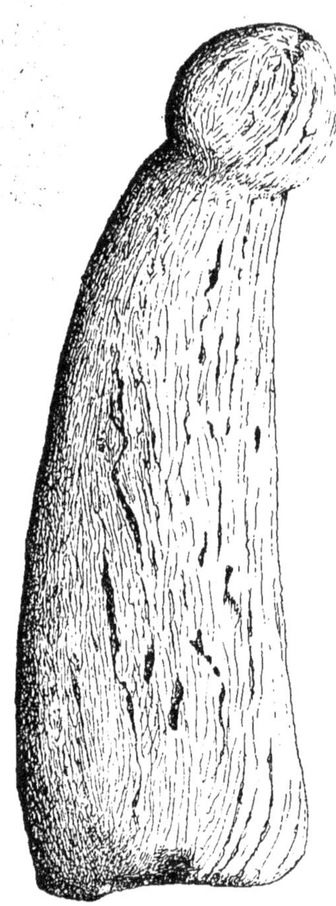

Abri Blanchard, à Sergeac (Dordogne). — Phallus en bois de renne. Fouilles de M. L. Didon.

L'emblème de l'entité masculine fut le *phallus*. D'après tous les documents lithiques découverts en assez notable quantité dans les gisements de la vallée de la Vézère, la représentation de la vulva paraît avoir précédé celle du phallus. Cela concorderait parfaitement avec ce que nous venons d'exposer au sujet de la gestation et du développement de l'idée primitive de la divinité chez les hommes de l'âge du renne. Dans le même abri des Roches, M. Didon a mis au jour une remarquable idole masculine en bois de renne. Le savant fouilleur Peyrony, des Eyzies, a trouvé à la Madeleine des gravures qui ne peuvent laisser subsister aucun doute sur leur signification phallique.

Les cérémonies absconses des mystères dont le secret était jalousement gardé reflétaient évidemment les croyances de la religion primitive des ancêtres des âges perdus dans la pénombre des temps. Tertullien nous apprend que l'objet le plus saint des mystères d'Éleusis, le plus hiératiquement caché, connu des seuls époptés, était le simulacre du membre viril ou le phallus. L'écrivain ecclésiastique Théodoret dit que dans

1. *Communication du Comte Bégouen.*

les cérémonies orgiastiques les plus secrètes d'Éleusis, on montrait et adorait l'image des parties féminines, soit le κτείς, qui représentait l'action productrice de la Terre-Cérès. Le dualisme divin des concepts religieux des époques archaïques se perpétuait ainsi, dans sa brutalité native, dévoilé seulement aux grands initiés.

Le symbolisme féminin impudique est en accord parfait avec l'idée que se faisaient les hommes des anciens temps, du rôle

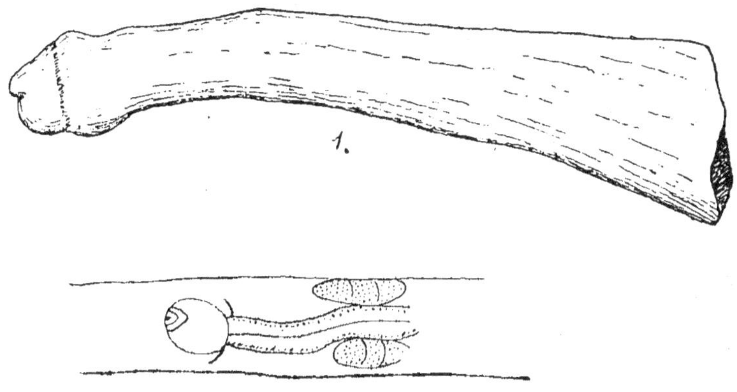

La Madeleine.
1, phallus en bois de renne. — 2, phallus gravé sur une baguette d'os.

producteur de la Terre. Cette bonne mère offrait sa surface féconde comme une immense matrice où germaient les semences ardentes après qu'elle eût reçu la fécondation puissante de l'époux qu'elle s'était donné par sa seule volonté omnipotente[1]. Sa figuration divine syncrétique devint donc un schéma mystique de l'organe producteur de la femme que l'homme lui attribuait comme symbole par une déduction simpliste et, à la vérité, naturelle. Il en devait être ainsi, étant donnée la mentalité immédiatement pratique de primitifs qui ne pouvaient que vouloir transformer le concept de leur imagination en une réalité visible et adéquate de l'idée.

Un raisonnement analogue fit concevoir le symbole du prin-

—

1. « Le Ciel est mon père, il m'a engendré ; ma mère est la grande Terre. Sa surface est sa matrice ; là le père féconde le sein de celle qui est son épouse et sa fille. » (*Hymne védique*.)

cipe masculin sous la forme du phalle [1]. En effet, en engendrant, l'homme croyait créer ; l'enfant issu de lui paraissait être sa créature et comme il l'obtenait avec l'objet nécessaire à cette œuvre, qui est le membre viril, par une déduction très correcte et naïvement forte, il conçut la représentation de la divinité masculine sous la forme du phalle. Il n'y a là rien qui puisse surprendre. L'homme primitif a dû faire une telle série de raisonnements. Ne pouvant découvrir le pourquoi des choses, il devait s'en tenir à la plus immédiate des causes apparentes qu'il pouvait voir et contrôler, à celle dont il pouvait saisir les conséquences matérielles et le résultat tangible, et, par conséquent, en venir à donner à son idée imprégnée de naturalisme la forme du seul appareil qui, dans tout ce qu'il voyait, lui fournissait la compréhension de la création [2].

Alf. Grandidier [1] a dit que le *lingam* est la plus vieille idole

---

1. « C'est le soleil résurrecteur, fécondateur de la nature..... qui a donné naissance au culte du phallus, et à plusieurs divinités que cet emblème caractérise..... La religion offrit les images des organes de la virilité à la vénération publique : mais je crois ces images symboliques *antérieures* aux fables mythologiques..... Le phallus a joué un rôle important dans l'histoire religieuse de l'antiquité. » (Dulaure, *Des divinités génératrices*.)

2. « Les anciens, pour représenter, par un objet physique, la force génératrice du soleil au printemps, et l'action de cette force sur tous les êtres de la nature, adoptèrent le simulacre de la masculinité que les Grecs nommaient *phallus*. Ce simulacre, quoiqu'il paraisse indécent à la plupart des modernes, ne l'était pas dans l'antiquité : sa vue ne réveillait aucune idée obscène : on le vénérait, au contraire, comme un des objets les plus sacrés du culte. Il faut l'avouer, malgré nos préventions il serait difficile d'imaginer un signe qui fût plus simple, plus énergique, et qui expliquât mieux la chose signifiée. Cette convenance parfaite assura son succès, et lui obtint un assentiment presque général. » (Dulaure *Des divinités génératrices*, Ed. Belin, 1885, p. 15-16.)

« Le mystère de la génération, comme celui de la mort, a souvent inspiré les religions primitives, et chez la plupart des peuples anciens on trouve le phallus adoré comme le siège ou le symbole d'une énergie divine. Mais, aux origines, la notion d'une chose sacrée et celle d'une chose impure se confondent fréquemment, l'une et l'autre impliquant l'idée de crainte et de prohibition. Aussi le phallus, qui dans de nombreux rites était vénéré comme un emblème de la puissance génératrice (Jamblique, *De Mysteriis*, I, 11), était, d'autre part, comme beaucoup d'images obscènes, employé comme talisman et détournait, croyait-on, les maléfices. C'est sous ce double aspect que s'offre aussi à nous le culte de Priape, qui n'est autre chose qu'un Phallus anthropomorphisé. » (F. Cumont ; mot *Priape*, *Dict. des Ant. grec. et rom.*)

3. Aff. Grandidier, *Voy. dans les provinces mérid. de l'Inde;* Tour du Monde, t. XIX, p. 63.

de l'Inde. On peut dire également que le phallus fut la plus vieille idole des peuples dont la civilisation illumina le monde antique. Les Phrygiens adoraient, à Émèse, le dieu Élagabale[1] : les Grecs vénéraient le phallus dionysiaque; les Romains rendaient un culte à Priape et les Égyptiens faisaient des offrandes à un dieu phallique[2]. Et combien d'autres exemples concluants encore! Le symbole primitif des temps archaïques, devenu une divinité, avait une vitalité puissante qui puisait sa force de persistance dans son antiquité, en raison de l'attrait superstitieux qui attache si fortement l'esprit de l'homme aux premiers concepts de la race. Adoré à l'aurore des religions, le symbole divin le fut aussi jusqu'à la fin du, paganisme. Alors que les autres dieux étaient presque dédaignés, lui survit avec ténacité. Les dévots de la décadence faisaient toujours des libations sur ses images impudiques dressées aux carrefours des routes[3]. N'est-il pas curieux de constater la persistance de ce culte inventé par les magiciens des temps ensevelis dans la profondeur des âges, se perpétuant et se maintenant en face de toutes les religions et de toutes les philosophies comme un suprème défi à la raison[4].

1. Le dieu solaire Élagabale, le dieu Elah-Gabal des Araméens, le *Sanctus Deus Sol Elagabalus* des Romains était une pierre noire conique soi-disant tombée du ciel et affectant une forme phallique. C'était sans doute un bétyle aérolithique. Cette pierre portait certaine empreinte mystérieuse qu'un aureus de l'empereur Uranius Antoninus nous montre comme étant la figure symbolique et hiératique du κτεις divin.

2. « Non seulement les Égyptiens mais encore d'autres nations ont consacré dans leurs mystères l'organe de la génération. Lorsque les prêtres succèdent, en Égypte, aux fonctions sacerdotales de leurs pères, ils sont d'abord initiés au culte du dieu phallique. » (Diod. de Sicile, liv. I, par. 88.) — « Ce ne sont pas les Égyptiens qui ont enseigné aux Grecs à faire les statues de Mercure avec le membre en érection... Les Athéniens instruits par les Pélasges furent les premiers des Grecs à faire de telles statues. Les Pélasges en donnent un motif sacré qu'expliquent les mystères de Samothrace. » (Hérodote, *Euterpe*, 51.) Suidas (*ad verbum Priapos*) rapporte que chez les Égyptiens, Priape ou Horus soleil était représenté tenant de la main droite un sceptre et dans la gauche son phallus dressé. Sur des monuments thébains très démonstratifs, décrits par la commission d'Égypte, on voit Osiris tenant dans sa main droite son phallus d'où jaillit une semence divine qui produit les animaux et les hommes.

3. Lucien, *Alexand.*, 30. — Arnobe, *Adv. Gent.*, I., 39.

4. La propagation et la persistance des mythes jusqu'à des époques rapprochées de nous constituent un phénomène étrange et cependant beaucoup plus facile à comprendre que le fait même de leur création. L'esprit humain a un respect inné pour le passé et la piété religieuse de l'homme jaillit de la même source naturelle que la piété filiale de l'enfant; quelque étranges, barbares, immorales ou impossibles que puissent paraître

Puis, sans doute, en vertu d'une tendance à un naturalisme
bestial, inspirée par l'usage de totems, emblèmes signalétiques des clans, usage qui semble indiqué par les ornementations animales des bâtons dits de commandement, certains
animaux privilégiés devinrent comme les doublures des deux
grandes divinités initiales. Dans la grotte de Teygat (Dor-

Grotte de la Mairie à Teygac (Dordogne). — Vache et taureau.

dogne), une figuration gravée représente un taureau suivant
une vache dont il caresse la croupe avec son mufle, tel l'Uxan
védique *sollicitant* Gô. Le groupe en glaise modelée de la
salle profonde de la caverne du Tuc d'Audoubert montre une
bisonne et derrière elle le mâle prêt à la saillie. « La femelle

Rennes mâle et femelle. Ivoire de Bruniquel.

est en avant, dit le comte Bégouen, le muffle soufflant, le cou
tendu dans l'attitude de la vache *soumise* au taureau. Le mâle,
un peu en arrière, la suit à demi dressé sur ses pattes de derrière ; son port est plus massif, son allure plus bestiale » [1]. Le
prétendu manche de poignard sculpté de Bruniquel [2] est tout

les traditions léguées par les siècles, chaque génération les accepte et
les façonne en y découvrant parfois un sens plus vrai que les générations
précédentes. » (Max Muller, *Essai sur la mythologie comparée*, p. 18.)
    1. Comte Bégouen. *Discours sur la magie aux temps préhistoriques.*
    2. Abbé Breuil, *Prétendus manches de poignard sculptés de l'âge du
renne* (Antropologie, t. XVI, 1905.)

aussi démonstratif : une femelle de renne, l'œil presque clos, se
couche passivement et derrière elle un renne mâle, l'œil vif, la
tête relevée semble prêt à l'action. Il faut relever ce détail symptomatique, que dans ces diverses figurations et dans nombre
d'autres encore, le mâle est toujours *derrière* la femelle. Un

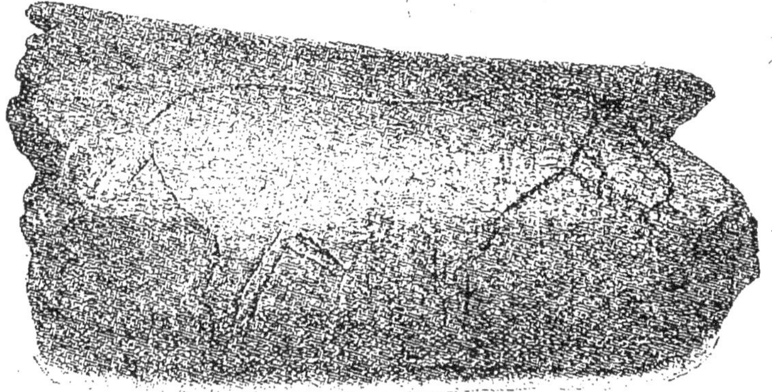

Étalon de Brassempouy.

os de Brassempouy porte d'un côté la gravure d'un étalon et
de l'autre celle d'une jument. Le dessin très sincère du cheval
ne laisse planer aucun doute sur ses intentions amoureuses.

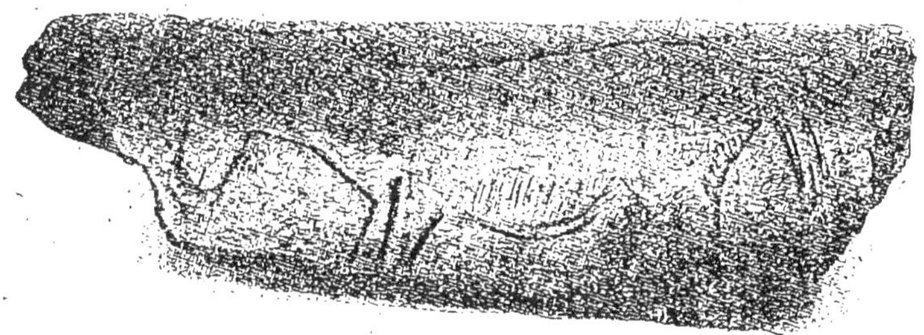

Jument gravée sur os de Brassmepouy.

Dubalen écrit, au sujet de cette œuvre des vieux artistes landais : « Veulent-ils représenter un tableau, ils dessinent l'étalon d'un côté de l'os, la jument de l'autre, chacun avec la
merveilleuse attitude qui est propre au moment psychologique passager. Les deux queues de la jument, l'une horizon-
tale, l'autre verticale, semblent indiquer que l'artiste a voulu

marquer le moment de la saillie et le retour à la position normale. Si l'administration des haras avait des armes parlantes, ce serait l'étalon et la jument de Brassempouy qui devraient figurer le blason [1]. »

Cette conception ithyphallique engendrant une dualité di-

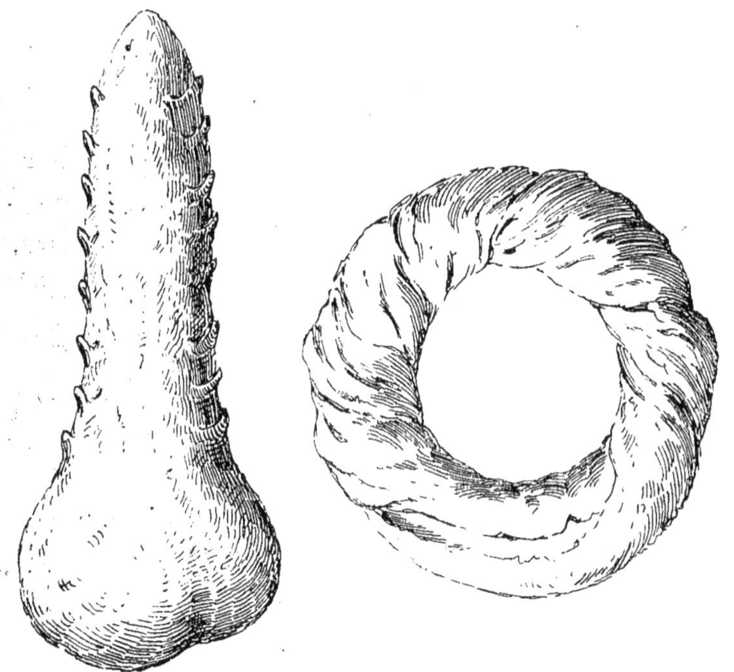

Pains ithyphalliques vendus encore aujourd'hui dans la Charente.

vine s'est répercutée dans toutes les religions antiques du monde indo-européen. La théogamie de la dogmatique tarandienne se retrouve dans l'union puissante de Gaïa et d'Ouranos, dans les amours tragiques de Cybèle et d'Attis, dans le mariage mystique de Déméter et du plus jeune Kabire. Pendant les fêtes Δημήτρια qui se célébraient en Sicile, à l'époque des semailles, on offrait à Déméter et à Kora sa fille, des gâteaux de sésame de forme obscène appelés μυλλοί. Cet usage

1. E. Dubalen, *Le grand art landais pendant le paléolithique supérieur.* — Revue des Etudes préhistoriques, n° 1, mars 1913.

n'est pas aboli et se continue encore de nos jours. A Matha et
à Saint-Jean-d'Angély, près Cognac (Charente), le dimanche
des Rameaux, des marchands vendent, à la sortie de la messe,
devant la porte de l'église, des gâteaux qui, par leur forme,
représentent les uns une *vulva* et les autres un *phallus* [1].

La persistance de l'ithyphallisme est vraiment, peut-on
dire, indestructible. Le culte du phallus était encore pratiqué
en Grèce au vii° siècle de l'ère chrétienne [2]. Les femmes romaines de la décadence, satisfaites de leurs amours, suspen-
daient des couronnes sur l'énorme phallus de Priape ou de
Mutinus. « Les parties génitales de l'homme sont consacrées
dans le temple de *Liber;* celles de la femme le sont également
dans le temple de *Libera.* Ces deux divinités sont considérées
comme le *père* et la *mère* [3]. » Les anciens Saxons rendaient
un culte au dieu phallique Frisco. Les Gaulois, les Celtes de
Bretagne, les Germains, les Ibériques dressèrent des autels à
l'antique phalle dont la vénération persista pendant tout le
moyen âge, malgré les édits des conciles et les canons péni-
tentiaux, ordonnances et objurgations des évêques. Ce culte
est-il détruit de nos jours et ne peut-on pas dire qu'il se per-
pétue encore à l'état inconscient? Il est permis de croire qu'il
subsiste toujours vague et clandestin mais non aboli lorsque
l'on voit les habitants des Pyrénées se rendre en pèlerinage
auprès de Saint-Bidarran, qui est une pierre affectant la forme
du phallus et lorsque l'on peut constater que, pour obtenir de
beaux enfants ou faire cesser leur stérilité, des paysannes de
Bretagne vont frotter leur ventre contre des menhirs qui ne
sont que les idoles emblématiques du plus ancien dieu de
l'humanité.

*
* *

Les Ostiaks ont le respect de leurs morts qu'ils enterrent
dans des lieux de sépulture, spécialement choisis pour cet
usage et nommés *chalas.* Ils mettent au défunt ses meilleurs

---

1. Communication de M. A. Gousset, de la Soc. préhist. française.
2. Nicéphore Calixte, *Hist. ecclésiast.*, liv. XIV, chap. 48.
3. Saint Augustin, *De civit. Dei,* liv. IV, chap. IX.

habits et, dans le cercueil, on place les objets dont il avait l'habitude de se servir. Sur la tombe on immole des rennes. On prépare ensuite un repas *près de la sépulture* et, après s'être rassasié, on emporte les viandes restantes pour les distribuer aux voisins, en mémoire de celui qui n'est plus. La famille donne plusieurs autres repas de commémoration lorsqu'elle en a la fantaisie [1].

Toutes les sépultures de l'âge du renne que nous connaissons ont été découvertes dans des grottes ou des abris qui eux-mêmes ont servi d'habitations à l'homme. Ce dernier fait concomitant démontre que nos ancêtres du paléolithique supérieur ensevelissaient leurs morts ou, tout au moins, ceux d'entre eux qui avaient occupé une situation marquante pendant leur existence, dans les lieux mêmes où ils avaient habité. A Baoussé-Roussé, et ailleurs aussi, on a constaté que la caverne avait été occupée par des hommes qui y ont vécu, après le dépôt du mort dont on a retrouvé les ossements. C'était vraiment une coutume des temps primitifs d'enterrer les défunts dans leur demeure. Sans vouloir développer ici tout ce que nous avons dit, dans un autre ouvrage [2], au sujet des sépultures dans les dolmens, nous signalerons que, dans les premiers temps de Rome, les morts et surtout le maître de la maison, l'*herus*, étaient ensevelis sous le foyer familial [3]. « A Orchomène, la plus ancienne des villes grecques connues, des tombes remontent jusqu'à l'âge de pierre. Les morts étaient enterrés sous le sol pavé des pauvres cabanes... A Ægine, on a observé des tombes de très petites dimensions, à l'intérieur des murs des maisons [4]. »

Le Trou du Frontal, dans la vallée de la Lesse, en Belgique, « présente une première salle restreinte et largement ouverte, formant abri sous roche, au fond de laquelle s'ouvre une anfractuosité assez régulière, longue de 2 mètres, large de 1^m,50 et haute de 1 mètre en moyenne, formant caveau [5]. » Ce

---

1. *Voy. de Phallas*, Paris, 1793, t. IV, 72-74.
2. A. de Paniagua, *Les monuments mégalithiques. — Destination et signification, Les dolmens*.
3. S. Reinach, *Orpheus*, p. 143.
4. Zaborowski, *Quelques monuments de l'âge de la pierre en Grèce*. Bull. de la Soc. préhist. française, année 1911, p. 158.
5. A. Rutot, *Le cannibalisme à l'époque des cavernes en Belgique*. Bull. de la Soc. préhist. française, juin 1907.

caveau était rempli d'ossements humains et de débris d'animaux auxquels se mêlaient de nombreux instruments de choix Il était fermé par une grande dalle calcaire accompagnée d'une autre plus petite ; lors de la fouille, on a trouvé ces dalles renversées obliquement vers l'extérieur par suite d'un glissement des terres. Dans ce caveau, les ossements humains et ceux des animaux étaient accumulés pêle-mêle. On a compté dix-huit individus, presque tous des femmes et des enfants ; seulement deux hommes adultes dont un de haute stature[1].

Tout semble prouver que nous nous trouvons en présence de la sépulture d'un grand chef qu'ont accompagné dans la mort deux de ses principaux serviteurs, de nombreuses femmes et de jeunes esclaves. Cela n'a rien qui doive surprendre. C'était une habitude constante, dans l'antiquité reculée, d'immoler sur les tombeaux des chefs et d'enterrer avec eux plusieurs de leurs serviteurs et plusieurs de leurs femmes pour les servir et leur tenir compagnie dans l'autre monde[2]. Cette coutume implique rigoureusement la croyance à la survie de l'âme et, si vraiment, elle a été observée au Trou du Frontal par les paléolithiques de l'âge du renne, c'est que ceux-ci, qui vivaient en Belgique, avaient la conception d'une autre vie, après la mort[3]. D'ailleurs, on s'expliquerait

---

1. A. Rutot, *La préhistoire dans l'Europe centrale*, 1911, p. 87.

2. Voir la description du sépulcre de *Kouloba*, « colline des cendres », dans la presqu'île de Kertsch. (Dubois de Montperreux, *Voyage autour du Caucase*, t. V. p. 194). — Voir également la description des fouilles exécutées par René Galles dans le tumulus de Mané-Lud, en Bretagne, près de Locmariaker et dont le nom de Mané-Lud a la même signification que celui de Kouloba, puisque l'on doit le traduire par « tertre des cendres. » (René Galles, *Mémoires de la Soc. polymat. du Morbihan*). — Pour les funérailles des rois Scythes, voir Hérodote (*Melpomène*, 71, 72). — Enfin, pour les funérailles des Jarls scandinaves, voir Engelhardt (*Guide du Musée de Copenhague*, p. 33) — César, en parlant des funérailles des chefs gaulois, dit : « Leurs funérailles sont magnifiques et somptueuses pour le pays ; on y brûle tout ce qu'on croit que le défunt chérissait, jusqu'aux animaux ; et il n'y a pas même fort longtemps que les esclaves et les affranchis que l'on savait qu'il avait aimés, étaient jetés au feu avec son corps. » (*De bello gallico*, liv. VI, par. 15.)

3. Les auteurs anciens sont d'accord pour affirmer que les Druides gaulois enseignaient le dogme de l'immortalité de l'âme. (Diodore de Sicile ; liv. V, par. 28. — Strabon, liv. IV, ch. iv, par. 4. — P. Mela, *De situ orbis*, liv. III, par. 2). — Cette idée métaphysique était à ce point enracinée dans l'esprit des peuples des Gaules que des parents ou des amis des défunts jetaient dans les flammes des bûchers funéraires des tablettes épistolaires.

A. DE PANIAGUA : Age du Renne.   17

mal qu'on ait placé à côté du mort ses meilleures armes, ses bijoux [1] et les instruments dont il s'était servi au cours de son existence, si on n'avait pas eu l'idée qu'il dût en faire usage pendant une nouvelle vie ultra-terrestre.

« Beaucoup des restes humains, trouvés au Trou du Frontal, sont fracturés et, notamment, on observe que sur cinquante-trois ossements du caveau, dix-huit portent des entailles, trente-trois ont reçu des coups de percuteur et deux ont subi l'action du feu. En somme, on constate que les débris humains ont subi exactement le même traitement que ceux des nombreux débris d'animaux qui les avoisinent, c'est-à-dire que nous retrouvons le tout à l'état de « déchets de cuisine », de « restes de repas », en tout semblables à ceux que l'on a rencontrés dans les autres cavernes [2]. » Il y a donc eu, comme chez les Ostiaks [3], un repas funéraire. Mais ce repas fut un repas d'anthropophages.

Schaaffhausen dit : « Nous ne nous étonnons plus lorsque l'on nous dépeint un peuple adonné à l'anthropophagie. On peut retrouver chez tous les peuples la trace de cette barbarie [4] primitive [4] ». Diodore de Sicile : « Tout d'abord, les hommes, à peine dégagés de la sauvagerie, se réunirent, mais ils étaient anthropophages et, dans les guerres, les plus faibles tombaient victimes des plus forts [5]. » D'après le même auteur, c'est Saturne qui fit perdre aux hommes l'habitude de manger leurs semblables [6]. Certains faits de la mythologie sont les reflets de cette abominable coutume. Le scythe de Thrace, Diomède, fait dévorer les étrangers qui pénètrent sur ses

adressées à leurs morts les plus chers (Diodore de Sicile ; liv. V, par. 28). Quelquefois des Gaulois se précipitaient avec joie dans les brasiers funèbres dans la pensée de rejoindre plus vite des êtres aimés. (P. Mela, *De situ orbis*, liv. III, par. 2). — Ne peut-on pas voir dans ces pratiques une survivance de la croyance en une vie extra-terrestre et de certains usages funéraires des hommes de l'âge du renne ?

1. Au Trou du Frontal, ces bijoux consistaient en des coquilles percées de l'éocène de Champagne ayant dû former un collier et en des cristaux de fluorine dont un percé d'un trou de suspension.

2. A. Rutot, *loc. cit.*, p. 6.

3. « Chez les Ostiaks, comme chez les Finnois de la Volga, les grandes cérémonies religieuses consistent en un repas sacré. » (Ch. Rabot, *A travers la Russie boréale*, p. 237.)

4. *Revue scientifique*, 1872, p. 1064.

5. Diodore de Sicile, liv. I, par. 40.

6. Ib., liv. I, par. 14.

terres par ses cavales, ou plutôt, par ses concubines, car, en grec, ἡ ἵππος a le double sens de « jument » et de « femme de mauvaise vie ». D'après Pausanias, le loup arcadien Lycaon sert à Jupiter son hôte, pour lui faire honneur, les membres d'un jeune enfant. L'antiquité historique eut ses anthropophages. Hérodote place le peuple des Androphages dans les régions éloignées vers le nord de l'inconnu hyperboréen : « Les Androphages ont, de tous les hommes, les mœurs les plus farouches, ils ne connaissent point la justice et n'observent aucune loi[1] ». En parlant de l'île celtique d'Ierné, l'Irlande actuelle, Strabon dit : « que ses habitants sont encore plus sauvages que ceux de la Bretagne, car ils sont anthropophages en même temps qu'herbivores et croient faire bien en mangeant les corps de leurs pères et en ayant publiquement commerce avec toutes les femmes, voire avec leurs mères et leurs sœurs[2] ». Rapprochez ces coutumes de celles des Scythes cannibales, des Massagètes qui faisaient bouillir les corps des défunts avec des quartiers de viande d'animaux et les dévoraient, des Sardes qui confectionnaient des pâtés avec les chairs de leurs parents morts.

Puisque des peuples historiques ont eu de telles habitudes anthropophagiques, il n'y a plus aucune difficulté à admettre que des peuples placés bien plus en arrière dans le temps aient pu en avoir de pareilles. Vouloir essayer de les nier en invoquant l'élévation de la mentalité d'hommes sachant peindre et sculpter et donnant donc, par leurs manifestations artistiques, une haute idée de leur niveau intellectuel, c'est faire une induction sans base qui ne repose sur rien de précis et qui est battue en brèche par la netteté des observations que nous pouvons faire. Les Tarandiens pouvaient être de grands artistes et aussi être cannibales à l'occasion, surtout si la religion intervenait pour imposer ses rites cruels. L'anthropophagie des Tarandiens devait être rituelle et, dès lors, peut très bien s'accorder avec un état intellectuel élevé. Tout sentiment cède devant le rite sacré. Les Grecs étaient supérieurement civilisés et cependant Thémistocle immola à Dionysos ἀνθρωπορραιστήρ, « destructeur d'hommes », sur les

<hr>

1. Hérodote, *Melpomène*, 106.
2. Strabon, liv. IV, ch. v, par. 4.

injonctions du devin Euphrantidès, trois jeunes prisonniers
perses de haute naissance [1]. G. de Mortillet dit que « l'homme
n'a pu devenir anthropophage que par une faim violente ou
par une perversion résultant d'idées religieuses, soit l'anthropophagie mystique ou liturgique [2] ». Il n'est guère possible
de supposer que le cannibalisme des hommes de l'âge du
renne ait pu avoir pour cause un manque de nourriture car-
née. Les forêts, alors, étaient pleines de gros et de petit
gibier ; dans les rivières foisonnait le poisson ; les troupeaux
de bovidés, de rennes et de chevaux fournissaient en abondance le lait et la chair. Les endroits où l'on trouve des vestiges osseux révélant des pratiques d'anthropophagie étant
des lieux de sépulture font nécessairement supposer, avec les
meilleures raisons, que ces pratiques étaient le résultat d'un
rite funéraire et nullement d'une appétence pour la chair
humaine.

Certainement, si on n'avait découvert seulement qu'au
Trou du Frontal, les preuves du cannibalisme des Tarandiens,
un doute pourrait subsister, tout au moins, quant à la généralité de l'odieuse habitude de célébrer des cérémonies mor-
tuaires par des repas où la chair humaine était dévorée en
même temps que celle de divers animaux, ainsi que nous
savons que faisaient les Massagètes vivant précisément dans
les régions d'où partirent les pères migrateurs des Tarandiens
de l'Occident. Mais les constatations que l'on a pu faire sur
les ossements qu'a fournis cette station ont pu être faites aussi
ailleurs sur des os provenant de gisements où existent des
sépultures de l'âge du renne.

A Aurignac, autant que les calculs du Dr Amiel aient pu
être justes, dix-sept squelettes des deux sexes et d'âges divers
gisaient pêle-mêle dans l'arrière-enfoncement de la caverne,
formant une espèce de caveau fermé à l'aplomb de la falaise
par une grande dalle. C'est, à peu de chose près, la disposition de l'ossuaire du Trou du Frontal. Dans cette dernière
station, une antigrotte sous roche à servi de salle pour le fes-
tin funéraire, tandis qu'à Aurignac le repas a eu lieu sur le
terre-plein en avant du caveau, terrasse extérieure où Lartet

<hr>

1. Plutarque, *Thémistocle*, 17. D'après le récit de Phanías de Lesbos.
2. G. de Mortillet, *Le préhistorique*, p. 605.

a mis au jour un foyer plein de cendres et de charbons et également des ossements, restes du repas des funérailles. Beaucoup de ces ossements d'animaux étaient striés et éraillés comme si la chair en eût été arrachée avec un silex tranchant, beaucoup aussi étaient brisés pour en extraire la moelle, plusieurs avaient subi l'action du feu. On n'a pu faire aucune

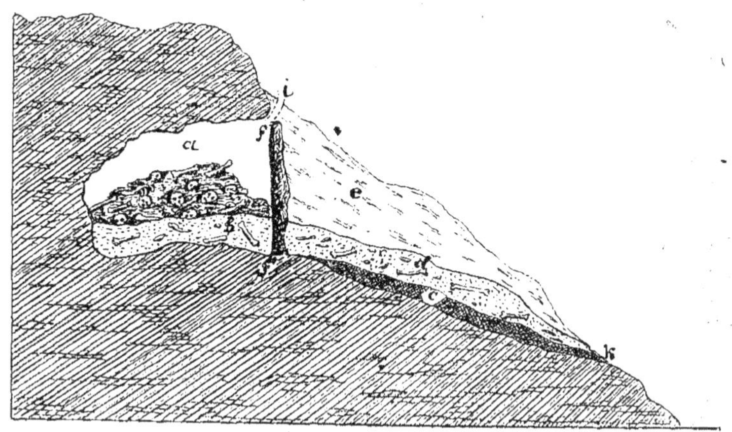

Coupe de la grotte d'Aurignac.

a. Partie de la grotte où se trouvaient les squelettes humains. — *b.* Couche de terre rapportée, de $0^m,60$ d'épaisseur, renfermant des os d'animaux entiers, quelques os humains et un grand nombre d'objets ouvrés. — *c.* Lit de cendres et de charbon de $0^m,15$ d'épaisseur. Os d'animaux brisés et rongés ayant subi l'action du feu ; pierres de foyer et objets ouvrés. — *d.* Dépôt contenant quelques objets et des cendres disséminées. — *e.* Talus formé par des terres provenant du plateau de la colline et de la partie supérieure du talus. — *f.* Dalle dressée fermant l'entrée du caveau ossuaire. — *i.* Terrier de lapins qui a amené la découverte de la grotte. — *k.* Terrasse primitive sur laquelle devait s'ouvrir la grotte.

étude sur les ossements humains du caveau par la raison que, lors de la découverte, ils ont été enlevés et enfouis dans le cimetière d'Aurignac, sans que l'on puisse désigner l'endroit exact de l'enfouissement, ce qui a rendu impossibles toutes les observations ultérieures que l'on aurait pu faire. L'acte d'anthropophagie, dans ces conditions, échappe aux investigations et ne peut être prouvé s'il a existé, mais une chose paraît démontrée toutefois, c'est qu'il y a eu à Aurignac des repas de funérailles. Les preuves matérielles que pourrait fournir l'étude des os humains font défaut, mais étant donnés les indices péremptoires et probants que l'on a recueillis dans d'autres stations similaires où des repas anthropophagiques ont été constatés devant des sépultures, on est, vraiment, autorisé à supposer que le cannibalisme rituel funéraire fut en honneur à Aurignac. Mais c'est une conjecture, quelle que soit la valeur de la supposition.

« Les ossements d'animaux de l'intérieur de la grotte offraient un contraste frappant avec ceux de l'extérieur. Ils étaient tous entiers, intacts et aucun d'eux n'avait été brisé, rongé, à moitié mangé, éraillé ni brûlé, comme ceux qui se trouvaient mélangés aux cendres de l'autre côté de la grande plaque qui fermait l'entrée. Les os de l'intérieur paraissaient avoir été revêtus encore de leur chair au moment de l'ensevelissement[1]. » Cela est un fait fort intéressant par la déduction que l'on en peut tirer. Évidemment des morceaux de viande ont été déposés dans le caveau mortuaire lors de l'ensevelissement d'un chef entouré de ses femmes et de ses serviteurs sacrifiés, pour lui assurer des moyens d'alimentation après sa mort. On ne peut imaginer une autre raison. Si les survivants prenaient le soin de placer des vivres dans le tombeau d'un défunt pour assurer sa nourriture dans un monde ultra-terrestre, il s'ensuit donc qu'ils croyaient que l'homme ne mourait pas tout entier et qu'il vivait une autre vie *post mortem*. D'où l'existence forcée du principe de la croyance à l'immortalité de l'âme.

Si, à Aurignac, sans doute à cause des très mauvaises conditions de la découverte, on n'a pu établir, comme on l'a fait au Trou du Frontal, les preuves de l'anthropophagie paléolithique, par contre on en a découvert les traces dans maintes autres stations de l'âge du renne. « A Saint-Marc, près d'Aix en Provence, M. Marion a observé, parmi des restes de foyers, des os humains calcinés, entaillés et fendus de manière à faciliter l'extraction de la moelle. Il n'hésite pas à voir dans ce fait la preuve évidente que les populations de l'époque archéolithique se nourrissaient parfois de chair humaine[2]. » En Belgique, des ossements humains portant des marques indiquant le cannibalisme ont été rencontrés dans plus de

---

1. Sir Ch. Lyell, *L'antiquité de l'homme*; trad. Chaper, p. 207.
2. N. Jolly, *L'homme avant les métaux*, p. 313.

douze cavernes fouillées par Ed. Dupont : à Hastières, au
Trou-Magrite, à Goyet, au Trou du Sureau, au Trou-Philippe,
à Montaigle, au Trou-Balleux, à Walsin, dans les deux grottes
de Pont-à-Lesse, dans celle de Freyr et au Trou du Moulin à
Goyet [1].

Il paraît donc prouvé que les hommes de l'âge du renne,
malgré l'élévation relative de leur mentalité que décèlent leurs
goûts artistiques et malgré leurs mœurs pacifiques que donne
à entrevoir leur outillage nullement approprié aux luttes guerrières, mangeaient la chair humaine dans des repas que l'on
peut supposer sacrés et dans des festins qui faisaient partie du
rituel des funérailles. Sans doute c'était une survivance atténuée de cette triste pratique religieuse que l'on retrouve dans
l'omophagie du culte de Bacchus Ὠμηστής « qui mange de la
chair crue », et qui consistait à dépecer des victimes animales
vivantes et à en dévorer crues les chairs pantelantes ?

1. A. Rutot, *loc. cit.*, p. 7.

CHAPITRE VI

LE DÉLUGE

Les légendes bibliques du déluge, de la tour de Babel, de la confusion des langues et de la dispersion des hommes se lient étroitement, se corroborent et s'expliquent l'une par l'autre.

Voici le récit de la Genèse : « L'Éternel, irrité de la méchanceté et de la corruption des hommes, résolut d'exterminer leur race [1]. Un seul, vertueux, Noé, trouva grâce devant lui. Dieu lui ordonna de construire une arche immense enduite de bitume, d'y placer un couple de toutes les espèces des animaux, mâle et femelle et de s'y enfermer avec ses fils, sa femme et les femmes de ses fils [2]. Noé obéit. Alors l'Éternel rompit toutes les fontaines du grand abîme et ouvrit toutes les bondes des cieux et la pluie tomba sur la terre pendant quarante jours et quarante nuits [3]. Au bout de ce temps, Dieu fit passer un vent sur la terre et les eaux cessèrent de tomber. Tous les êtres vivants, hommes et bêtes avaient été anéantis. Seul Noé survivait avec sa famille. L'arche s'arrêta sur le mont Ararat, en pleine Arménie. Noé lâcha un corbeau, puis un pigeon qui, « ne trouvant pas de quoi asseoir la plante de son pied », revint dans l'arche. Noé lâcha un second pigeon qui revint avec une feuille d'olivier dans son bec ; il en lâcha un troisième qui ne revint pas. Noé comprit que le déluge

---

1. Ceux qui excitaient surtout la vindicte divine étaient les géants descendants des Fils de Dieu qui s'étaient unis aux filles des hommes. Dans une note de sa traduction des *Antiquités judaïques* de Flavius Josephe, Arnauld d'Andilly dit que ces fils de dieu « sont ceux auxquels la Bible donne le nom d'Anges. » (*Hist. des Juifs, écrite par Flavius Josephe*, trad. par Arnauld d'Andilly ; Bruxelles, 1701, p. 14.)

2. *Genèse ;* ch. VI.

3. *Ib.* VII.

était fini ; il sortit de l'arche avec les siens et donna la liberté
à tous les animaux [1] ; puis il construisit un autel sur lequel il
offrit des holocaustes à l'Éternel. La race de Noé prospéra
rapidement et sa descendance se multiplia. Mais les hommes
se mirent en tête de bâtir une ville et une tour « dont le sommet devait être jusqu'aux cieux », la tour de Babel. L'Éternel
ne voulant pas voir cette œuvre s'accomplir « confondit le
langage des hommes et les dispersa sur toute la terre [2]. »

C'est sous le règne du dixième des rois antédiluviens de Babylone, Xixouthros, que se produisit le déluge, suivant la légende
kaldéenne. Le dieu Nouah que Bérose confond avec Kronos
apparut en songe à ce monarque et l'avertit que tous les
hommes allaient périr par les eaux. Il lui ordonna d'enfouir en
terre, dans la ville du Soleil nommée Sisparis, les écrits sacrés
qui traitaient du commencement, du milieu et de la fin de
toutes choses [3]. Le dieu lui dit aussi de construire un navire
immense enduit de bitume comme l'arche du patriarche Noé
et de s'y embarquer avec ses parents et ses amis. Xixouthros
se met à l'œuvre, construit le vaisseau, le remplit d'animaux
qui doivent assurer la reproduction des espèces et demande
où il doit aller : « Vers les dieux, » répond Kronos. Le déluge
alors accomplit l'œuvre de dévastation et de mort, puis finit
enfin. Le navire cessa de flotter et resta immobile sur une montagne d'Arménie, au pays de Nizir. Xixouthros lâcha quelques
oiseaux qui, ne trouvant pas où se reposer, la terre étant encore inondée, revinrent au navire ; il lâcha ensuite d'autres
oiseaux qui revinrent avec de la boue aux pattes ; enfin, une
troisième fois, il lâcha encore des oiseaux qui ne revinrent pas.
Le roi, comprenant que le déluge avait pris fin, sortit du navire avec sa femme, sa fille et le pilote ; il adora la Terre, éleva
un autel sur lequel il fit un sacrifice, puis disparut ainsi que
les trois personnes qui l'avaient accompagné. Ceux qui étaient
restés sur le navire finirent par regagner Babylone qu'ils rele-
vèrent de ses ruines. « La race qui peupla de nouveau la terre
fut une race de géants. » « On raconte que les premiers

1. *Genèse*, ch. VIII.
2. *Ib.*, ch. XI.
3. Par cet épisode, on saisit tout le respect que les prêtres kaldéens
avaient pour les vieilles traditions et tout le soin qu'ils avaient de les conserver intactes, ainsi que nous le dit Diodore de Sicile.

hommes, enflés de leur force et de leur grandeur, méprisèrent les dieux et se crurent supérieurs à eux : ils élevèrent donc une tour très haute, à l'endroit où est maintenant Babylone. Déjà elle approchait du ciel, quand les vents accourus aux secours des dieux renversèrent la construction sur les ouvriers : les ruines en sont appelées Babel. Jusqu'alors les hommes n'avaient eu qu'une seule langue ; mais les dieux les forcèrent à parler désormais des idiomes différents[1]. »

La légende kaldéenne et le récit biblique se suivent, pour ainsi dire pas à pas. On sent qu'ils sont issus de traditions orales qui ont puisé dans un même fonds sémitique ou, peut-être touranien. Les détails changent à peine : Xixouthros agit comme Noé ; le navire kaldéen, comme l'arche, s'arrête en pleine Arménie. On retrouve aussi la tour de Babel et la confusion des langues.

Chez les Grecs, l'histoire du déluge se transforme ; l'esprit hellène, qui aime les belles fables, a remplacé la légende juive sèche et nue par une imagination inattendue, Deucalion, fils de Prométhée et époux de Pyrrha, était roi de Thessalie, lorsque Zeus, outré de la perversité de la race humaine, décida de l'anéantir. Deucalion, prévenu par son père, construisit une barque qu'il emplit de vivres et dans laquelle il se réfugia avec sa femme. Pendant neuf jours et neuf nuits les eaux du ciel se déversèrent sur la terre ; tous les hommes périrent. Le dixième jour, les pluies ayant cessé, Deucalion et Pyrrha abordèrent à l'Othrys, suivant les uns, au Parnasse ou à l'Athos, suivant d'autres[2]. Deucalion descendit alors à terre et offrit un sacrifice à Zeus Phyxios, « protecteur des fugitifs ». Voulant faire revivre la race des hommes, Deucalion et Pyrrha allèrent à Delphes consulter l'oracle de Thémis, qui leur répondit que, pour faire renaître une humanité, ils devaient se voiler la face et jeter derrière eux les os de leur mère. Ils saisirent le sens de ces paroles obscures et se mirent à leur œuvre de repeuplement en lançant par dessus leurs épaules des pierres arrachées au sein de la terre. Celles que

---

1. G. Maspero, *Hist. anc. des peuples de l'Orient*, p. 163. D'après Bérose, *Fragmenta*, XVII, XVIII.

2. Hygin, *Fabulæ*, 153. — Servius ; Virgile, *Eglogue* VI, v. 41. — Scholiaste de Pindare, *Olympique*, IX, v. 64.

lançaient Deucalion[1] devenaient des hommes, celles que lançait Pyrrha devenaient des femmes[2].

Naturellement, les mythographes grecs imbus d'un esprit
de particularisme le plus étroit qui se puisse rencontrer, ne
pouvaient admettre que les gestes divins se fussent accomplis
ailleurs que dans l'Hellade et que les grands faits légendaires
aient pu se produire en dehors de cette patrie ou des pays
de même civilisation. Mais, malgré l'orgueil national, la mémoire populaire gardait, quand même, des souvenirs, qui,
quelquefois, étaient comme des
liens solides rattachant les traditions grecques à celles des autres
peuples. Il est bien curieux de
retrouver le nom du patriarche juif
Noé sur une monnaie de bronze
de la ville d'Apamée en grande
Phrygie. Au premier plan, Deucalion et Pyrrha, venant de sortir
d'un coffre carré représenté au second plan flottant sur les eaux. Les
deux protagonistes de la tradition

Bronze d'Apamée[3].

hellénique sont figurés dans ce coffre; leurs bustes en dépassent les bords supérieurs. Sur le devant de cette pseudo-
barque se lit le nom ΝΩΕ. Un oiseau se tient perché au-dessus
de la barque, et plus loin, un autre oiseau vole. Ces oiseaux
ne rappellent-ils pas absolument les pigeons de l'arche
biblique? Sur le bronze d'Apamée, ils ont d'ailleurs l'aspect
de pigeons. Cette médaille relie ainsi le mythe grec aux
traditions hébraïque et kaldéenne.

Les Aryas de l'Inde ont arrangé une légende diluvienne
adaptée à leur mythologie et, suivant leur habitude d'amplifi-
cation, ils l'ont surchargée de détails extraordinaires et fan
tastiques. Mais, malgré l'ombre que projettent ces exagérations, on distingue toutefois une simplicité originelle qui est

---

1. Certains mythographes grecs racontent qu'après le déluge, Deucalion
vint habiter Athènes, On prétendait que le temple de Jupiter olympien
situé dans cette ville, était son œuvre; près de ce temple, on montrait son
tombeau.

2. Voir *Myth. de Grèce ant.*, par P. Decharme, p. 287-288.

3. Figure extraite de l'*Histoire des Grecs*, par V. Duruy. Hachette éditeur.

le meilleur témoignage d'une très grande antiquité, faisant remonter la tradition fort haut dans le cycle primitif, bien avant la formation des mythes initiaux des religions indouistes. La brillante et étrange parure dont la revêt l'imagination ardente des « fils du Soleil » ne peut suffire à cacher complètement l'armature primordiale qui est comme une réplique intime, bien que vague, des légendes similaires des autres peuples.

Le septième manou Vaivaswata était fils de Vivaswat ou du Soleil. « Ce saint monarque se livrait aux plus rigoureuses austérités. Un jour qu'il s'acquittait de ses pratiques de dévotion sur les bords de la Virini, un petit poisson lui adressa la parole pour le prier de le retirer de la rivière, où il serait inévitablement la proie des poissons plus gros que lui. Vaïvaswata le prit et le plaça dans un vase plein d'eau où il finit par grossir tellement que le vase ne pouvait plus le contenir et le manou fut obligé de le transporter successivement dans un lac, puis dans le Gange et, enfin, dans la mer, le poisson continuant toujours de grossir. Chaque fois que le manou le changeait de place, le poisson, tout énorme qu'il était, devenait facile à porter et agréable au toucher et à l'odorat. Lorsqu'il fut dans la mer, il adressa ainsi la parole au saint personnage : « Dans peu, tout ce qui existe sur la terre sera détruit ; voici le temps de la submersion des mondes, le moment terrible de la dissolution est arrivé pour tous les êtres mobiles et immobiles. Tu construiras un fort navire, pourvu de cordages, dans lequel tu t'embarqueras avec les sept Richis, après avoir pris avec toi toutes les graines. Tu m'attendras sur ce navire et je viendrai à toi, ayant une corne sur la tête, qui me fera reconnaître. » Vaivaswata obéit ; il construisit un navire, s'y embarqua et pensa au poisson qui se montra bientôt. Le saint attacha un câble très fort à la corne du poisson qui fit voguer le navire sur la mer avec la plus grande rapidité, malgré l'impétuosité des vagues et la violence de la tempête qui ne laissait distinguer ni la terre ni les régions célestes. Le poisson traîna ainsi le vaisseau un grand nombre d'années et le fit enfin aborder sur le sommet du mont Himavat (Himâlaya) où il ordonna aux Richis d'attacher le navire. « Je suis Brahma, seigneur des créatures, dit-il alors, aucun être ne m'est supérieur. Sous la forme d'un poisson, je vous ai sauvés du danger. Manou que voici va maintenant opérer la création. » Ayant ainsi parlé, il disparut et Vaivaswata, après avoir pratiqué des austérités, se mit à créer tous les êtres[1]. »

La légende scandinave est nébuleuse, farouche et contournée. Les fils de Barr, ayant tué Ymer, le plus ancien des Géants de la race des Hrimthursars[2], le sang s'épancha de ses blessures avec une telle abondance que tous ses semblables vaincus en furent submergés et périrent. Un seul, Bergelmer, put se sauver, avec sa femme, en montant sur un bateau. Une nouvelle race d'Hrimthursas naquit de ce couple échappé au désastre[3]. Mallet, qui a publié un résumé de l'Edda, dit, dans une note, à propos de cette légende : « On reconnaît encore ici, bien évidemment, des traces de l'histoire du déluge. On savait déjà que toutes les nations de l'Asie et celles de l'Amérique même en avaient conservé quelque souvenir; mais je ne crois pas que personne ait remarqué la même chose de nos pères Celtes[4] ». Certes il y aurait beaucoup à dire sur les détails de cette opinion; nous n'en retiendrons que la parenté qu'il signale de la tradition scandinave avec celles des autres peuples dont nous faisons mention.

Les Lolo sont un peuple qui réside dans la Chine occidentale, « dans la grande courbe que forme le Kincha-kiang, entre le Setchouen et le Yunnan[5] ». De haute stature en général, souples et bien proportionnés, peu enclins à l'obésité, ils ont des traits qui rappellent ceux des Européens[6]; ils se distinguent nettement des populations chinoises qui les entourent. Fiers, indépendants, quelque peu pillards, ils aiment

---

1. *Les livres sacrés de l'Orient*; trad. par G. Pauthier. *Lois de Manou*, p. 337, note 1. — Cet épisode du déluge est tiré du *Mahâbhârata*, poème publié en sanscrit par J. Bopp et traduit par M. Pauthier dans la *Revue française*, septembre 1832.

2. Ces géants Hrimthursars s'apparentent singulièrement aux « Fils de Dieu » et aux « Géants » de la Bible.

3. *Edda de Snorre Sturleson*, trad. de Mlle R. de Puggel. *Le voyage de Gylfe*, par. 7, p. 22.

4. P.-H. Mallet, *Edda ou monuments de la myth. des anciens peuples du Nord*. Genève, 1730, fable IV, p. 77.

5. Elisée Reclus, *Géogr. univ.*, t. VII, p. 415 et 520.

6. « Les Lolo ont les traits réguliers, le nez saillant et droit, le front large et les yeux nullement bridés. » (*A travers le Yun-nan*, par le vicomte de Vaulserre. *Tour du Monde*, nouvelle série, t. VII, 1901, p. 20.)

la danse et le chant comme les Géorgiens du Caucase. Leur tempérament, les appellations de leurs divisions sociales, les différences très apparentes et nombreuses qu'ils offrent avec les Chinois des pays limitrophes du leur, donnent fortement à conjecturer qu'ils ne sont pas des aborigènes dans les régions qu'ils occupent actuellement, mais qu'ils sont des allophyles qu'on pourrait, avec quelque raison, rattacher au tronc primitif des peuples de l'ouest asiatique. La survivance légendaire qu'ils ont du déluge n'est que pour renforcer une telle opinion. Cette survivance rappelle non seulement le drame diluvial lui-même, avec ses détails, mais encore la construction d'un édifice babélique, la confusion des langues et la dispersion des hommes. Les rapprochements avec le récit de la Bible sont trop frappants pour qu'on en puisse déduire une autre conclusion que celle d'une origine commune des deux traditions.

« Sitôt que les hommes, croissant et multipliant, eurent envahi l'univers dans son entier, alors éclata le déluge. De tous les côtés l'eau jaillit : des rivières, des montagnes, des mers, de la terre. Les hommes moururent tous, excepté un frère et une sœur de la branche aînée d'Omou[1]. Ils coupèrent un arbre à vernis[2] et en firent un coffre où ils se réfugièrent. Alors le coffre flotta sur l'eau par toute la terre. Les eaux ayant enfin baissé, le coffre put s'échouer sur la montagne Olou. Le frère et la sœur, ayant ainsi échappé au cataclysme destructeur de tous les humains, s'unirent et procréèrent de nombreux enfants. Des deux aînés le premier fut du type Sifan[3], le deuxième du type Lolo et le cadet du type chinois. Craignant un nouveau déluge, ils entreprirent d'édifier une très haute maison. A-Pou-Ouosa (Dieu) chercha à les en dissuader mais ils ne l'écoutèrent point, ne se rendirent même pas à ses menaces. Mais voilà que le frère qui travaillait en haut disait : apporte une poutre et celui qui se trouvait en bas montait une pierre. Ne se comprenant plus, ils se disper-

---

1. Omou est le père des hommes tombé du ciel; il procréa dix fils et filles.

2. *Eloecocca vernicifera*, arbre analogue au figuier.

3. Race aborigène du nord-ouest de l'empire chinois, très voisine de la race thibétaine.

sèrent. Le Sifan émigra vers le Nord, le Lolo *à l'Orient* et le Chinois au Sud [1]. »

*
* *

Le déluge fut un événement d'une importance capitale au point de vue physique et qui doit occuper une place prépondérante dans les annales de l'humanité. « Il faut donc prendre un fait dans les traditions des hommes, dont la vérité soit universellement reconnue ; quel est-il? Je n'en vois qu'un dont les monuments soient plus généralement attestés que ceux qui nous ont transmis cette fameuse révolution physique, qui a, dit-on, changé autrefois la face de notre globe et qui a donné lieu à un renouvellement total de la société humaine : en un mot, le déluge me paraît la véritable époque de l'histoire des nations. Non seulement la tradition qui nous a transmis ce fait est la plus ancienne de toutes mais encore elle est claire et intelligible; elle nous présente un fait qui peut se justifier et se confirmer [2]. »

Les éléments constitutifs des diverses légendes relatives au déluge, sont identiques chez tous les peuples qui ont conservé le souvenir de cette catastrophe : une inondation formidable anéantit l'espèce humaine, un seul juste se sauve, avec les siens, sur une barque, aborde sur une haute montagne et repeuple le monde [3]. Une pareille similitude des mêmes données indique très clairement un fait unique et d'une action formidable qui, s'il ne s'est pas répercuté sur la totalité du globe, a dû, du moins, se faire sentir, avec une incomparable puissance, dans l'hémisphère boréal où résidaient les races primitives dont descendent les peuples indo-altao-européens et sémitiques qui justement ont gardé la souvenance du désastre diluvien. Un phénomène partiel n'eut pu avoir un

---

1. Dr A.-F. Legendre, *Revue de l'École d'Anthropologie*, 20, an. VI, juin 1910, p. 198.

2. Boulanger, *L'antiquité dévoilée par ses usages*, Amsterdam, 1772, *Avant-propos*, p. 8.

3. Les Persans prétendent que l'arche s'arrêta sur le sommet du Demavend (Elisée Reclus, *Géogr. univ.*, t. IX, p. 157). Certains Caucasiques prétendent, de leur côté, qu'elle s'arrêta au sommet du Kazbek.

aussi grand retentissement ni une telle répercussion remarquable surtout par sa généralité. Tant de groupes humains n'auraient pu garder un souvenir aussi précis et aussi profondément gravé dans la mémoire, surtout si ce phénomène n'eût intéressé qu'un ou quelques-uns seulement de ces groupes et non tous. On pourrait se demander pourquoi tel peuple en aurait conservé le souvenir traditionnel alors qu'il n'en aurait pas subi les terribles effets. Il n'y a pas à faire état des broderies dont chacun a pu orner le principe essentiel de la légende; ce sont des hors-d'œuvre qui ont été ajoutés suivant les milieux et suivant le tour de l'esprit des divers groupes humains.

On a présenté l'hypothèse que le déluge aurait été une catastrophe locale qui, s'étant produite dans un centre spécial de civilisation ardente, aurait fortement influencé l'imagination des peuples qui puisèrent dans ce centre les éléments de leur culture. On a parlé du déluge d'Ogygès. Ce déluge, qui est celui dont parle Platon et qui engloutit une île atlantide, l'île d'Ogygie le « nombril de la mer », d'après Homère[1] et submergea l'Athènes pélasgique se produisit bien dans un milieu en fermentation où les peuples indo-européens et d'autres aussi s'imprégnèrent des principes d'une même civilisation essentielle, milieu qui était dans les contrées mœotiques travaillées par les feux souterrains[2], mais il ne dépassa pas en violence les catastrophes qui ruinèrent Lisbonne et tout récemment Messine. Comme Lisbonne, comme Messine, la première cité actéenne d'Athéna releva ses murs écroulés. Et dans l'histoire de ce pseudo-déluge manquent justement les traits constitutifs qui caractérisent positivement le grand et véritable cataclysme. Où est la barque de sauvetage, où est le juste qui repeuple la terre? D'ailleurs il n'est guère possible de faire remonter le soi-disant déluge d'Ogygès, qui ne fut qu'un raz de marée provoqué par des convulsions sismiques au-delà de 9.000 à 10.000 ans avant notre ère et, à ce moment, certains peuples qui ont gardé le souvenir du vrai déluge, étaient déjà établis dans des pays bien éloignés des contrées mœotiques et avaient perdu tout contact avec ce

---

1. Homère, *Iliade*, ch. i, v. 50.
2. A. de Paniagua, *Géographie mythique*, p. 129 et suiv.

centre de civilisation. Donc le déluge dont parlent leurs traditions ne peut être celui d'Ogygès.

Dans l'antiquité, les prêtres kaldéens ont joui d'une réputation méritée de calculateurs consciencieux, d'observateurs avisés et de gardiens fidèles de l'histoire des temps passés. Passant leur vie à méditer, animés d'un grand esprit de conservantisme religieusement entretenu de génération en génération, ils conservaient avec un soin jaloux les annales des siècles évanouis et transmettaient à leurs fils, seuls héritiers de leur science, les traditions originelles [1]. D'après une communication faite au Congrès de Bruxelles, par M. Oppert, les Kaldéens ont été capables de prendre pour base des calculs sur lesquels ils ont fondé l'évolution du cycle assyrien, l'année 11542 avant notre ère. Ce cycle lunaire se composait de 1.805 ans ou 2.235 lunaisons; il concordait avec le cycle des Égyptiens qui comptaient par cycles zodiacaux de 1.460 ans, et le fondement de ce dernier système se retrouvait dans la même année 11542 avant notre ère [2]. Encore, ils avaient su diviser l'année en 365 jours. Simplicius rapporte [3] qu'au temps d'Alexandre le Grand, ils avaient fait une série d'observations astronomiques remontant à 1.903 ans. On peut voir par là que les Kaldéens étaient des observateurs qui savaient calculer juste et qui, par conséquent, méritent crédit. Or, ils professaient qu'il fallait compter 39.180 années depuis le déluge jusqu'à l'avènement de leur première dynastie historique. Bien entendu, il ne faut pas entendre par première dynastie la suite des princes fabuleux qui auraient régné avant Xixouthros, le dernier de ces rois macrobiens [4]. Il faut s'en tenir, assez vaguement d'ailleurs, à ce que peut nous apprendre une protohistoire fort obscure. Donc, en prenant les dates classiques, faute de mieux, quelque fantaisistes qu'elles puissent paraître, Babylone aurait été fondée ou relevée de ses ruines par Nemrod, soi-disant 2700 avant Jésus-

---

1. Diodore de Sicile, liv. II, par. 29.
2. Ignatius Donnelly. *Atlantis*, p. 29.
3. *Comment. in Aristotele, de Cælo*, cap. III.
4. Le premier roi antédiluvien qui régna sur les Babyloniens fut Aloros, pendant 36.000 ans ; puis Alaparos, 10.800 ans; Amélon, 46.800 ans; Aménon, 43.200 ans ; Métalaros, 64.800 ans ; Daonos, 36.600 ans ; Euédorackos, 64.800 ans ; Amphis, 36.000 ans; Otiartès, 28.800 ans; Xixouthros lui-même lorsqu'il repeupla le monde, avait régné 64.800 ans.

Christ et Ninive aurait eu pour fondateur le problématique
Assur, vers 3.000 ans avant notre ère. On arrive, en chiffres
ronds, à un nombre d'années de 44.000 depuis le déluge jusqu'à nos jours.

G. de Mortillet a estimé que depuis la fin du moustérien il
a dû s'écouler un laps de temps de 60.000 ans [1]. C'est beaucoup. A. Rutot fait le compte suivant [2] : 1.900 ans jusqu'au
début de notre ère, 8.000 ans depuis notre ère, jusqu'à la fin
du quaternaire, puis 13.000 ans pour le *Goyetien*, 13.000 pour
le *Solutréen* et 14.000 pour le *Montaiglien*, donc au total
49.000 ans. A. Rutot se rapproche de la vérité probable.
L'abbé Breuil a émis l'opinion que le temps écoulé depuis le
moustérien n'est pas aussi considérable ; il réduit cette durée,
la supposant égale à environ 40.000 ans. Si l'on prend une
moyenne entre ces trois manières de voir, on trouve qu'elle ne
s'éloigne pas beaucoup de notre supposition évaluant cette durée
à 44.000 ans. D'autant plus que, pour un pareil calcul, il faut
bien comprendre que les évaluations ne peuvent être qu'ap-
proximatives et que des variations, même de plusieurs milliers d'années, n'ont qu'une valeur relative et qu'un intérêt
négligeable.

*
* *

Vers le déclin du moustérien, quelle était donc la situation
physique de l'hémisphère boréal en ce qui avait trait à l'Europe et à l'Asie?

Un immense manteau de glace couvrait tout le nord de
l'Europe, depuis le grand océan de l'ouest jusqu'aux montagnes de l'Oural. L'Irlande, l'Écosse, l'Angleterre, sauf dans
sa partie méridionale, le Danemark, le nord de l'Allemagne,
la Norvège, la Suède, la Finlande, la plus grande part de la
Russie formaient un seul bloc gelé de glaciers entassés, toutes
régions sans vie, soudées ensemble par des mers immobiles.
Au sud, l'énorme accumulation des glaces avait pour limite

---

1. C. de Mortillet, *Le préhistorique*, p. 627.
2. A. Rutot, *Essai d'évaluation de la durée des temps quaternaires*.
Extrait du Bull. de la Soc. belge de Géol., t. XVIII, p. 1904.

le nord des pays de Galles et de Kent en Angleterre, l'embouchure et le cours inférieur du Rhin en Hollande, une ligne passant par le nord de Vienne en Autriche. Puis, suivant à peu près le cinquantième parallèle, la frontière des glaces traversait le sud de la Pologne et le nord de l'Ukraine, avec un éperon allant rejoindre le cours moyen du Dnieper et un second, plus au nord-est, s'étendant jusqu'au cours actuel de la Volga. A partir de là, la frontière courait franchement au nord en se rapprochant du versant occidental de la chaîne de l'Oural sans l'atteindre pour venir rejoindre l'immense banquise boréale dans la mer de Kara en face de la Nouvelle-Zemble.

La Sibérie était libre, mais un énorme massif de glace s'élevait au centre de l'Asie, ayant son foyer dans les plateaux de grande altitude du Thibet et du Pamir, du Kouem-Lun et du Gobi. Il s'étendait, à l'ouest, sur l'Altaï, contournait le grand lac aralo-caspien et venait envahir la partie est de la Transcaucasie. Au sud, il couvrait l'Iran dans ses régions septentrionales, remontait vers l'Himâlaya, laissant dégagée la totalité de la péninsule hindoustanique. A l'est, il lançait ses derniers rameaux dans les déserts de la Mongolie orientale, au sud du lac Baïkal.

Ces deux grandes masses constituaient les deux principaux centres glaciaires. Mais d'autres massifs existaient moins puissants mais encore considérables : la chaîne du Caucase, le Taurus, un îlot autour de l'Hermon, en Palestine, les Alpes dont les névés descendaient jusqu'à Lyon et couvraient la vallée du Rhône moyen, les plaines élevées du Piémont et de la Lombardie, du Tyrol et de la haute Autriche, de la Bavière et du Wurtemberg; enfin les glaciers des Pyrénées et deux ou trois centres dans les sierras d'Espagne.

Dans de telles conditions physiques, il suffisait que la température s'élevât au-dessus de zéro pour que la déglaciation se produisît. C'est ce qui arriva. Le chaud succéda au froid et ce simple changement dans le régime climatérique déclencha le désastre diluvien.

Le rythme de descente des névés s'accentua, les blocs s'accumulèrent à la base des glaciers comme des murs de barrage derrière lesquels se formaient des lacs alimentés par toutes les eaux des glaces fondues, réservoirs immenses qui ne tardèrent pas à rompre leurs digues et à précipiter leurs flots en masses tumultueuses. La fonte, lente d'abord, s'accéléra de plus en plus et prit bientôt une allure aux effets formidables. Le phénomène de liquéfaction exerçant son action sur des étendues immenses, les résultats devaient en être, par force, d'une incomparable puissance. Les assises extrêmes des grands glaciers rongées à leur base s'écroulaient et se liquéfiaient. Sur les nappes de glace, des ruissellements ininterrompus venaient former dans les plus hautes vallées, transformées en de larges lits, des torrents impétueux qui s'élançaient en désarroi, brisant les forêts, entraînant les rochers et les terres. Et des cimes glacées, les eaux en débâcle descendaient toujours. Les vallées basses furent envahies à leur tour, puis toutes les masses liquides sans cesse augmentées par une déglaciation dont l'activité s'accroissait sans répit, débouchèrent de toutes parts dans les plaines changées du coup en des lacs bouleversés par les courants furieux des torrents dévalant sur toutes les pentes et venant jeter leurs eaux grondantes dans ces mers intérieures. Tout aussitôt les débouchés vers les grandes mers devinrent insuffisants et, alors vraiment, le cataclysme atteignit son apogée terrible. L'apport des eaux étant énorme et grandissant sans discontinuité et l'écoulement n'étant plus assuré par des estuaires trop étroits, le niveau général de l'inondation dut s'élever. Toutes les vallées étaient gorgées, transformées en fleuves irrités, les plaines étaient des lacs agités; les eaux arrivant toujours commencèrent l'assaut des collines. Elles s'y ruèrent en vagues pressées et déferlantes. Les collines conquises, elles escaladèrent les contreforts, puis les basses montagnes et ne laissèrent enfin exondés que quelques plateaux de haute altitude qui furent comme de grandes îles perdues çà et là à la surface d'un océan sans limite. Mais les glaciers s'épuisèrent enfin, le débit des eaux devint moins intense, la liquéfaction diminua, puis cessa. D'autre part, l'écoulement plus direct vers les grandes fosses marines d'une quantité d'eau moins considérable fut assuré par des débouchés redevenus suffisants, ce qui permit une évacuation rapide. Une baisse des eaux, progressivement plus accélérée, en fut la conséquence. Le flot diluvial diminua peu à peu. Les unes après les autres, suivant leur altitude, les terres émergèrent, et vint enfin une aurore qui éclaira la face du globe débarrassée des eaux du déluge. C'est alors que Noé sortit de l'arche et offrit un holocauste à l'Éternel dont l'odeur sacrée monta vers le ciel, et Jéhovah « ayant flairé une odeur qui l'apaisa[1], » se déclara satisfait et « mit son arc d'alliance dans la nuée[2] », de même que, dans la version kaldéenne, la grande déesse Istar, mère des hommes, éleva dans les cieux les grands arcs d'Anon en faisant le serment de ne jamais oublier l'épouvantable fléau qui venait de fondre sur la race humaine.

Dans l'occident de l'Europe, les traces de cette inondation générale ont été relevées et constatées. Après la seconde période glaciaire, dite *rissienne*, du quaternaire, les géologues belges signalent la grande crue *hesbayenne* qui recouvrit d'eau les terres de la Belgique et la plus grande partie des régions du nord de la France[3]. Les populations de ces contrées qui en étaient encore à l'industrie acheuléenne, tandis que celles plus méridionales achevaient le cycle du moustérien, furent englouties. Quelques rares survivants des populations néanderthaliennes, réussissant à fuir, se réfugièrent éperdus dans le sud-ouest de la terre qui est aujourd'hui la France. Le cataclysme n'avait pas eu dans cette contrée des effets aussi radicalement destructeurs que dans le nord. Effectivement, dans les régions septentrionales, les eaux diluviales, en arrivant dans la mer, se heurtèrent à l'énorme banquise qui barrait l'océan boréal depuis les Iles Britanniques jusqu'à la péninsule scandinave ; elles se replièrent en un reflux monstrueux et submergèrent tout le pays. Dans le sud-ouest de la France, la crue, dans son action perturbatrice, ne put avoir des résultats aussi considérables. Le flot avait un écoulement facile, par un débouché très largement ouvert dans l'Atlantique qui baignait les côtes gasconnes et cantabriques et où ne se dressait aucune banquise. De plus, les glaciers du massif central et des Pyrénées étaient loin d'avoir l'ampleur de ceux qui alimentaient la crue du nord. L'afflux de leurs eaux de déglaciation fut donc moins important et l'inondation en

1. *Genèse*, ch. viii, v. 21.
2. *Ib.*, ch. ix, v. 16.
3. A. Rutot, *Glaciation et humanité*. Bull. de la Soc. belge de Geol., t. XXIV, févr. 1910, p. 59-91.

fut moins conquérante, laissant exondées les hautes terres [1].
Ce n'est pas à dire qu'elles n'aient pas laissé des vestiges de
leur passage. Un témoignage en existe. Ici, nous laissons la
parole à M. Peyrony [2].

« Dans la fouille que je pratiquai en avril 1905, dans la

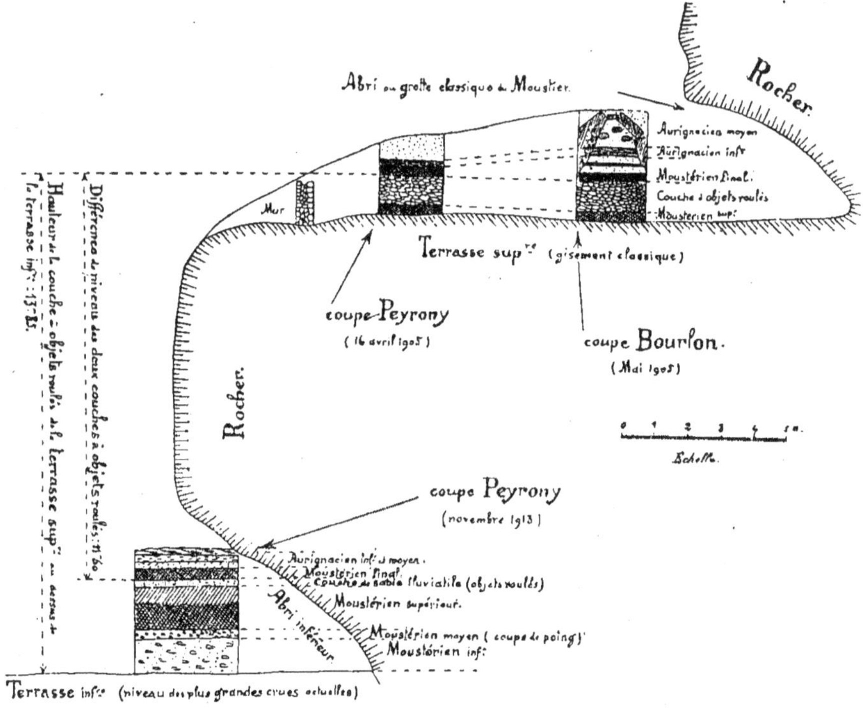

Coupe des deux terrasses inférieures du Moustier (Dordogne).
D'après D. Peyrony.

deuxième terrasse du Moustier (Dordogne), devant l'abri
célèbre, je rencontrai un conglomérat de $0^m,80$ d'épaisseur,
composé de petits éléments calcaires et de silex moustériens
roulés, à arêtes très mousses, séparant deux niveaux du moustérien supérieur.

« Au mois de mai de la même année, dans une autre fouille

1. A. de Paniagua, *Les Landes de la Gascogne et les deltas de la Gironde.*
Ext. des bull. de la Soc. de Géog. commerciale de Bordeaux ; 1906.
2. Peyrony, *Après une grande crue préhistorique de la Vézère.*

faite à côté de la mienne, le lieutenant Bourlon le trouva également avec la même épaisseur. Sa présence a été constatée depuis sur toute la terrasse.

« J'ai toujours attribué sa formation au lessivage, par une crue exceptionnelle de la Vézère, d'un fort niveau moustérien existant en cet endroit.

« En effet, l'eau se serait élevée à 14 mètres au moins au-dessus du niveau des plus grandes crues actuelles et à 18 mètres, au minimum, au-dessus du niveau ordinaire de la Vézère qui devait être le même à ce moment. J'ai cherché ailleurs l'explication du polissage des silex, mais je ne l'ai pas trouvée.

« Les eaux de ruissellement, même par les plus fortes pluies, n'arrivent jamais à torrent sur la terrasse. L'auraient-elles fait à l'époque qui nous intéresse qu'elles auraient pu produire ce travail mécanique à l'endroit où elles tombaient mais non sur toute l'étendue du gisement. Ces matériaux ne peuvent provenir non plus des terrasses supérieures, ces dernières n'ayant jamais fourni la moindre trace de silex taillés.

« Ces phénomènes mêmes auraient-ils pu se produire, que la régularité de la couche et son uniformité sur toute la terrasse suffiraient à prouver qu'elle n'était due à aucun d'eux.

« Malgré l'avis contraire de quelques savants, pour moi, ces objets roulés ne pouvaient avoir été usés que par un mouvement de va-et-vient semblable à celui que produisent le flux et le reflux de l'eau. Je n'abandonnais donc pas ma première idée, mais j'attendais d'avoir d'autres preuves avant de faire ma communication. Les fouilles pratiquées cette année sur la terrasse inférieure du Moustier me les ont fournies.

« Exactement comme sur la deuxième terrasse, entre deux strates archéologiques du moustérien supérieur, j'ai rencontré un niveau de 0^m,20 à 0^m,30 d'épaisseur composé de sable fluviatile et de silex moustériens roulés, mais moins cependant que ceux de son correspondant de la deuxième terrasse. Leur position stratigraphique fait ces deux couches tout à fait contemporaines.

« A quoi attribuer la formation du dépôt inférieur sinon à la cause qui seule a pu le produire, c'est-à-dire à un apport fait par les eaux courantes de la Vézère.

« C'est donc à une crue tout à fait exceptionnelle de la

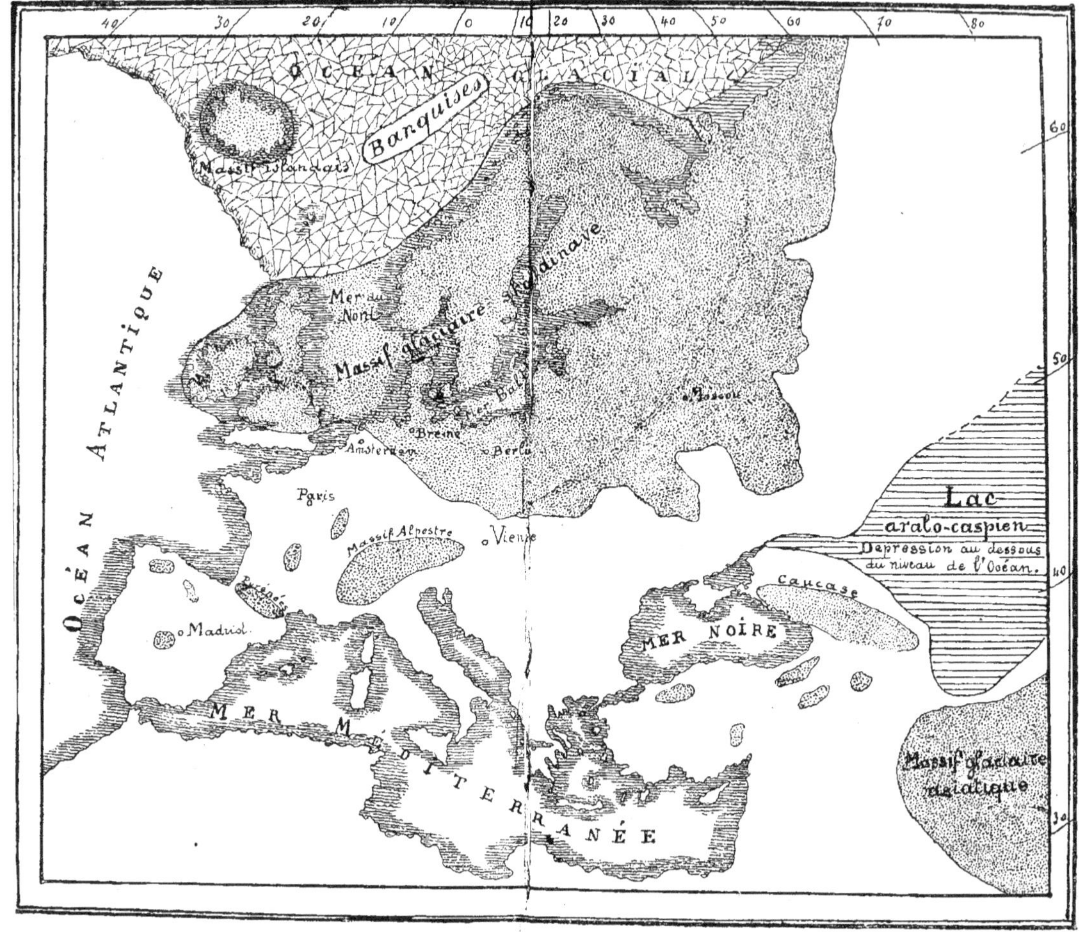

Carte de l'extension glaciaire dite rissienne du quaternaire correspondant à la période paléolithique moyenne.

rivière, qu'on ne peut comparer qu'à celles du début du quaternaire, que sont dus le dépôt sableux de la première terrasse et le lessivage de la couche à objets roulés de la deuxième. Les eaux se sont élevées à au moins 20 mètres pendant quelque temps pour produire le travail mécanique constaté.

« A quoi attribuer ce cataclysme qui a dû ravager toute la vallée ? A des pluies diluviennes qui auraient duré quelque temps? Peut-être, mais il est peu probable que ce soit la seule cause. N'aurait-il pas été surtout produit par la fonte assez rapide des neiges et des glaces de la fin de la dernière grande période glaciaire, survenue à la suite d'un adoucissement de la température ? Je pense que c'est plutôt de ce côté-là qu'il faut chercher l'explication, car les pluies, si fortes qu'elles eussent été, n'auraient pu donner à elles seules un tel volume d'eau.

« Il m'a paru très important de signaler ces faits qui, je l'espère, seront constatés également ailleurs. Ils permettent de dater, d'une manière certaine, la fin de la grande période glaciaire quaternaire. »

N'est-il pas encore un *testis diluvii*, l'individu noyé, homme ou femme, de race néanderthalienne, que le Dr Henri Martin a exhumé des anciennes alluvions du Voultron? Aujourd'hui, le Voultron est un très modeste ruisseau qui serpente au fond de la vallée. Lorsque l'être humain, dont on a retrouvé les restes, périt dans ses eaux, le Voultron occupait toute la largeur de cette vallée ; il était, à ce moment, un large torrent roulant les terres sédimentaires qu'il avait entraînées dans sa course et qu'il venait déposer au pied des collines qui se dressent, comme des barrières extrêmes, à droite et à gauche, loin, maintenant, de son cours. C'est dans les vases de la rive gauche que gisaient les ossements que le Dr Henri Martin a mis au jour, au pied du talus escarpé au sommet duquel se trouvent les vestiges de l'importante station moustérienne de la Quina.

Certainement, c'est dans la Transcaucasie et dans les régions occidentales de la moyenne Asie que le déluge exerça le plus terriblement ses ravages, non pas tant par ses effets immédiats de violence que parce que, en ces parages, la race humaine devait être particulièrement dense et, de plus, avancée sur la voie du progrès : les bassins du Rion, de l'Araxe et du Kura, ceux de l'Euphrate et du Tigre, les steppes qui se déroulent immédiatement à l'ouest de l'Altaï, les plaines de la Syrie et la région de l'Aderbeidschan. Les peuples de cette partie de l'Asie, surtout les sémites de la Mésopotamie et de la Palestine, ont été les premiers à colliger les traditions primitives et à essayer d'en extraire l'histoire des temps originaux de l'humanité.

Les terres basses transcaspiennes n'existaient pas, un lac immense réunissant la mer d'Aral et la Caspienne occupait leur emplacement. Dans ce réservoir central affluaient les eaux glaciaires de l'Altaï par le Syr-Daria et celles de l'Hindou-Kousch par l'Amou-Daria, l'Oxus des anciens. Les montagnes de l'Oural et du Caucase oriental y déversaient leurs torrents, ainsi que les monts du Mazendéran, du Tabéristan, du Gulistan, qui se reliaient étroitement au grand massif glacé de l'Asie centrale. Ainsi le grand lac aralo-caspien, démesurément grossi, déborda de toutes parts, envahissant la Ciscaucasie pour rejoindre les marais azoviens, la Transcaucasie pour atteindre l'Euxin à travers les vallées profondes du Kura et du Rion. Les lacs d'Urmia et de Van, devenus de petites mers par l'apport des glaciers des montagnes de Bingol, du Charzan et de Buhtan, d'une part, et, d'autre part, du Karadagh, du Gilan et du Kurdistan, envoyaient leurs flots battre les flancs surélevés du grand plateau arménien qui seul émergeait au milieu de l'inondation générale de ces régions.

« Tout ce, donc, qui subsistait sur la terre fut exterminé, depuis les hommes jusqu'aux bêtes, jusqu'aux reptiles et jusqu'aux oiseaux des cieux et ils furent exterminés de dessus la terre. Noé demeura de reste et ce qui était avec lui dans l'arche [1]. » Le désastre fut donc prodigieux. Mais cependant, malgré l'assertion biblique, tous les hommes ne périrent pas et, pour ce qui regarde l'Orient, ceux qui purent se sauver sont justement représentés, dans la Bible, par la personnalité syncrétique du patriarche Noé, comme, dans les autres légendes, par Xixouthros, Deucalion, Vaivaswata, Bergelmer et le fils d'Omou.

1. *Genèse*, ch. VII, v. 23.

La plus grande partie des populations de l'Asie antérieure fut anéantie. Toutefois, beaucoup d'humains, fuyant devant les eaux, réussirent à se réfugier sur les hauts plateaux des montagnes d'Arménie que le flot diluvien n'atteignit pas. L'existence de ce lieu exondé de refuge est confirmée par la Bible, disant que l'arche s'arrêta sur le mont Ararat [1], aussi bien que par la légende kaldéenne rapportant que le navire de Xixouthros aborda sur une montagne de l'Arménie. La persistance avec laquelle toutes les traditions diluviennes font mention d'une arche, d'un coffre, d'une barque, d'un navire peut donner à penser que ceux d'entre les hommes qui purent échapper à l'envahissement des eaux y parvinrent en employant sinon des embarcations, du moins des radeaux de fortune. L'homme, par instinct naturel, lorsqu'il est en danger de périr dans l'eau, s'accroche désespérément à tout ce qui flotte [2]. Ou bien plutôt cette histoire de l'arche n'est-elle qu'une invention, d'ailleurs très naturelle, d'hommes qui connaissaient l'usage des embarcations, au moment où le souvenir du cataclysme se transforma en une tradition plus ou moins précise? Il a dû en être ainsi. Les barques diluviales sont des allongements faits par des narrateurs de légendes arrangées qui concevaient leur intervention comme indispensable pour assurer le sauvetage des couples reproducteurs de l'espèce.

Tous les hommes des régions de l'Asie antérieure, plus ou moins voisines du plateau qui offrait asile, qui purent fuir, se réfugièrent donc dans les hauts cantons montagneux de l'Arménie. Les fuyards y affluèrent de tous les côtés : Kalmouks mongoloïdes et Finnois des steppes caspiens et araliens, Iraniens de l'est, Sémites de la Mésopotamie et des terres chananéennes, Caucasiques des vallées de la Trans-

---

1. « Le plus ancien souvenir post-diluvien, celui des montagnes d'Ararat, nous reporte au nord de l'Arménie, sur les bords de l'Araxe, à hauteur d'Erivan. Si une telle légende se fût formée en Palestine ou aux environs, on eut fait arrêter l'arche au sommet de l'Hermon. » (Renan, *Hist. gén. des langues sémitiques*, liv. 1, ch. ii, p. 31.)

2 Pendant la célébration des hydrophories, à Hiérapolis, en Syrie, « un homme montait en haut d'une colonne placée dans le parvis du temple de la déesse, et y restait sept jours pour représenter l'ancien état des débris du genre humain sauvés sur les montagnes au temps du déluge ». (Boulanger, *L'antiquité dévoilée par ses usages*, p. 45. — Lucien, *De dea Syria*.)

caucasie, Touraniens des plaines hyperboréennes. La haute
Arménie devint un lieu de refuge pour les ancêtres antédiluviens de tous ces peuples. Alors déjà, parmi eux, certaines
populations de l'Orient avaient commencé à poser les assises
d'une civilisation rudimentaire, mais assez relevée, et acquis
une mentalité assez consciente et délurée pour pouvoir trans-
mettre aux descendants de leurs races une tradition diluvienne, en réalité précise, si on écarte les affublements religieux et imaginatifs et, de plus, en concordance avec les
données géologiques de la science moderne. Ces primitifs,
de diverses origines, parlaient nécessairement des langues
différentes, avaient des goûts et des habitudes contraires;
ils ne pouvaient s'entendre et s'accommoder entre eux. La
Bible reflète cet état d'anarchie lorsqu'elle dit, en faisant
intervenir l'inévitable Jéhovah que « l'Éternel confondit le
langage de toute la terre [1] », ce qui est confirmé par les légendes des Kaldéens et des Lolo.

Épouvantés par la catastrophe qu'ils venaient de subir et
en craignant le retour, les réfugiés cherchèrent à s'établir
sur ces hauts plateaux arméniens rocailleux et infertiles. Ils
tentèrent de fonder des stations, construisirent des huttes,
enfin s'efforcèrent de s'établir sur ces sommets où la vie
matérielle était difficile pour un grand nombre d'hommes [2].
C'est ce que la Bible traduit : « Et ils se dirent, venez, bâtis-
sons-nous une ville et une tour, de laquelle le sommet soit
jusqu'aux cieux [3] ». Mais ils ne purent s'entendre entre gens
de races si diverses; de plus, la vie devait devenir tous les
jours plus précaire, la prolification augmentant sans cesse
la quantité de bouches qu'une terre ingrate ne suffisait plus
à nourrir. Enfin, aussi, le souvenir du déluge s'estompait
peu à peu ; la nature était revenue à son cours normal; les
exilés se prirent à penser aux anciennes patries abandonnées.
La dispersion commença. Chaque groupe, à son tour, quitta

---

1. *Genèse*, ch. XI, v. 9.

2. « Cependant, dans quelques vallées de la Transcaucasie et de l'Ana-
tolie, la vie paraît avoir été possible, et c'est peut-être à ces gens, échappés
au cataclysme diluvien, que nous devons attribuer les instruments d'obsidienne très patinés que j'ai recueillis dans la région de l'Ararat, au pied
de l'Alagheuz, volcan riche en coulée de cette matière. » (De Morgan,
Note sur les origines de la métallurgie. L'Anthropologie, 1923, p. 487.)

3. Genèse, ch. XI, v. 4.

la terre de refuge : « et l'Éternel les dispersa par toute la terre[1] ! »

Certains, plus craintifs ou plus aventureux, résolurent d'aller au loin chercher la tranquillité ou l'inconnu. C'est ainsi que se formèrent plusieurs essaims de migrateurs : peut-être les

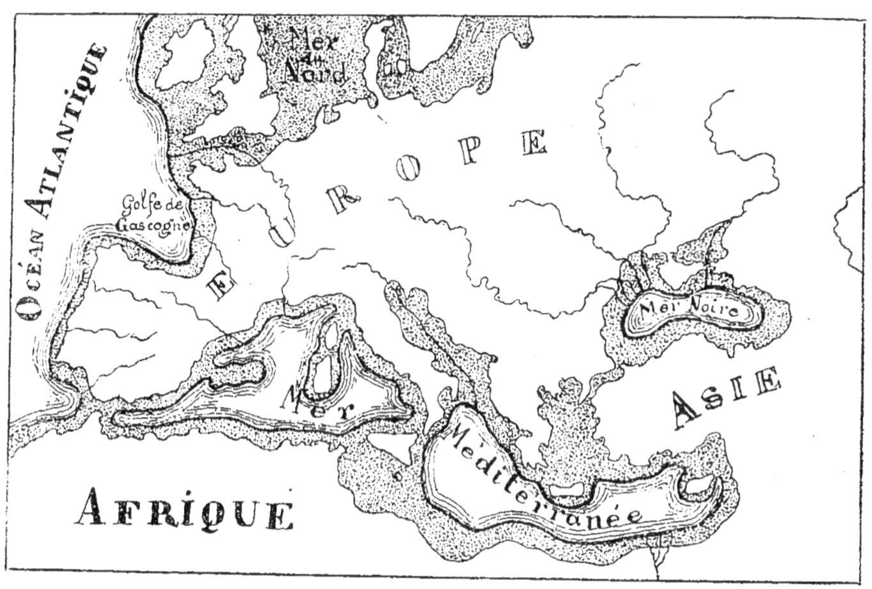

L'Europe au quaternaire inférieur.
d'après W. Boyd Dawkins

pères des Lolo qui allèrent vers l'Orient et, sûrement, les pères de ceux qui furent les Tarandiens de l'Occident.

Traversant l'Asie Mineure de l'est à l'ouest, ils franchirent l'Hellespont qui, alors, était un isthme séparant l'Euxin de l'Égée, suivirent la grande voie naturelle de migration de la vallée de l'Ister et vinrent se buter contre le massif alpestre. Ils ne le contournèrent pas par le sud à cause de la barrière

1. *Genèse*, ch. XI, v. 9.

continue des montagnes. En Italie, pas une trace d'occupation par l'homme du renne n'existe. Les émigrants contournèrent les Alpes par le nord et débouchèrent par les passes
du Jura dans l'extrême Occident où ils ont laissé tant de
manifestations éclatantes de leur industrie et de leurs arts.

Ainsi le plus grand cataclysme que les annales du monde
aient enregistré a eu pour conséquence l'apparition sur les
terres de l'Occident d'une humanité nouvelle qui prit la place
laissée libre par les vieilles populations grégaires, de race
aborigène, presque complètement anéanties.

APPENDICE

Une preuve existe qui vient lever tous les doutes sur la domestication du cheval et son emploi comme bête de somme, vers le déclin des temps paléolithiques. Une gra-

Bâton dit « de commandement » provenant de la Madeleine,
et portant, gravés, des chevaux bâtés.

vure de la Madeleine sur bois de renne, conservée au Musée d'Agen, montre des chevaux *bâtés et harnachés*. Cette figuration résout d'une façon péremptoire, le problème de la domestication du cheval, tout au moins, pour la période magdalénienne.

TABLE DES MATIÈRES

TOURS — IMPRIMERIE RENÉ ET PAUL DESLIS. — 22-7-1926.